为理解而教：意义底蕴下的小学数学

石红芳　段素芬　著

吉林大学出版社

·长春·

图书在版编目（CIP）数据

为理解而教：意义底蕴下的小学数学 / 石红芳，
段素芬著. -- 长春：吉林大学出版社，2023.3
ISBN 978-7-5768-1645-7

Ⅰ. ①为… Ⅱ. ①石… ②段… Ⅲ. ①小学数学
课—教学研究 Ⅳ. ①G623.502

中国国家版本馆CIP数据核字(2023)第078410号

书　　名：为理解而教：意义底蕴下的小学数学
WEI LIJIE ER JIAO：YIYI DIYUN XIA DE XIAOXUE SHUXUE

作　　者：石红芳　段素芬
策划编辑：李承章
责任编辑：杨　平
责任校对：李承章
装帧设计：牧野春晖
出版发行：吉林大学出版社
社　　址：长春市人民大街4059号
邮政编码：130021
发行电话：0431-89580028/29/21
网　　址：http://www.jlup.com.cn
电子邮箱：jldxcbs@sina.com
印　　刷：三河市悦鑫印务有限公司
开　　本：787mm×1092mm　　1/16
印　　张：13.5
字　　数：280千字
版　　次：2024年1月　第1版
印　　次：2024年1月　第1次
书　　号：ISBN 978-7-5768-1645-7
定　　价：79.00元

研数学之意义，悟教育之理解

（代前言）

应当细心地观察，为的是理解；应当努力地理解，为的是行动。

——罗曼·罗兰

世界上任何事物都有其独特的意义。对于知识学习而言，探寻知识本身的意义，是理解知识存在和发展的基础和关键。对于教者而言，"知其然"并"知其所以然"，进而知其"何由而知其所以然"，就显得格外珍贵且必要，毕竟只有当教者真正理解了事物本身的意义，在其传道授业解惑的过程中才会明其理、授其真、扬其善。

数学，是人类文化的重要组成部分，作为自然科学中一颗璀璨明珠，让社会科技进步的同时，也让众多基础教育学者望而生畏。数学作为一门基础学科，这让很多人不得不学，"学，并痛着"是很多学者的状态和感受。数学有用（应用的广泛性）、讲理（严谨的逻辑性），但深奥（高度的抽象性），让很多人"想说爱你不容易"。但无可非议的是，数学是人类文明的核心部分，是人类文明发展的重要标志，数学的概念、符号、公式、法则、运算、推理都是有意义的、有思想的。

数学需要理解。学数学需要理解，教数学更需要理解。乔治·波利亚（George Polya）对数学教师的第一条忠告就是"要懂得你所教的东西"。所谓"懂得"，就必须要理解，理解后的数学是有序的、关联的、深刻的。理解是有层次性的。根据本杰明·布鲁姆（Benjamin Bloom）在教育目标分类中的知道、领会、应用、分析、综合和评价[①]，这些教育目标都应该包括在"理解"的范畴中，可以归属为理解的六个层次：知道，是认识、记忆和辨认，属于理解的第一层次；领会，是初步的、浅层次的对事物的揭示和解释，属于理解的第二层次；应用，是对知识在具体情境中的初步运用，属于理解的第三层次；分析，是对知识的分解、联系、结构的阐明，属于理解的第四层次；综合，是对知识的加工和重新组合，属于

---

① 黎加厚.新教育目标分类学概论[M].上海：上海教育出版社，2010：4.

理解的第五层次;评价,是理解的最高层次,是理性、深刻的对知识本质的判断或推断。

1.一个案例

数学理解也是有层次性的。比如对于"0不能做除数"的理解。

第一层次是知道这样的事实或数学上的规定,这属于常识性层次或知识性层次。

第二层次是对"0为什么不能做除数"的初步解释,站在除法意义角度上的理解:当0是除数的时候,也就是要把被除数平均分成0份,在实际中没有这样的情况发生,所以0做除数没有意义。这个层次是概念性层次。

第三层次是关联性层次,站在除法与乘法互为逆运算的关系角度来看,如果0是除数,那么除数与商相乘应该等于被除数,这样不论商是什么,与0相乘,被除数永远为0,这与被除数可以是不同的数是相悖的。所以,0不能做除数。(可参考小学数学疑难问题中的该内容。)

第四层次是逻辑性层次,站在运算结果的角度来看,0做除数只有两种可能:一种是被除数也是0,此时被除数除以除数,也即0除以0,按照乘除法的关系,商可以是任何数。这与四则运算结果的唯一性相悖。比如怎么把10块饼干分给0个人呢?做不到。以上可以看作对"0为什么不能做除数"的深刻理解。

第五层次是方法性层次。从方程的角度讨论,如果求$0÷0=?$ 其实就是解方程$0 \cdot x=0$,任何数x都满足方程;如果要求$10÷0=?$ 就是要解方程$0 \cdot x=10$,按照定义"0乘任何数都等于0",不可能等于10,所以满足方程的x不存在。综上,"0不能做除数"。另外,站在高等数学的角度,"0不能做除数"与抽象代数群论中的结论"域中零元是没有逆元的"是一致的。

第六层次是思想性层次。数学上有很多规定,受此启发,我们可以大胆设想,是否可以这样规定:"0做除数,结果是某一个固定的数,一个新数。"当然这个新数必须有一套新的运算法则,而且与原有的已经成立的运算法则要相容。比如,我们规定:$1÷0=\omega$。站在极限的角度,这个新数ω应该很像无穷"∞",我们知道,"∞"表示的是一种趋势,而非一个具体的数,它是不能参与运算的。况且,若$\lim\limits_{x \to 0^-} \frac{a}{x}=-\infty$,则$\lim\limits_{x \to 0^+} \frac{a}{x}=+\infty$,那此时$\omega=-\infty$还是$\omega=+\infty$呢?

2.三个困惑

怎样通过某种教学活动、某种适合的教学语言,让儿童在活动中积累基本活动经验,进而培养基本的数学思想,形成基本的数学思维习惯和思维品质呢?

思考这个问题前,我们首先要反问:教师对所教知识都深刻理解了吗?对所教知识的深度理解的"度"又是怎样的呢?我们希望学生多问"为什么",教师在钻研教材、设计教学思路、选择教学方法的时候就应该先多问"为什么"。但如今随着网络信息日趋发达，可以借鉴的资料越来越多，教师们对于知识的研究和思考力度有减无增。在随波逐流的学习中，研究"为什么"的问题的教师越来越少了。

困惑一：在教学中，"为什么"的知识有怎样的获得路径？也就是数学本原知识输入的问题。

困惑二：在数学知识的教与学中，"为什么"的知识在显性和隐性的把握度上究竟应该如何拿捏？怎样表述儿童能够听得懂、理解得了？也就是数学本原知识输出的问题。

困惑三："为什么"的知识往往不是很容易理解并掌握的，会占用大量的教学时间，有时甚至会"路漫漫其修远兮"，我们该如何"上下求索"呢？

当前我国的教师准入制度是，首先要考取教师资格证书，通过笔试和面试之后获取相应学段的教师资格证书，再根据各地市教师招聘条件参加相应的教师招聘考试。师范类专业在大学期间开设课程与教学论等相应的教法类课程，学生对专业面向的基础教育课程与教学仍有"夹生""知道却并不理解""理解却不深刻"等现象，非师范类专业毕业的学生凭借较好的普通话和规范字是否能对中小学课堂驾轻就熟？

数学知识理解的层次在一定程度上决定了教师的教学深度和教学广度，进而影响了学生学习数学的深度和广度。数学是一个意义的领域，是有意义的公式法则，是有意义的运算和推理，是意义世界中思想灵动的生命。多年以来，教师们执教的是相同的内容，但根据不同的理解就会产生不同的教学策略和教学方法，进而形成不同的教学效果。所谓的同课异构，最根本的是教师不同的理解。当然，理解是一个曲折反复、螺旋上升的过程，不同的知识内容在不同学段要求有不同的理解，不同的教龄、不同的经历在不同的时间也有不同的理解。

数学理解，从知识本身的意义入手，以数学知识的本原意义为突破口和切入点，返璞归真、溯本求源、追求本质，应该是走进美妙数学世界的一条光明大道。回归数学意义世界，是每一个数学教育者的神圣使命，走向意义理解的数学教育理所应当成为新的教育方向和新的教育追求。

我们期盼这本书能点燃您为理解而教学的热情，为您注入继续前行的力量，走向意义理解的数学教育。由于作者水平有限，书中可能存在不足之处，恳请各位同仁谅解，并提出宝贵意见和建议。

段素芬

2022 年 2 月 19 日

目 录

第一章 "意义"的意义

> 仆少好学问,自五经之外,百氏之书,未有闻而不求、得而不观者,然其
所志,惟在其意义所归。

——韩愈(唐)

从生存论哲学来看,人之生存是一种意义性生存。何谓意义?意义是人对自然或社会事物的认识,是人给对象事物赋予的含义,是人类以符号形式传递和交流的精神内容。也即人类在传播活动中交流的一切精神内容,包括意向、意思、意图、认识、知识、价值、观念等,都包括在意义的范畴之中。在哲学中,意义是"客体对主体精神活动的一种指向"。站在哲学的视角,意会"意义"要提到几位有较大影响的哲学家。

分析哲学对意义的研究侧重于对语言及其含义的逻辑分析,主要代表人物有弗里德里希·路德维希·戈特洛布·弗雷格(Friedrich Ludwig Gottlob Frege)、约翰·塞尔(Jone Searel)、伯特兰·阿瑟·威廉·罗素(Bertrand Arthur William Russell)、路德维希·约瑟夫·约翰·维特根斯坦(Ludwig Josef Johann Wittgenstein)、奎因(又译作蒯因,全名 Quine,Willard Van Orman)、唐纳德·戴维森(Donald Davidson)等。

弗雷格(1848—1925),德国数学家、逻辑学家和哲学家,是数理逻辑和分析哲学的奠基人,被誉为"现代逻辑之父"。弗雷格在研究数学的背景下,对哲学和逻辑学提出了新的概念和理论。函数和自变元的本质是弗雷格逻辑分析的出发点。数学领域中的函数和自变元到逻辑领域的概念、关系与对象的自然过渡,是弗雷格作为现代语言哲学逻辑创始人的特征和证明。传统数学中的函数,指的是一个含有自变量的解析表达式。弗雷格认为传统的函数观点解释不了函数的本质,他认为,"函数的真正本质就在那些函数解析表达式的共同因素之中"[①]。弗雷格的工作没有在有生之年得到广泛的赞誉,但是受到罗素、维特根斯坦和鲁道夫·卡尔纳普(Rudolf Carnap)的称赞。

弗雷格对数理逻辑与分析哲学的研究,引发了后人对意义理论的研究,其中迈克尔·

---

① 弗雷格.弗雷格哲学论著选辑[M].王路,译.北京:商务印书馆,2006:59.

达米特(Michael Dummett,1925—2011)因解释弗雷格的思想而闻名于世。达米特是英国牛津大学的哲学教授,当代著名语言哲学家和逻辑学家,弗雷格研究专家。达米特的主要贡献在分析哲学、数学哲学、语言哲学和逻辑哲学等领域,尤其是他关于19世纪德国哲学家弗雷格哲学的研究奠定了他的整个哲学生涯。达米特将弗雷格的思想概括为以下三个方面:

第一,语词在语境中才具有意义,语句是语词成真的条件。他将意义理解的最基本单位看作句子,而并非语词。他认为,语词的意义只有放在具体的句子中才可能被理解,也即先理解句子的意义,进而才能理解句子中语词的意义。弗雷格的这一思想被概括为"语境原则",这条原则是弗雷格在他研究数学哲学的《算术基础》(*Grundlagen der Arithmetik*,1884年)中提出的三条基本原理中的第二条。

第二,严格区分意义理解时的逻辑与心理。弗雷格严格区分了逻辑与心理、客观与主观。

第三,语句与语词的含义与意谓是存在区别的。弗雷格通过对同一性问题的讨论来区分含义与意谓的区别。"同一性"问题即是对"相等"问题的思考,弗雷格认为:一个符号,除了考虑它的意谓(符号的被表达之物)之外,还要考虑它的含义(符号所包含的给定方式)。意谓是所表达的对象,而含义是客观的、固定的、不依赖人的主观意识,可以被不同的人所理解。弗雷格指出,一个语词可以有含义,但可以没有意谓;但一个有意谓的语词一定会有含义,比如"距离地球最远的星球",有含义,但没有意谓。

塞尔是当代英美语言哲学和心灵哲学的重要代表人物,他在研究语言的意义时发现,语言的表征能力并非内在固有的,而是源自心理的意向性,把语言哲学和心灵哲学结合起来。塞尔从言语行为的角度来理解"意义",认为意义"是派生的意向性的一种形式,是说话人的思想的原初的或内在的意向性被转换成语词、语句、记号、符号等"①。

人的存在总是与意义有关,人是一种意义的存在,有意义的东西才能使人快乐。意义是对存在的理解,意义问题的核心是语言如何表征实在。知识往往都具有三个不可分割的组成部分:符号表征、逻辑形式和意义。放在教育领域的知识自然就兼具了两种立场:科学立场和教育立场。首先知识应有的是科学的立场,经得起科学检验的知识才会走向教育立场,而作为传道授业解惑的教师自然应该在科学立场和教育立场中寻找教与学合适的路径。这与我们所说的知识具有学术形态和教育形态不谋而合,具有学术形态的知识居于科学立场,具有教育形态的知识居于教育立场。教师要面对的是已经将学术形态的科学知识转化为课程形态的知识,而学生要学习的是经过教师对课程知识进行"加工"

---

① 李娜.从意向性看语言的意义问题[D].济南:山东大学,2007:1.

之后的教育形态的知识,也即教育形态的知识是从科学立场走向教育立场的路径。在这条路径上,意义就是一条联通科学知识和教育知识的双向桥梁。没有意义的相伴,知识将"高处不胜寒";有了意义的相随,知识将"会当凌绝顶,一览众山小"。

人之生存是一种追求意义的存在,人之教育是一种生命高度的提升,故教育就应该是一个充满意义的世界,就应该以"追寻存在的意义"为价值取向。人是寻求意义的主体,教育作为意义的世界,理应彰显人的生命意义、提升人的思想灵性。教育有责任引导学习者迈向意义的世界,获得精神上的充盈;学习者有需求使自己的学习走进意义的世界,提升生命的真实。

站在哲学的高度,对于我们理解"意义"的意义具有很大帮助。"意义"与哲学、语言、心理、教育都有着密不可分的关系。而对于意义的追寻,才是生命有价值的蕴意所在。奥苏贝尔根据学习材料与学习者认知结构中已有知识的关系,将学习分为机械学习和有意义学习。奥苏贝尔认为有意义学习指符号所代表的新知识与学习者认知结构中已有的适当概念建立非人为的、实质性联系的过程。有意义的学习认为:所有的学习,最终都要由学习者在解决问题时,才能建构起新的经验。数学,具备严密的逻辑形式,具有高冷的符号表征,更是一个蕴含深刻意义的领域①。不同立场的数学知识,存在不同的意义世界,科学意义与教育意义,都是我们对数学知识深度理解的维度。数学意义的问题自古希腊以来就备受关注。

第一节 意义:诗意栖居的世界

《人,诗意地栖居》是德国 19 世纪浪漫派诗人荷尔德林的一首诗,后经海德格尔的哲学阐发,"诗意地栖居在大地上",就成为几乎所有人的共同向往。原诗是:

> 当生命充满艰辛,
>
> 人或许会仰天倾诉:
>
> 我就欲如此这般?
>
> 诚然。只要良善纯真尚与心灵同在,
>
> 人就会不再尤怨地用神性度测自身。
>
> 神莫测而不可知?
>
> 神如苍天彰明昭著?

---

① 胡典顺.数学意义的领域:数学教育的哲学审视[D].武汉:华中师范大学,2009:1.

我宁愿相信后者。神本人的尺规。

劬劳功烈,然而诗意地,

人栖居在大地上。

我是否可以这般斗胆放言,

那满缀星辰的夜影,

要比称为神明影像的人

更为明澈洁纯?

大地之上可有尺规?

绝无!

"人,诗意地栖居在大地上"这句话,能够让世人所知,真得感谢海德格尔。由于他以浪漫哲学家的情怀无休止地诗化解析,加之海德格尔在世界思想史与哲学史上的地位,使荷尔德林这个原创者被忽视了。诗意地栖居,在一个人朴素的内心里,就是指要惬意地栖居在桃花源式的环境里。诗意地栖居,应该是一种美好的与自然和谐相处的生存状态。仰望星空,凝视明月,泛波五湖,踏遍青山,这就是一种诗意。

课程作为育人的指南,同样也蕴含着人之诗意栖居的意义世界。生存论哲学要求将意义世界作为重要的课程研究主题,并在对课程意义世界的开显中引导学生获得生命意义的领会与生命境界的提升。生存论哲学要求我们超越对课程知识的工具性理解,将知识看作负载着丰富人文精神的主体性存在,通过揭示知识背后的智慧、伦理、文化、审美等诸多意蕴,来贴近知识所蕴含的意义世界。

意义观是我们认识事物、理解事物的重要观念,也是深度学习必要的思想观念。数学,是一个意义的领域;数学学习,应该是一个诗意栖居的意义世界。承载着数学知识的是数学符号,包括文字、符号、图表,当然数学符号就应该承载着数学的意义世界,包括数学符号的语符意义、转换意义、隐性意义、美学意义、操作意义等。对所有数学符号意义的意会,意味着意义获得能力的效果性,涉及意义联想能力、意义转换能力、意义整合能力等。意义获得能力的核心是超越数学符号的"是什么",努力思考它"为什么是这样""这样意味着什么"。对意义世界进行思考和理解时,首先应该明确意义的情境性、结构性、建构性和解构性。

一、意义的情境性

学习环境中的情境必须有利于学习者对所学内容的意义建构。在教学设计中,创设有利于学习者建构意义的情境是最重要的环节或方面。意义的情境性决定了教学设计的情境创设。任何知识的产生、发展、应用都具有情境性,所有的情境都是有意义的;相反,任何有意义的东西的生成与发展也都具有一定的情境。意义与情境是和谐统一、相互依存的。我们认识和理解任何一个事物,总是基于它合适的情境中,从情境中来,到情境中去。比如,对于"除法"意义的认识和理解,最初总是基于"小朋友们去游乐园游玩,一共有8位小朋友,要乘坐2条游船。问平均每条游船上坐几个小朋友?""有8个草莓,平均每个小朋友分2个,问这些草莓可以分给几个小朋友?"基于这样不同的生活情境,来认识除法是对总数的"平均分"的运算模型,要么是"总数÷份数=每份数",要么是"总数÷每份数=份数"。之后,对除法的应用,依然要回归到具体的情境中。基于具体情境中的意义才能得以彰显,才能成为真知识。失去情境的意义就像"空中楼阁""无源之水";而没有意义的情境也是"空有其表""华而不实"的。

二、意义的结构性

辩证法强调联系的普遍性,认为任何事物都具有内在结构性,即任何事物内部的不同部分和要素是相互联系的;任何事物都不能孤立存在,都同其他事物处于一定的相互联系之中;整个世界是相互联系的统一整体,每一事物都是世界普遍联系中的一个成分或环节,并通过它表现出联系的普遍性。联系即结构。由德国社会学家乌尔里奇·沃夫曼(Ulrich Oevermann)所开创的"结构诠释学"方法论主要是重建社会互动的客观的意义结构。结构诠释学以"沟通"与"互动"为主要研究对象,以"相互性"作为社会性的基础。行动与行动之间的联结被认为是意义,意义的结构就是行动序列之间的规则。对沃夫曼而言,意义具有客观性,具有客观性的意义结构是意向性构成的前提,主体的意向性是在客观的意义结构的实在上动态地运行。意义结构具体表现在具有文本形式的社会构成物之中。这里的文本是指所有负载意义之物。

知识是联系的,并非孤立的。数学知识之间的意义联系是理解知识的关键点。但数学符号在不同的数学知识环境中,具有不同的意义,如果不把同一知识点的不同意义进行"联结",不把知识点在不同特殊结构中的特殊意义挖掘出来,学生就会对这些数学符号的"结构性意义"理解不够到位。比如,分数之所以成为最难理解的数,是因为分数本身具有"双重身份":一是"数"的身份,即分数本身是一种数,如$\frac{3}{5}$千米、$\frac{1}{2}$小时等表示一定的数量。二是分数是在"分(平均分)"的过程中产生的,所以分数也具有"分率"的身份,也就是"份数占总份数的比值",如"长为10米的丝带的$\frac{3}{5}$"或"完成一项工程的$\frac{3}{4}$"等,其中的分数都是比率的身份。分数的不同身份,需要在不同的语境中进行识别和理解,其相应的结构意义也需要在不同的条件中进行联结。数学符号的结构意义和转换方式无疑是对知识

"精细加工"的有效路径，更是进行深度学习之上的深度理解。

三、意义的建构性

宇宙具有无限的暗示性。我们生活的世界是意义的世界，意义是被建构的，而人类历史使现实之物转变成措辞状态①。因此，暗示的意义是在相同或相似的历史环境的浸润中建构和生成的。在对"意义"的意义进行科学解释之时，我们不能忘却一个事实，即逻辑体系的潜在价值取向本身具有可选择性，而且其意义也会在语境更迭下不断演化，因为"意义是被建构的"，而不是"被发现的"②。意义建构是教学过程的最终目标，其建构的意义是指事物的性质、规律以及事物之间的内在联系。在学习过程中帮助学生建构意义就是要帮助学生对当前学习的内容所反映事物的性质、规律以及该事物与其他事物之间的内在联系达到较为深刻的理解。这与建构主义理论的思想是一致的。建构主义的最早提出者可追溯至瑞士的让·皮亚杰（Jean Piaget）。他是认知发展领域最有影响的一位心理学家，他所创立的关于儿童认知发展的学派被人们称为日内瓦学派。皮亚杰的理论充满唯物辩证法，坚持从内因和外因相互作用的观点来研究儿童的认知发展。皮亚杰关于建构主义的基本观点：建构主义是一种关于知识和学习的理论，强调学习者的主动性，认为学习是学习者基于原有的知识经验生成意义、建构理解的过程，认为知识是学习者在一定的情境及社会文化背景下，借助其他人（包括教师和学习伙伴）的帮助，利用必要的学习资料，通过意义建构的方式获得的。建构主义的提出有着深刻的思想渊源，它迥异于传统的学习理论和教学思想，对教学设计具有重要的指导价值。

意义建构的方法有探索法、发现法，"联系"与"思考"是意义构建的关键。如果能把联系与思考的过程与交流、讨论的过程结合起来，则建构意义的效率会更高、质量会更好。意义建构体现在数学学科上，最早的思想先驱应该是伊曼努尔·康德（Immanuel Kant），他认为数学具有构造性的哲学思想，数学最终的真理在于数学概念可以根据人的智慧构造出来。康德指出："数学知识是从概念的构造得出来的理性知识。构造一个概念，意即先天地提供出来与概念相对应的直观。"③19世纪德国数学家利奥波德·克罗内克（Leopold Kronecker）主张自然数和数学归纳法是数学最根本的和直观上最可信的出发点。

数学的构造性体现了意义的建构性。构造和建构都与结构密不可分，结构是"系统诸要素相对稳定的联系方式"，数学知识的结构就是数学知识体系中各知识点的一种相对稳

① 罗兰·巴特.神话修辞术：批评与真实[M].屠友祥,温晋仪,译.上海：上海人民出版社,2009：170.
② 郭贵春.科学研究中的意义建构问题[J].中国社会科学,2016(2)：19-36.
③ 康德.任何一种能够作为科学出现的未来形而上学导论[M].庞景仁,译.北京：商务印书馆,1978：39.

定的联系形式。结构,在很大程度上决定了事物的本性。知识本身具有复杂的结构形态,同时在结构中显现其意义。知识结构的存在是意义的载体,离开结构的知识是意义缺失的。比如,我们从探索加法、乘法的运算律中引导学生去验证减法和除法中是否存在类似的运算律,从探索整数的四则运算中去类比小数和分数的四则运算,从探索面积的计算方法中类比体积的计算方法,从探索平行四边形的面积拓展到三角形面积的计算,从探索分数乘法的思路中启发分数除法的算法等。关于数学结构的根源要追溯到法国的布尔巴基学派,此外,布劳威尔的直觉主义数学、希尔伯特的元数学、马尔科夫的算法论等都是数学意义建构的典范。

四、意义的解构性

意义的建构性阐释正是存在哲学的意义生长点,而意义的建构时刻伴随着意义的解构。解构,就是先分解,再重构。这与华罗庚先生的读书"厚薄法"有些相似,他把读书的过程归结为"由薄到厚"和"由厚到薄"两个阶段。即开始学习时要对书中的内容加以注解,补充参考资料,就是由薄到厚,也就是上面提到的意义的建构。在此基础上要进一步理解书中的要点,对书中的内容掌握透彻,形成个人的理解,理解越透彻,就会越"薄",这就是由厚到薄,也就是我们这里所说的意义的解构。人最初学习知识的时候,是海绵式的吸收性的学习,能快速掌握大量的概念和思想,但是属于"不求甚解",理解往往停留在表层,而且往往并不是自己真正的理解。解构的意义就在于,将一个惯常的思维解剖开来,仔细推敲其中的每一个元素,直到不能再分解,再重新将打乱的碎片按照一定的逻辑组合起来,形成自己的认识。由此,原有的认知得到深化,得以深刻。所以任何知识的理解都面临意义的解构。

在数学教学的"过程与方法"目标的达成中,更多的是数学知识与技能意义的解构过程。解构就是"理解"和"批判",是对知识的理解,对固定的、一成不变的思维进行批判。小学数学教学中经常有显性化的活动,如"折一折""量一量""画一画""比一比""拼一拼""摆一摆"等操作活动,都是目标达成的解构手段。比如,在"圆的认识"中,我们通过"折一折"让孩子们发现并感受"圆是轴对称图形",通过"画一画"来体验"圆有无数条半径(或直径)"等,这样可以丰富学生的感知,让经验助推思维发展。布鲁姆曾指出:"不论我们选教什么学科,务必使学生理解该学科的结构。"[1]学科的基本结构,就是指该学科的基本概念、基本原理及其相互之间的关联性,而非孤立的事实本身和零碎的知识结论。数学学科的基本结构除了包含知识、技能,还有知识之间的联系。抽象是数学学科的重要特征,数学将生活中现实的事物转化为抽象的数学符号。小

---

① 布鲁纳.教育过程[M].邵瑞珍,译.北京:文化教育出版社,1982:34.

学数学中的抽象性往往是通过具体性来彰显的，都是以具体性作为起点和终点的。例如，在体积、容积的概念学习中，都是在具体的空间中使学生感受体积、容积的意义，从直观现实中观察或操作感受1立方厘米、1立方分米、1立方米、1升、1毫升的大小，都是从感受到感知、从感知到理解，并与实际生活密切联系。另一方面，数学抽象也以具体性作为归宿，我们抽象认识的数、式、方程、图形等都需要回到现实生活中，这也就是"数学来源于生活又用于生活"。比如我们在学习"百分数的认识"时，都是从生活中百分数的实例入手，不但让学生感知百分数来源于生活，更让学生感受到百分数便于比较的作用。从具体到抽象，再到具体，都是意义解构的过程。

第二节　意义：哲学本体的视角

本体论是哲学之根，是人类的命运和天性，是人类的历史存在。没有本体论就没有哲学，本体论是哲学与生俱来的基本构成。"真理不是一个认识论问题，而是一个本体论问题，不是理论哲学的问题，而是生存哲学的问题。真理绝不能仅仅被理解为一种客观的样态，真理是一个生动的、意气风发的生活过程；真理绝不是一种凝固的、永恒的实体，真理是开放的、现实的运动；真理绝不是一种主观符合客观的认识判断，真理是历史的运动，是对人的全面发展、对人的自由的追求。"[1]真理，是一个哲学本体论的问题，真理的探求过程就是意义的追寻过程，所以意义完全可以追根于本体论的视角。

本体论(ontology)，也就是存在论，是指一切实在的最终本性，是探究世界的本原或基质的哲学理论，主要研究存在的本质的哲学问题。本体论在古希腊被称为"第一哲学"，是因为它隐含在一切理论问题之中，这个问题的解决是其他一切理论问题得以解决的基础。"本体论"是由17世纪的德国经院学者郭克兰纽(Rudolphus Goclenius，1547—1628)首先使用的。本体论是关于"存在本性"的理论。就像生物学研究DNA，数学研究质数，本体论研究的是世界的基本要素，如存在、有无、时间、空间、变易等。斯坦福大学的Gruber认为本体论是对概念化的精确描述，主要描述事物的本质。本体论就是关于"本体"的研究或理论，"本体"就是"事物的本身"或"事物的原样或自身"。简单地说，本体论关注的就是关于"什么是最真实的东西"的研究，这实际上与意义的研究具有相同的范畴或所指。本体论的特征是"求真"与"求善"的统一，而"真"与"善"的和谐统一其实就是人的意义世界。所以，站在哲学本体的视角来认识和理解事物或知识，其实就是要追寻事物或知

① 干成俊.马克思哲学本体论及其当代意义[M].合肥：安徽人民出版社，2006：133.

识本身的意义,看清事物或知识"现象化"隐藏之下的"真实意义"或"原貌本身"。哲学本体的视角,有力支撑了意义追寻的可行性,这是一种对事物或知识进行全面的深层的根源的理解。

一、"本体"与"本体论"

哲学的目光总是投射到世界的深处。"本体"与"本体论"均为哲学概念。"本"与"末"相对,"物有本末,事有始终"。"本"是指事物的根源或根基,比如"溯本求源""舍本逐末""本末倒置"。由"本"与"末"的相反意义,可以引申出"本"的一系列重要含义:第一,重要的、中心的,如本部、本题等;第二,自己的、自己方面的,如本人、本国、本乡、本土等;第三,本来的或原来的,如本来、本质等。"本体"即为"物本身",所以,"本体"总是具有寻求最根本的东西的意义,总有为自己的思想和行为寻找最终根据的含义。"本体论"就是关于"本体"的学说和理论,即"描述某物之为某物的学问"。"哲学是对真善美的寻求,总是试图获得某种关于真善美的最终根据、标准和尺度。这就是古往今来的哲学对'本体论'即'在'的寻求"。哲学对"本体"的寻求,从根本上说,是对人自身的"安身立命之本"和"最高的支撑点"的寻求①。

关于"本体论"的认识和理解,柏拉图与亚里士多德的理论,可以回溯一瞥。本体论是形而上学的一个分支,是研究和讨论"存在性"问题的。关于"存在性"的讨论,柏拉图和亚里士多德的理论对后世的影响比较大。柏拉图提出了"理念"这一词,和具体的现象相对应。他认为拥有同一个名字的不同个体之间肯定存在着同一种理念,"理念"是真正存在的实体,是独立于任何心灵而存在的;而现象是"理念"的不完美的、残缺的复制品,没有"理念"的事物是不存在的。为此,柏拉图有一个著名的比喻——"洞穴之喻"。在这个比喻里面,柏拉图重在说明存在两个世界:现象世界和理念世界。现象世界是我们感知的世界,是虚幻的,不存在的;而理念世界是通过理性思考所得的,那才是完美的、真正存在的。可见柏拉图把"理念"和"现象"分离了,所以说他的理论是"二元论"。基于此,他留下了著名的《理想国》。亚里士多德认为哲学研究的主要对象是实体,而实体或本体的问题是关于本质、共相和个体事物的问题。他认为研究实体或本体的哲学是高于其他一切科学的第一哲学。他认为,理念并不是存在的实体,而实体是具体的个别事物。也就是不存在永恒和超验的理念世界,理念内化在事物本身,所以理念和物质是不可分离的。亚里士多德把"理念"理解为事物普遍性的一面,是由所有同一类型事物分享的本质统一。

本体是认识和理解知识的一种方向,本体论是追溯和表达知识的一种方法。本体是

---

① 孙正聿.哲学通论(修订版)[M].上海:复旦大学出版社,2005:1-9.

一个形式化的、共享化的、明确化的、概念化的规范,本体论能够以显式和形式化的方式来表示语义,加强不同知识之间的相互联系,目的是促进知识的联结共享。本体知识可以分为五个层级:类、关系、函数、公理和实例。任何知识中的概念其实就是本体知识中的"类",概念不仅存在纵向的类属分类,而且还通过本体的语义进行横向的概念之间的相互联系。本体论的建立具有一定的层次性,一般可以分为四种类型:领域、通用、应用和表示。领域本体包含着特定类型领域的相关知识,或者是某个学科、某门课程中的相关知识;通用本体则覆盖了若干个领域;应用本体包含特定领域建模所需的全部知识;表示本体提供了用于描述事物的实体。在教学领域,某门课程的概念、术语及其关系可以看成特定的应用本体,而所有课程的共同概念和特征则具有一定的通用性。当前本体论被人工智能赋予了新的定义,认为本体论的目标是捕获相关领域的知识,提供对该领域知识的共同理解,确定该领域内共同认可的词汇,并从不同层次的形式化模式上给出这些词汇和词汇之间相互关系的明确定义。这就是说,本体论向内虽是研究事物和知识的本质、本真,但向外仍是以寻求知识的共同理解、期望人们的共同认可、形成形式化的模式为表征目的。

研究本体论的用途,就比如我们要建一座房子,首先需要知道砖瓦石头、钢筋水泥、木材、铁钉等基本材料的特征。用马克思的话说,除了认识了世界,还要改造世界,哲学的第二基础是认识论和方法论。我们要建房子,仅备材料不够,还要研究所需要素之间的关系和配比。认识论和方法论是研究如何使用这些基本要素的。现代科学当中,数学模型基本相当于应用哲学的位置。任何一个学科,搞清了基本要素、变量、变量之间的关系,数量、时间和空间,就基本找到了该客观世界的规律,从而找到客观真理。从这个角度回头看,科学探索本身同时就是哲学的理解过程,都对哲学产生了巨大影响。

二、意义追寻是哲学的本体论承诺

哲学的本质就是意义追寻之学。哲学以意义追寻为其理论核心,以意义追寻为思考领域,这是哲学自身存在的理论诉求,也是人的意义追寻本身的要求。本体论研究客观存在,它是对客观存在的一个系统的解释或说明,关心的是客观现实的抽象本质。意义是通过语言、文字、符号、图形、情感来表达的内容、思想或道理。把意义作为哲学追问的本体,既可合理解释哲学上纷然淆乱的历史,也可理解各种哲思之路都存在内在的意义维度,都在以曲折的方式追寻人存在的意义,正所谓"天下同归而殊途,一致而百虑"。

本体论是任何哲学理论的前提和出发点。本体不同于本原,本原与派生相对应,主要是指存在与思维或物质与精神何者更为根本,何者是第一性的;本体则是指万事万物的本质或规律性。人生活在现实世界,要认识和改造世界,对世界本体的认识和探索,历来都被看作人寻求安身立命之本的问题。教育亦在人的安身立命之围,更是人认识和改造世界的必由之路。本体论对于教育教学据以解释一切知识乃至基本的概念结构来说是最基本的①。比如数学家在探索一种新的数学知识或理论时，都是以承认这些知识对象的存在为最基本的前提的，我们在讨论现实世界的数量关系或空间形式时，都是以它们存在的约定为前提进行的。"天地以位，万物以育"②，这就是哲学本体论的基本含义。基于这种含义，可以说任何理论的任何陈述都带有本体论的性质，也即本体论问题具有普遍性。这其实就把本体论问题归结为意义追寻的问题。我们之所以会承认某个概念、性质或定理的存在，是因为我们对这个概念、性质或定理的意义达到了理解和接受，只不过理解的层次、深度、宽度因人因地不同而已。"意之所在即为物，物之所存只因意"，万事万物的存在都与自身的意义有着相互依存、密不可分的关系。这有点像"相依为命"的意思，就是两者中，若一方离开了另一方，就好像失去了生命一样。王阳明认为，人所面对的世界，总是与人的存在及其活动有着不可分离的关系："心之所发便是意，意之本体便是知，意之所在便是物。"③。他指出，世界上万事万物的存在都显现于与人的关系中，在人的主体性经验和意向性活动中所展示出来的存在，虽不在实存的意义上依存于人，但其存在的意义和价值却是通过人的存在而得到彰显的。"意之所用，必有其物，物即事也"④，意思是说，任何意义都存在主体性向度。天地万物作为本然存在的自存之物，它们的本然存在就是原始的状态，无所谓意义，它们本身不具有独立的意义，而是因为人，物才有了意义，是人赋予事物以不同的意义。"意之所在便是物"就是这个道理。借用王阳明先生对意义的诗意阐释，便可豁然。

"登山则情满于山，观海则意溢于海。"意义本体就是作为个体的"我"的意义，"我"是意义的生发点、赋予者和领悟者。意义的追寻源于人对存在的自觉，人在自觉中认识到存在的残缺而追问存在的意义，意义就是自觉之人穿透存在的残缺而发现存在的本然完美。哲学家认为意义是事物的一种普遍属性，意义的普遍性和广泛性决定了事物在认识和理解时具有层次性，不同的人在不同的场合对事物有不同的认识。

三、意义的理解意蕴

意义一直被视为语言的中心问题⑤。围绕意义与表达的问题都与语言密切相关，尤其是与语言及其表达形式有紧密的联系。意义的内涵，或者说是意义的存在价值，主要包

---

① 奎因.从逻辑的观点看[M].江天骥，等译.上海：上海译文出版社，1987：90-95.
② 王守仁.王阳明全集[M].上海：上海古籍出版社，2011：279.
③ 王守仁.王阳明全集[M].上海：上海古籍出版社，2011：6.
④ 王守仁.王阳明全集[M].上海：上海古籍出版社，2011：47.
⑤ OGDEN C K，RICHARDS I A. The meaning of meaning [M]. Boston：Houghton Mifflin Harcout，1989：183.

括以下几个问题:"是什么""有什么属性""有什么作用""意味着什么"等。"是什么"也就是人们所理解的"存在",表示词语、句子等语言形式所包含的意义,具有认知属性;"有什么属性"指向事物的内在和特征,指向事实层面的规定;"有什么作用""意味着什么",则指向意义的价值和内涵,以价值关系和实际作用为评判标准,具有评价属性。意义属于概念形式,其根源就在于人的存在和世界的存在,也应该表现出人化的实在,是人类现实所独有的、同时表现出来的。

意义是人类价值的实现,通过人类的实践活动来改变客观实在。因此,意义不仅表现为被感知和掌握的存在,更是利用评估被赋予价值,并转化为各种形式的精神存在。从这个角度来看,意义可以看作指向观念形态意义的概念世界。换言之,意义是一种将自然物的存在人性化的概念形式。从"人"的角度来看,一张物体图片的意义首先包括"那里是什么"的问题。通过评价等思维活动,人们对具体物象的价值意义有了更深刻的理解,从而产生了多种多样的相关价值语境。意义反映了人所理解的事物,在自然的各种形式中,各种存在通过理解呈现为有意义的形态,采取了有意义的形式。人们根据物象的存在确认自身的存在,通过对物象意义的追问引导向对自身存在意义的注视。

意义,首先展示为可理解的形态。从认知过程的角度看,物象的呈现和人的思考有交互作用。观念之域中的事物作为被认知与理解的对象,并不是杂乱无章、无法理解的,而是作为有意义的、可被理解的事物存在。与悖论相反,存在的意义具体地表达在可理解性中,并且这些易于理解的含义通常以常识的形式表达出来。从广义上来讲,常识能够被认为是人们在日常实践中形成的、几千年来积累起来、代代相传的观念、理论和信念等。它包含了人类对世界和自身存在的理解,但这种理解往往采取不言而喻的自然共识的形式展现并被广泛接受,而不是通过理论辩论或思考来确立的。常识作为一种共同信念,为理解和接受世界提供了有序的框架,为我们的日常生活提供了发展的内在基础,对我们的生活方式和社会运转有举足轻重的作用。

与常识相对的是科学。众所周知,现代科学作为如今我们把握世界的方式,已经逐渐成熟,其特点在于首先注重运用实验手段和数学方法。以数学的方式来把握世界,与实验手段所蕴含的理想化趋向相辅相成,数学也越来越成为科学追求的主题。在某种程度上,以数学形式概括世界知识的能力,已经成为判断科学严谨的标准。自然地数学化往往意味着从数量关系和形状结构的角度更准确地理解自然,赋予世界的科学形象不同的特征[①]。科学世界与常识视域中的世界最大的不同就在于,它提供了与常识世界不同的含义。科学通过实验和数学的方法进行探究从而得出的世界,不同于单纯的现象与直觉,它

---

① 杨国荣.论意义世界[J].中国社会科学,2009(4):15-26.

更具经验性和理论性,揭示了在日常经验中是习惯性存在的世界秩序。这样的世界是以理论和逻辑活动的方式呈现的,这种秩序的确认,与理性论证、数学运演等活动密不可分。相对于常识,它在很大程度上已远离感性的具体体现,以科学概念、数学模型等形式,在更深、更内在的层面展示了世界之序。

当然,科学的现实世界与常识视域中的存在形态相近,两者都表现为人所理解或进入观念之域的世界。但从认识论的角度来看,常识理解的世界和科学所把握的世界通常具有不同的含义:两者是意义世界的两种不同形式,两者所包含的认知内容有着不同的深度和广度。

第三节 意义:遮蔽澄明的游走

哲学的目光总是投射到世界的深处,深处总彰显着意义世界。在从认识论转向生存论的过程中,哲学凸显了知识背后所蕴含的意义世界。知识因为具有了意义而不再冰冷,生命因为赋予了意义而不再孤单。带着对意义诗意栖居的深情眷顾,我们对意义世界的遮蔽与澄明进行审视。

一、言与意的思辨和寻绎

意义的传达,靠的是语言。语言是人们用来表达自己的感受、认识和思想的工具。没有语言,就没有人类社会,就没有万事万物的显现。任何学习的本性都是"据言得意""由言表意"的转换、融合过程[①]。"言"与"意"是矛盾统一的,虽然我们总是期许"言意共生""意于言表"的应然之态,但很多时候"言不尽意"也实然存在。任何知识学习的过程都具有两个向度的活动,一是"意"的深入,二是"言"的浅出,这"一深一浅""一入一出"方向相反却又相辅相成。而介于这两个向度之间就一定存在"思"的过程,"意"之深需要"思"之深,"言"之浅则更需要"思"之深。任何形态的"意"都可以看作"思"的产物,任何样态的"言"都可以理解为"思"的结果。从"思"开始,由"意"到"言"都可以看作从感性认识的基础提升到认知再到理性认识层次。"意"是"思"的内表,"言"是"思"的外衣。马克思曾说"语言是思想的直接现实",斯大林曾说"完全没有语言的材料和完全没有语言的'自然物质'的赤裸裸的思想是不存在的"。"言之意"与"意之言"都依赖"思之深"与"思之广"。也即"意""思""言"是一个不可分割的共同体。

———————————

① 李海林.言语教学论[M].上海:上海教育出版社,2000:43-44.

言与意是一对矛盾表象而又具有深层关联。意义是语言的灵魂。凡语言,皆意义!语言是传达内心世界的载体,语言的每一个文字都具有丰富的意义。没有意义的语言就像失去灵魂一样,没有意义的语言就像是空中楼阁、海市蜃楼。海德格尔曾说:"语言是存在的家园。"维果茨基曾说:"思想不是在语言中表现出来,而是在语言中实现出来。"①伽达默尔曾说:"语言及其灵魂——意义与人和世界共生长。"朱光潜认为"思想就是实用语言"②。刘勰在《文心雕龙》中曾指出:"夫情动而言形、理发而文见。"可见,情与理、言与意是浑然一体、共生共存的。

语言是意义的彰显。"言"使"思"和"意"得以彰显。语言学家索绪尔认为,语言和思想是同构的。也即"想"和"说"是共生共显的。当意义理解得越深刻、越准确,语言与思想的同构量就越大、同构面就越广。此时,赋予思想的语言才是有意义的,承载意义的思想才是可言说的。语言是情意的载体,让人文栖息,让自然明理。但并非所有的语言都能正确完整地表达所对应的思想和本意,因为"简洁的语言是智慧的灵魂,冗长的语言则是肤浅的藻饰"③,莎士比亚将语言反映的现实意义进一步严格要求,这"一简一冗",竟可将意义灵魂彰显到不同境界。语言之简洁与冗长、思想之深刻与浅显在一定程度上反映了意义的澄明与遮蔽。

二、澄明之遮蔽——蒙蔽

海德格尔曾说,语言是存在本身既澄明着又遮蔽着的到达。文字传达了意义,但同时也掩盖了许多无法被完整表达的本相和最初的意义。奥格登和理查兹曾做过一份调查:在尽可能多地收集了意义的定义之后,他们发现词和事物之间的联系是间接的,也就是说,词不是事物的一部分,或者词不一定一一对应,并不总是表达与它相对应的事物。或者当讲话者意图使用话语欺骗时,词语便不再表示其对应物;抑或讲话者没有理解词语的根本含义时,也会在使用过程中产生谬误④。我们可以理解为,意义在传达的过程中,存在着被"遮蔽"的现象,而被"遮蔽"的意义理应追求"澄明"的境界。"遮蔽"的视而不见,"澄明"的隐而不彰,两者虽无逻辑上的明确却有实际上的缠绕。正所谓"学而不思则罔",学习而不思考,会被知识的表象所蒙蔽。

海德格尔对诗和文艺作品所蕴含的意义世界推崇至高,他认为,"大地进入作品而凸现"。构成地球的自然物体本来没有任何意义,自然处于暧昧不明的状态之中。在文学作

① 列夫·谢苗诺维奇·维果茨基.思维与语言[M].李维,译.杭州:浙江教育出版社,1997:144.
② 朱光潜.美是情趣与意象的契合:朱光潜美学文选[M].济南:山东文艺出版社,2019:197.
③ 毛信德.大学语文教程 写作卷[M].北京:航空工业出版社,1994:95.
④ OGDEN C K,RICHARDS I A. The meaning of meaning [M]. Boston:Houghton Mifflin Harcourt,1989:183.

品中,意义作为呈现真理的方法之一,它呈现了真理,使世界有了意义,世界的体系也因此被建构起来。无论文艺作品是符号、数字还是文字,还是以音乐或绘画等形式所呈现的,它们都赋予万物意义,从而构建了一个有意义的世界。所以在海德格尔的哲学中,诗歌和其他文学作品一样,以一种开阔的形式,呈现了作者心中的真理,展示了一个诗意的世界。海德格尔认为,诗歌是感性的、美丽的、有哲学性的,更是从模糊性的转变、是意义的敞开和真理的表现形式。

海德格尔将艺术和诗歌定位在模糊与开放之间,世界通过艺术的呈现获得了意义,地球通过艺术作品的引导从模糊走向开放和清晰。人类因为语言的存在而存在,语言发现并呈现自然的物性和人类的心性,并将它们统一到一个有意义的世界,形成我们所说的存在。从这个意义上来理解艺术和诗,诗已然超越了美和愉悦,诗意的生活是发现真理、揭示存在意义的生活,是引领大地构造意义世界的生活。在诗的辉光里,万物众生走出遮蔽之隐,走向澄明之境①。

意义总是通过语言来呈现的,意义与语言存在着相互构建与共生共存的关系,并在以"理解"为旨归的互动中实现统一。反观当下的知识学习,各种各样的诱惑和功利,使得语言与知识意义脱离,教与学过程意义缺失,教师教学个性与学生学习个性不足,知识意义与师生生命意义的遮蔽,都极大地阻碍了教育生活的本真与幸福。教与学的互动与对话,外显的是语言,内隐的是知识与生命的意义。而语言之表达自然会有"蔽"与"明"之分,"蔽"之所隐,即为"蒙蔽"。"蒙蔽"之意有二:一是"伪装",也即被"蒙"之"蔽"含有歪曲、错误之意。这种遮蔽是最经常最危险的遮蔽,它使人们"直把杭州作汴州",使事物陷于完全的遮蔽状态中。二是"神秘",也即被"蒙"之"蔽"含有深奥、晦涩之意,也包含未经揭示和掩藏之意。这两层含义在知识学习的过程中时有发生且影响很大。虽然对于语言来说,"浅显"才能"易懂";但对于意义来讲,"深刻"才能"理解"。在有意义的学习中,首先需要发现被"蒙蔽"的东西,其次是要将"蒙"在上面的东西"揭下来",而这两个过程并非一蹴而就,而是慢慢渗透在对知识"上下求索"的循序渐进过程中的。

之所以会有蒙蔽的现象,是因为人的认知和思维都具有遮蔽性。我们相信:耳听为虚、眼见为实;我们也认可实践是检验真理的唯一标准。但为什么同样的眼见,不同的人会有不同的看法?同样的实践,会产生不同的反应和结果?因为所有的眼见与实践的实施者都是人,人在认知事物和知识时,都无法逃避认知遮蔽与思维遮蔽的局限性。认知遮蔽是指认知主体在观察和认知事物的过程中,对客体信息的过度概括、删除或扭曲。所谓概括,就是对事物进行属性提炼,然后进行分类处理,共性的延伸和拓展。所谓删除,就是

---

① 海德格尔.艺术作品的本源(海德格尔选集)[M].孙周兴,译.上海:上海三联书店出版社,1996:274-275.

对认知过程不符合认知模式或者主观认为不重要的信息进行过滤和忽视。所谓扭曲,就是把提取后的客观信息进行模式识别,对不符合已有认知模式的信息进行更改。思维遮蔽性,指的是每个人都有自己独特的认知思维体系,在没有任何外部冲突或交流的情况下,由于人类思维固有的统一性和自洽,如果只站在自己的思维系统内去思考问题,思考便无法突破自己思维模式的外壳。人类的认知必须维持自己的原始思维系统,并且原始思维系统的维持效果会随着时间的推移越来越强。这个过程是一个破与立兼有的过程,不破不立。这样的封闭和遮蔽的思维实际上对思维定式具有负面影响。当事情发生变化时,这种刻板印象会阻止我们探索新的方式,妨碍创造性思维的产生。这种消极和约束也是一种思维遮蔽的形式。

三、遮蔽之澄明——解蔽

任何知识的学习都与意义密不可分。意义,可以看作学习的起点和终点。意义不但与所学知识有关,还与学习者的学习过程有关,也即学习主体在知识意义的构成中发挥着至关重要的作用。整个世界的意义总是通过人的存在予以澄明的。意义,在表达或传达的过程中,有时会遮蔽一些东西,有时会不能完全清晰地表达事物或知识的本相或最初的意义,怎样突破这些遮蔽,使事物或知识的意义完全澄明于学习者面前,从而使被遮蔽的意义进行解蔽。

教学作为意义世界,应通晓知识的内涵意义;教育作为意义世界,应彰显人的生命意义。人在学习的过程中,应将知识的内涵意义与成长的生命意义相融共生。知识的意义往往可从三个方面进行考察:编者或作者、知识本身和学习主体。这一点,在文学作品、艺术作品等中体现较为明显,也即文学艺术作品的意义可以从作者、文本或艺术作品和读者三个方面来进行理解,这也决定了意义的三个维度:文义(文本本身的意义)、意旨(作者写作的意义)和评估(读者读出的意义)。意义可以看作这三个维度的必然凝聚与和谐统一,所以文学作品的意义是作者赋意、文本传意和读者释义的复合共同体。我们阅读一篇文章或一本书,很多时候都是站在读者释义的视角来进入文本,通过对文本的分析来理解文本之意,通过对作者的写作背景和写作意图来感受体悟作者以文赋意、以文传情。而对于自然科学知识的学习来讲,道理是一致的。虽然自然科学知识的理性更胜一等,严密的逻辑推理、严格的证明过程也并不排除自然科学知识意义的三个维度:作者赋意、文本传意和读者释义。仅以数学课程的学习为例,阅读者在学习之时,依然是以阅读理解课本的知识意义为切入点,通过复演知识的发生过程来认识知识形成的来龙去脉,通过知识表征的多样化来理解知识之间的联系与转化,通过问题解决来加深对知识的深刻理解和迁移应用。

但所有的作者之意、文本之意都需要学习者在释义的过程中对遮蔽的意义进行澄明，这就是学习中解蔽的过程。解蔽的过程并非直线形的，而是螺旋上升、循序渐进的。解蔽的主要内容就是要克服认知的遮蔽性和思维的遮蔽性。首先，要明确的是认知与思维的遮蔽性有利有弊。需要解蔽指的是遮蔽中消极的、不利的一面。比如，学会独立思考，养成批判性思维，摆脱从众和模仿，克服经验主义的思想，提升观察力、洞察力等，都可以改善认知过程中的遮蔽性。同时，要突破思维的遮蔽性，要不断调整自身的思维状态和认知结构。尽管这个转型有很大难度，它需要对自身的思维和认知有深刻的理解，还需要对原有的自觉或不自觉形成的旧有思维模式加以反遮蔽性的调整和重建。这其中当然也包含元认知的成分。突破之法不外乎"三人行必有我师焉"（向他人学）、"书中自有黄金屋"（从书中学）以及"学而不思则罔，思而不学则殆"（学习即思考）。要多听、多看、多想，获取不同的认知和思想，反思不同的差异及原因，搭建合理的思维结构，不断进行新旧认知与思维的更替与迭代。

知识学习与生命成长在意义世界中徜徉着，通过理解与对话、反思与批判、体验与生成等途径来澄明知识、语言、情感中被遮蔽的意义，从而为教育中的意义世界的建构提供一套可能性话语。教育就是要对"遮蔽"进行"澄明"，就是要回归知识本原，要坚守事物的本真意涵，以合理的角色定位来促使其本真生命意义得以澄明，诗意地栖息于教育生活中。唯其如此，教育中的生命之美才能从遮蔽状态走向澄明之境，使得个体生命走向生命至美。

四、遮蔽与澄明——无蔽

"无蔽"是古希腊哲学的一个重要概念。真理即源于这个词，真理的本质，亦即无蔽。亚里士多德认为，无蔽与真理乃是一回事，它们都是指自身显现的东西。也就是说，无蔽是一种原始的"就其自身显示自身的"的敞开状态的发生。真理是存在的澄明，原意为去蔽、揭示、展现。海德格尔思想中一以贯之的是对存在意义的探讨。这种一以贯之的探讨具体体现在对"无蔽"的分析之中，或者说"无蔽"之思贯穿在海德格尔的思想始终，并因之而构成了海德格尔思想的一个完整体系[①]。围绕着"无蔽"，海德格尔敞开了其通向存在之意义的道路。正如比梅尔所认为的，海德格尔思想的核心是双重的，即"它既是对存在的探索又是对无蔽的探索"[②]。

自亚里士多德开始，"无蔽"已开始丧失其古希腊的原始意义，而演绎为关于真理的本

---

① 约瑟夫·科克尔曼斯.海德格尔的《存在与时间》[M].陈小文,李超杰,刘宗坤,译.北京:商务印书馆,1996:7.

② 比梅尔.海德格尔[M].刘鑫,刘英,译.北京:商务印书馆,1996:30.

质的"知与物的肖似"（即认识与它的对象相符合）。因此"用'真理'这个词来翻译无蔽，尤其从理论上对这个词进行概念规定，就会遮蔽古希腊人先于哲学而领会到的东西的意义"①。"无蔽"在古希腊人那里代表着对于源初的真理的理解，它不是命题的正确性，而是在场的疏朗见光的澄明。要理解疏朗见光的澄明，便可洞悉事物与知识的核心见解。"澄明"原意为"林中空地"，是存在之无蔽。所谓澄明，首先要看到这是光的照亮；其次，"澄明"专指用在森林中的透光现象，光穿透树林的枝和叶，或者说，森林的未知深处总会有一些地方，阳光能直接照射到地面上。森林中枝与叶的稀落处，恰好有着光的透亮；光的疏影横斜，与树的遮阳形成交错对照。正是由于"林中空地"的空场性（开放），光线才能照射进来。因此，澄明是自身的遮蔽与解蔽之间的对抗，如果没有"无蔽"，存在者就无法获得澄明。由此可以看出，存在者是以一种悬于空中的状态到达这处空地，即以敞开的状态存在的，而不是获得澄明而使存在澄明。存在的澄明才使存在者得以用各自的方式在"林中空地"中展开。

因此，无蔽，是这样一种存在者的敞开活动，但无蔽绝不是一种纯然现成的状态，它总是在遮蔽状态中力争而后得到的。因此，每一次无蔽的发生都是对遮蔽的否定和抢夺。同时，遮蔽也不会因为无蔽的据理力争而迅速消除，它永远作为无蔽的心脏而属于无蔽②。海德格尔把无蔽和遮蔽之间的否定和剥夺关系看作"原始争执"。但遮蔽与无蔽的原始争执并非势不两立、水火不容的，而是我中有你、你中有我、相互依存、共生一体的。遮蔽与无蔽正是在这种争执中，才各成其本质。同时，在这种"原始争执"中，"澄明"生焉。澄明并非一个现成自在的空间，不是一块没有任何晦暗的纯光领域，而是一块明暗相间的"林中空地"，遮蔽与无蔽贯穿其间。

遮蔽是不显示自身的一种隐匿，无蔽是一种显示自身的敞开。从遮蔽到无蔽，是一种通过否定和剥夺的争执和转换，这就是解蔽。解蔽是由逻辑和语言来完成并实现的。逻辑包括理性、分析、判断、推理、概念、定义、关系等，而"语言能让某种东西显露出来和涌现出来，而这些东西自此才有存在"③。由此，从遮蔽到无蔽的转换是由言语的逻辑来完成的，或者说逻辑和言语具有解蔽功能。遮蔽和解蔽是一对相互交错而发生的事件，无蔽是目标所及。如果我们真正理解了，真理原初就是一种敞开性的活动，那么，就可以清晰地感受到无蔽作为真理的力量。作为真理的存在，无蔽与作为遮蔽的解蔽无法分离。无蔽，是存在者自己显示自己的过程，是自身遮蔽着的解蔽。遮蔽现象构成了生存的基本现实。只有存在遮蔽状态，才使得解蔽有了可能性和必要性。但现实中若仅仅存在遮蔽状态，则

---

① 海德格尔.存在与时间[M].陈嘉映，王庆杰，译.上海：三联书店，1987：259-264.
② 李革新.在遮蔽与无蔽之间：海德格尔现象学的一种理解[J].复旦学报（社会科学版），2003(02)：22-28.
③ 伽达默尔.真理与方法[M].洪汉鼎，译.上海：上海译文出版社，1999：489.

存在就是一种虚无缥缈,所以在遮蔽状态中必然有无蔽之发生。

哲学的意义理论对教育无疑有着深层的方法论启蒙。教育的本质是"教人求真、学做真人","真"即真理、存在。教育的过程本身就是解蔽的过程,就是遮蔽与澄明的循环往复、循序渐进,教育的无数个追求就是知识学习和问题解决的"无蔽"之境。解蔽功能的发挥无外乎就是教师的"思"与"言","思"是内隐的,"言"是外显的,"思"通过"言"来展示,"言"在"思"的基础上展现。教学效果的根本就在于教师的"思"与"言"。考量教育教学中教师的语言行为,无外乎都是从事物与知识的遮蔽出发,进行"探其真、索其因",对课程的真正意图及知识的真实含义进行解蔽,最后使知识的理解处于一种无蔽的状态。

第四节 数学:意义领域的抽象

数学是一门抽象的学科,抽象正是数学的特征所在。苏联数学家亚历山德罗夫曾指出:抽象性在简单的计算中就已经表现出来了。我们使用抽象数字,但并不是每次都将它们与具体的事物联系在一起。在学校,我们会学习一个抽象的乘法表,它是一个由数字组成并书写的乘法表,而不是用苹果的数量和苹果的价格等书写的,而在学习几何线的概念时,更是将所有的属性都丢弃了,只留下一个方向的延伸。换句话说,几何图形的概念是抛弃了真实事物的所有属性,只留下空间形状和大小的结果。这说明,一切数学模式都是抽象思维的产物,都是对具体事物的量性反映[①]。不仅如此,一切数学形式都可以看作意义领域的抽象,是对具体事物的意义浓缩。

抽象是从众多事物中舍弃个别的、非本质属性,从而获得统一的本质属性的思维过程。抽象作为形成概念的必要手段,对数学这门学科的诞生和发展奠定了思维的基石。数学抽象指的是将一个对象或问题的空间形态和数量关系从大量具体的背景资料中提取出来,经过去粗取精、由假到真、由表到内的提炼之后,建立数学模型,并据此建立相关的数学理论。即从研究对象或问题中抽取出数量关系或空间形式而舍弃其他的属性,借助定义和推理进行逻辑构建的思维过程和方法。数学抽象主要包括两个方面:数量与数量关系、图形与图形关系。人们把现实世界中的数量抽象为数,形成自然数,并且使用十个数字以及十进制来表示其关系。正所谓"数(shù)是数(shǔ)出来的,量(liàng)是量(liáng)出来的"。数的大小表示了现实世界中事物的多少,由数的大小关系产生了自然数的加法,由加法的逆运算产生了减法,由加法的简便运算产生了乘法,由乘法的逆运算产生了

① 曲绍燕.试论数学的抽象性[J].洛阳大学学报,1997,12(4):28-30.

除法。因此，数的四则运算都是基于加法运算的。为了保障运算结果的封闭性，数集的扩充本质都可以归结为逆运算，比如为了减法运算的封闭性，自然数集扩充为整数集；为了除法运算的封闭性，整数集扩充为有理数集。此外，把现实世界中的实物图形抽象为数学中的点、线、面、体，点动成线、线动成面、面动成体。

马克思认为，一种科学只有在成功地运用数学时，才算达到了真正完善的地步。马克思也曾说："分析经济形式，既不能用显微镜，也不能用化学试剂。二者都必须用抽象力来代替。"①数学往往通过数学模型提供这种抽象的力量。它排除事物中不必要的因素，直接反映事物的根本所在，揭示事物的主要矛盾与各种矛盾间的相互制约关系，因此往往导致新理论、新概念与新原理的产生，也由此开辟了更广阔的应用途径。应用上的广泛性与形式上的抽象性，使数学具有双重性格。表面来看，这两者好像不相调和，实质上却是互相提携、互相促进的。正是应用上的广泛需要，促成了数学的进一步抽象化，也正是数学的高度抽象，使数学的应用日益广泛。但"高处不胜寒"，数学的抽象性也使得数学知识的"表面"和"内心"并不是都能被所有人接受和理解，在通往数学学习的道路上，领略数学的魅力进而施展数学的魔力虽是人所共趋的，但却难免因数学之"深奥"而"晦涩"，因"晦涩"而"生畏"。

一、抽象：共相异相的辨析

抽象是哲学的根本特点。抽象不能脱离具体而独自存在。抽象要关注事物的共性，亚里士多德称之为共相；抽象还要关注事物之间的差异，称之为异相。抽象就是要把握共相，明晰异相。著名的"吾爱吾师，吾更爱真理"，就是亚里士多德和他的老师柏拉图"名实之争"的论断。亚里士多德认为，抽象的东西是不存在的，抽象的东西只不过是一个"名"而已。在我们的现实世界中，抽象的数字是不存在的，比如"1"，存在的只是 1 个苹果、1 只小鸟、1 头牛等，而数字"1"只不过是一个"名"而已。在这个意义上，数学任务不是发现存在的东西，而是构建数学的研究对象。但抽象也是存在的，是现实世界的抽象存在。比如，我们在现实世界中看到圆形的物体就会形成圆的概念，离开了这些物体，我们依然在头脑中有圆的表象和图形，我们可以画出这个圆，并进一步研究圆的定义、圆的特征，这就是一个由感性具体上升到理性具体的思维过程。在这个意义上，我们认识的圆，已经不是现实世界中的实物的圆，也不再是画在纸上的圆，而是我们大脑中抽象的圆。因此，数学研究的是事物的一般性，是抽象了的共性。正如一位画家所说的，"我画的是我心中的竹，而不是我眼中的竹"②。

① 中共中央马克思恩格斯列宁斯大林著作编译局.马克思恩格斯选集(第 2 卷)[M].北京:人民出版社,1972:206.
② 史宁中.学科核心素养的培养与教学:以数学学科核心素养的培养为例[J].中小学管理,2017(01):36.

数学即抽象,数学研究的是抽象概念,运用的是抽象方法,数学的发展体现为抽象程度的逐渐深入。"在抽象的意义下,所有的科学皆为数学。"这是当代著名统计学家劳氏(C. Radhakrishna Rao)在 1987 年纪念印度数学家拉曼努杨(Srinivasa Ramanujan,1887—1920)百年诞辰的演讲中指出的。数学研究的所有对象在现实世界中都无法直接找到。因为它已经舍弃了事物所有特性,仅仅保留下量的关系,并以一种"纯粹形式"存在于我们的思维之中。换言之,它把形式和内容分离开来,仅以概念定义的方式去构造相应的量化模式,并以此为对象开展纯形式的研究。

康德对于数学知识特征的哲理表述道出了数学与哲学的抽象区别:哲学的知识是出自概念的理性知识,数学知识则是出自概念的、构造的理性知识。构造一个概念就意味着,把与它相应的直观先验地展现出来。比如,三角形的知识,就是要在脑海中构建一个三角形的图形出来,然后在直观里研究三角形的特性,一旦构建出来,这个三角就是稳定的,其内角和就是180°,三边之间的关系为"两边之和要大于第三边"等。所以数学概念的核心是构建。哲学却与之不同,以"自由"的概念为例,并不存在与"自由"相对应的关系,最初这个概念除了词本身之外什么都不是,直到人们通过思考赋予它更多的内涵。这个概念也并不是稳定不变的,在不同的时代,因对"自由"需求的不同会有不同的理解。基于以上分析,哲学知识只是在普遍中考察特殊,而数学知识则是在特殊中甚至个别中考察普遍。

数学概念的产生是从特殊开始的,数学概念的思维是从直觉开始的。数学抽象的最终结果就是要形成结构性的理性知识,这种结构包括对象以及对象的关系。

数和形是数学世界中最基本的研究对象。数量是对现实生活中量的抽象,数是对数量的抽象,拿"数"来说,最基本的数是自然数,抽象的自然数,蕴含着丰富的内容:就单纯的数量而言,数意味着多少;就时间的度量而言,数意味着长短;就空间的度量而言,数意味着大小;就排序的规律而言,数意味着前后。数的关系是对数量关系的抽象,数量关系的本质是多与少,数的关系的本质是大与小。对自然数的抽象,可以是基于"对应关系"的,也可以是基于"后继关系"的。通过后继关系定义的自然数,已经完全脱离了现实背景,这种抽象的逻辑关系,同时也是数学严谨性的体现[①]。

二、意义:本原之思的诗化

解释和改变世界是哲学的出发点和归宿,植根于社会历史中的哲学思维一刻也没有停止对人类教育活动的反思。作为一种追根溯源式的探究和对话,"为了确定人类在世界

---

① 史宁中.基本概念和运算法则:小学数学教学中的核心问题[M].北京:高等教育出版社,2013:12.

中的根基,从而准确定位人在世界中的真实地位和现实价值,哲学务必从逻辑上的反思中去梳理世界的最深刻根源以及人与世界最内在的关系,才能为人类所特有的生存活动清楚地指认价值目标和行为准则"①。"本原之思"就是要对事物的本原进行思考,是一种追本溯源的学习。面向意义世界是数学教育的本原之思,亦是数学本质理解的规律使然。回归意义世界,是构建数学教育主体性的基本前提。实现向意义世界的诗意栖居,是数学教育价值性和本体性的根本走向。从知识意义的本初探索教育的实施路径,这也是铺开教师教育实践性别样图景的必由之路。

数学是自然的语言、抽象的科学、应用的工具,数学是思维的体操、推理的科学、智能的形式,数学是音乐、诗歌、建筑。数学,一直都是文明和文化的重要组成部分。数学知识,是看得见、摸得着的、具体实在的,是有形的,具有知识属性;数学文化却是无形的,是负载在知识上的更广阔、更深刻的具有文化属性的东西。知识层次的数学一定应体现文化层次的数学,文化层次的数学也一定伴随知识层次的数学。作为文明和文化的数学,身负着抽象的显著特点,同时也承载着丰富的现实意义。对于抽象意义数学的学习和理解,居于本原之思的立场,深入挖掘抽象表面背后的意义,将使得数学的体悟变得诗意栖居。以数学教师的教育情怀诗化数学知识的意义,是数学教育的应然之态和本然之需,更应成为数学教师的本原之思和本真之为。立于本原之思的意义世界,一定可以实现数学与诗性的圆融统一。

居于本体论的视域,教育具有本原性的特征:第一,知识的绝对理性。在教育教学过程中,师生共同面对的是先期证明和完美解释的学科理论和规范,追求的是一般知识的基本原理和统一性。第二,方法的机械重复。教育主要通过规制的程序性延展,重复固有的训练程式,很少考虑个人的兴趣、经验和可接受性。教育的这些本原特征在面向总体、具有普遍绝对意义之时越发显得突出。教育是培养人的事业,教育不得不面向"与人的本质内在相关且能在生命的内在本原处强烈触动我们的精神性的东西和事件"②,所以基于意义世界的教育之思可谓本原之思,教育中以生为本、追求知识本真即是这种本原之思的自然样态。以意义诗化为教育的导向和指归,可以避免教育的工具化、物化,找回教育生活的本原,使教育回归生命的真谛。这样,教育首先要面对的是角色的转换,要重视学生的生活体验,唤醒学生的主体意识,使教育生活和知识理性之间的内在张力达到和谐统一,如此这般,才有诗意。此外,知识的转换要从既定的知识转向实践的知识,从领受的知识转向生成的知识,如此这般,才有意义。数学作为思维的体操,要培养学生的思维品质,所

① 左大鹏.本体论内涵对哲学范式转换的审视[J].内蒙古社会科学(汉文版),2006(1):65-69.
② 海德格尔.海德格尔存在哲学[M].孙周兴,等译.北京:九州出版社,2004:111-112.

以数学教育中更应有思维方式的转换,要从重视同一性转向重视差异性,从不变思维转向多元思维,从预成思维转向构造思维,如此这般,才有数学。

三、数学:意义领域的抽象

数学是研究数量关系和空间形式的科学。数学研究的对象包罗万象,但在本质上,研究的是与数量和图形有关的东西。数学来源于现实世界和感性经验,往往通过直观和抽象得到,因此抽象不能独立于人的思维而单独存在。有些数学研究的对象是可以"看得见、摸得着"的,而很多数学研究对象是"看不见、摸不着"的,它们是抽象的,但是数学中那些抽象的对象绝不是无根之木、无源之水,它的"根与源"一定是具体的。数学把这些具体的现实对象抽象为概念、符号,比如抽象出自然数用 10 个数字和进位法则进行表达;抽象出点、线、面、体并且用适当的字母进行表达。但数学主要研究这些概念之间的关系,如数之间的大小关系,点、线、面之间的位置关系。这些关系是从"数量关系"和"空间形式"中抽象出来的。比如,把现实生活中"数量之间多与少的关系"抽象为数学中的"数之间大与小的关系";从现实生活中三维物体的存在形式出发,抽象出"两点确定一条直线""不共线三点确定一个平面"等关系。在这个意义上,数学研究的不是具体的存在,而是抽象的存在。比如,我们看到足球,在头脑中形成圆的概念;离开了足球,头脑中圆的概念依然存在;借助头脑中的存在,我们可以画出圆、定义圆、分析圆的性质;进一步,还可以从这些定义和性质出发,研究其他的原型的东西。这就是抽象意义上的数学。

数学根本上是对结构(存在数量)和关系(存在变化)的描述,以及对结构和关系的验证(结构和关系)的方法和过程。其中的数学逻辑,像是穿针引线中的"线",广泛地存在于结构和关系当中;抽象则是寻找结构和关系过程的手段。所以,数学通过抽象的方法,剥离去除了一切无意义的具体,只留下单纯的结构和关系,并探索其中的逻辑。抽象能力是数学思维的基础,只有对现实世界中的事物进行抽象,才能从感性经验中认识事物的本质特征,才能使感性认识上升为理性认识。数学发展到今天庞大而巨细,分支烦杂又艰深,但抽象来看一般只有三个方面:形状结构的定义和空间关系描述、数的结构的定义和数的结构之间的关系描述、对以上结构和关系研究验证的过程和方法。概括来讲,数学抽象的对象无非现实世界中的数量关系和空间形式,具体就是基于数学概念和概念之间的关系,抽象出数学概念及概念之间的关系,再根据一般规则和结构,用数学语言来表征[①]。数学抽象和概括能力越高,学习中的迁移能力就越强,对新知识的理解和获取也就越快。数学抽象主要有以下几种表现形式:数学概念和规则的获得、数学命题和模型的建构、数学方

---

① 中华人民共和国教育部.普通高中数学课程标准(2017 年版 2020 年修订)[M].北京:人民教育出版社,2020:4.

法和思想的形成、数学结构和系统的认识等。数学抽象能力越强,学习者对数学概念、命题、逻辑和模型的理解就越深刻,越能够形成数学的理性思维,更能把握数学的产生、发展和应用。数学抽象程度主要表现在,有助于进一步认识和理解事物的数学本质。

在 2017 版新修订的《普通高中数学课程标准》中,指出"数学学科核心素养包括数学抽象、逻辑推理、数学建模、直观想象、数学运算和数据分析"。数学课程标准提出的十大核心概念作为义务教育阶段数学学科的核心素养,在小学数学核心素养体系中归结为两个层面、六个素养(图 1.1),这六个核心素养与高中数学核心素养一脉相承。其中,数学抽象更是居六大数学核心素养的首位,是数学学习和数学思维能力发展的基础。在义务教育课程标准的总目标中,三大基本思想是数学抽象、逻辑推理和数学模型,可见数学抽象仍然占据首要位置,这充分说明数学抽象的重要地位和作用。数学抽象的目标达成与否,直接关联并影响数学的深度教学和深度学习。数学思维的深刻性,是思维品质的重要表现,也是智力水平的重要指标。思维的深刻性就是指思维活动的抽象程度和逻辑水平,以及思维活动的广度、深度和难度。它表现为数学学习中的深入思考、归纳概括、逻辑推理、抽象类比等,在知识的本质和规律上开展深度的理解。数学抽象的表现主要有四个方面:形成数学概念和规则,形成数学命题和模型,形成数学方法与思想,形成数学结构与体系。

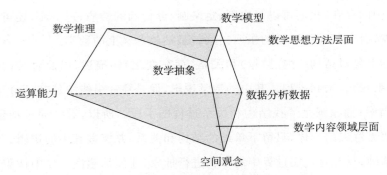

图 1.1 小学数学核心素养的两个层面、六个素养

数学是一门演绎科学。数学的抽象性决定了数学的演绎性。抽象是从特殊的对象研究出共性的东西,这种共性使得符合条件的任意对象都可以适用,这就使得数学在抽象的基础上具有了演绎性。对于数学,恩格斯曾说道:"数学是研究现实世界中的数量关系和空间形式的科学。"伽利略对数学的重要意义也曾指出:"大自然,这部伟大的书,是用数学语言写成的。"自然界中的一切事物都可以看作"数形"的结合体,既有"数"的一面,也有"形"的一面。因此,无论是化学、生物学,还是物理学、力学或者天文学,其重要发展与数学的进步密不可分,其数量关系和空间形式都基于数学的思维体系。回顾科学史,数学是描述一切科学规律的语言和探索未知世界的基石。例如,牛顿力学,尤其是万有引力定律的发现,是在微积分的基础上建立的;爱因斯坦相对论的提出,依赖于黎曼几何。著名数学家黎曼说道:"只有在微积分创立之后,物理学才演变成一门真正的科学。"与其他基础科学不同,数学的最大特点是研究的对象是抽象的,这点也将数学与自然科学区分开来。

任何数字都是抽象的,它舍弃了具体事物的其他所有属性,而只关注其抽象的性质。数字"3"既可以代表三杯水,也可以看作三张桌子、三盏台灯。数字"3"就是忽略了杯子、桌子和台灯等事物其他性质上的不同,只关注于数量上并加以抽象。而从具体数字发展到一个代表量的文字"x",是进一步的抽象。如果进一步抽象,则出现了函数 $f(x)$ 等表达形式。许多完全不同事物提出的问题可以归结为同一个数学模型。

这种抽象在几何中也有广泛的表达。比如,在地图上,上海可以看成一个点,西藏可以看成一个点,学校门口的小卖部也可以看成一个点。因此,数学中的点、直线、面和图形等几何图形,同样是对现实世界中事物的抽象,都可以看作人们为描述现实生活中某些事物而创造的符号。可以看到,不只是"点",数学中的其他几何图形都是考察的事物的抽象,它刨除了其他的属性,只留下抽象的本质。2+3=5 不仅适用于杯子、桌椅和台灯,而且适用于一切事物。就像,一个函数 $y = A\sin x$ 可以代表电场的电流或电压的变化规律,也可以代表声音波动的规律。

数学研究的抽象性也决定了数学的演绎性。在物理或生物学上,证明一个理论或许并不困难,例如想要证明鸟类有小肠,解剖几只鸟就够了。但在数学上,想要证明一个理论,例如四边形四角之和等于 360°,不能仅靠测量几个图形就得出结论,而需要严谨的证明。当然,在数学研究中,在探索阶段可能会用到归纳法等。然而,归纳得出的结论不能作为定论,还需要将来的证明,在此之前只能作为推测。换言之,数学中的规律不同于其他的一些学科,其认同和成立需要严格的逻辑推理,而不是仅依靠人类的直觉和信念,或经验和几次实验结果。

第二章　理解"理解"

人们对一切都会厌倦，除了对理解。

——维吉尔

　　理解是人们日常生活中几乎每时每刻都会遇到的问题，也是人们每时每刻所寻求和渴望的。如果没有理解，生活是难以想象的。人们寻求理解的方式多种多样，但主要发生在两个领域：一是人们日常的交往活动，二是面对文本的阅读活动。无论是交往活动，还是阅读活动，都希望达成理解。但一个现实是，无论是日常交往，还是文本阅读，总有问题是我们所不能理解的。比如，教育活动既可以看作师生的日常交往，也可以包括课堂内外的阅读文本，交往和阅读都是教育希望达成的理解路径。日常的教育活动中，我们希望师生相互理解，期望达成教育培养人的目标。文本的阅读活动中，我们希望以课程呈现的科学知识通过师生的共同学习能够使学生真正理解知识，走进知识的意义世界。但阅读文本涉及知识的基础，不是阅读就能读懂所有的知识，除了需要自身具备一定的基础知识，还需要在此基础之上的交往活动（比如教育活动），才有可能达到对知识本义的真正理解。但在教育活动中我们认为已经理解的事物或知识中，我们真正理解了多少？我们知道的东西都是我们完全理解的吗？应该说，日常交往中理解的现象和不理解的现象交错并存，很多我们认为已经理解的事物或知识仍然存在不同的理解。

　　广义上的理解，我们不能将其看作对文本意义上的一般解读，而应该看作一种生存意义上的解读。在自然科学理论中，我们的理解是去掌握对客观世界的认识、对生物生命周期的了解；在政治、法律等理论中，我们研究的是人类社会生活发展的底层规律；在哲学、文学、音乐、宗教等文本中，我们追求的是一种精神生活、一种人文的感性需求。但无论是自然科学还是人文社会科学，都是人类生活或生存的需要。站在这个角度，对文本意义的理解，就包含与个人生存状态和生活方式密切相关的理解意义。这就是为什么同在一间教室学习，同为一位教师执教，不同学生对知识有不同的理解。这与阅读的文本相关，但又非文本的直接意义所在。个人的生存状态本身就是对世界、人生、生命的一种理解。这就是海德格尔所说的理解的本质是作为"缘在"的人对存在的理解，因而理解就是"缘在"

的存在方式本身,而不是一种认识方式的思想的本真意义[①]。由此可见,理解的问题,不仅包括我们对文本的表面理解,其中更隐藏着对认知和历史文化的探究,都是与阅读者的存在和生活息息相关的问题。从这个意义上说,阅读理解与生活具有直接而本质的联系。总之,在日常互动中,无论阅读什么文字,它都与现实生活相互影响。

理解是一个哲学问题。在分析哲学语境中,理解知识指的是哲学中的知识逻辑和现代哲学语境中的知识观念。在康德看来,逻辑是对知识形式的研究,而在弗雷格和罗素看来,逻辑是求知的基础,知识就是真理(truth),理解知识就是认识实在(reality)。虽然理解是人类存在的方式,但同时也是人类生存的困境。并非所有互动和所有阅读都是可以理解的。理解困难不仅是知识和能力的问题,更是知识和生活经验这两个不同但相关的维度在理解活动中如何发展的问题。那么,我们可以实现理解知识的意义吗? 有没有真正正确的理解? 当我们理解文本的意义,深入到文本本身意义的存在时,对文本的理解就不再局限于认知和方法问题,而是升华为哲学问题。从这个角度来看,"理解"是一个哲学问题,是更深层次的意义问题。在海德格尔看来,理解问题的核心不是"存在如何理解",而是"理解如何存在"。海德格尔将理解视为"事物本身"与我们的偏见之间的无休止的"游戏"过程,而不是对文本的主体解释的一次性行为。这是因为文本与理解者的历史间距是无法消除的,这种未填补的距离需要无休止的互动。

理解,既有动词意义(understand,comprehend),又有名词意义(understanding,comprehension)。作为动词的理解,是指对知识在想明白、领悟的基础上的应用;作为名词的理解,是指对知识接受的程度和结果。教育学中,理解是教学目标中最常见的一个词语,我们每节课都希望学生能理解所学的知识点,掌握知识的核心和本质,将知识内化成关联的知识结构等。其实,"理解"很多时候都是教师的"一厢情愿",在教学目标的表述中很多时候都是模糊的,是难以操控和评价的。我们更多时候是通过"学生理解这个知识点后会做什么?""学生真正理解知识后会有怎样的学习效果上的表现?""学生不理解这个知识点又会有怎样的表现?"等问题来进行判断和推断的。

"理解",它的意思是"据理了解"。显然,它不同于了解且高于了解,是根据道理进行的了解、知道、明白、领会、领悟等。当然,理解与知道也是有区别的。这在数学学习中最为常见,很多学生知道一些公式、定理,但不一定能够对它们有深刻的理解。知道的是一些事实性的知识,而理解应该是关于事实的本质和意义,并表现于对事实在特定情境下的运用。比如,很多人知道分数除法的法则是"除以一个数(不为 0),等于乘这个数的倒数",但不理解"为什么除以一个数(不为 0),就等于乘这个数的倒数?"知道是经过眼睛

① S.马尔霍尔.海德格尔与《存在与时间》[M].亓校盛,译.桂林:广西师范大学出版社,2007:20-21.

看、耳朵听就能达到的效果,这种看和听的行为只要认真、专注就可以有知道的结果。而理解是需要经过大脑的"想"才有可能达到的,也即理解是需要思维来参与和完成的,是经过思维得到结果的一种思想,而思维的品质也影响了理解的程度和效果。数学是思维的体操,没有思维的学习是学不好数学的,没有思维的数学学习是达不到深度理解的。

理解,概括来说,就是指弄清楚、想明白知识的意义以及将知识迁移到具体情境中。但弄清楚和想明白是一个人脑子里的事情,是别人看不见、摸不着的,属于思维的范畴,所以,对于"理解",究竟怎样算是"理解了"? 怎样算是"不理解"? 拥有理解和缺失理解各自会有何种表现?

第一节　理解:有意义的推断

约翰·杜威在《我们如何思维》(*How We Think*)中对理解有清晰的描述:"理解是学习者探求事实的意义的结果。"理解是结果,是对事实意义探求的结果,在探求过程中需要思考,并且思考有具体的方法和目标。理解的对象涉及抽象的、非直觉的、易被误解的一些知识,也即理解的对象一般情况下不是一目了然的既定的事实知识,而是高于、深于、宽于事实知识本身的。理解的目标直接指向意义,是利用已有内容生成或揭示一些有意义的事情,利用记忆中的已有知识去挖掘事实和方法背后的含义并谨慎地加以应用。为了理解意义,理解面临着对思维的挑战,理解是通过有效利用、分析、综合,来恰当地处理事实和技巧的能力,即能解释出"为什么"。"理解"和"知道"不同,理解是知道的更为复杂的形式。"知道"是对事实知识的了解,理解是需要进行一系列的推理才能把握的事情。二者的对比如表 2.1 所示。

表 2.1　"知道"和"理解"的对比

知道	理解
事实	事实的意义
大量相关事实	提供事实关联和意义的理论
可证实的主张	不可靠的、形成中的理论
对或错	有关程度或复杂性
知道一些正确的事实	理解为什么它是知识,什么使它成为知识

数学学习中,"理解"无疑是第一位的。数学中很多定义属于事实知识,而基于定义的推论、定理则属于理解范畴的推断。比如,"两组对边分别平行的四边形叫作平行四边

形",这是事实;而"平行四边形的两组对边分别相等"就属于平行四边形定义基础上的理解,是一种意义推断。再如,"表示两个比相等的式子叫作比例"这是定义,而"在比例中,两个外项的积等于两个内项的积",即比例的基本性质,这就是一种比例意义基础上的推断。

再比如,我们学习"分数除法",就是有分数参与的除法运算,学习可分为三个层次:一是分数除以整数;二是整数除以分数;三是分数除以分数。与整数除法的意义相同,分数除法也是建立在除法意义的基础上来探究的,除法是将一个数平均分成几份,求一份是多少的模型(即总数÷份数=每份数),也是求被除数里面有几个除数的模型(即总数÷每份数=份数)。

按照第一种模型,来理解分数除以整数的意义。例如,$\frac{9}{10} \div 3$ 就是把 $\frac{9}{10}$ 平均分成 3 份,求每份是多少。相当于求 $\frac{9}{10}$ 的 $\frac{1}{3}$ 是多少,即 $\frac{9}{10} \div 3 = \frac{9}{10} \times \frac{1}{3}$。

按照第二种模型可以来理解整数除以分数和分数除以分数的意义。例如:

(1)$2 \div \frac{2}{5}$ 就是求 2 里面有几个 $\frac{2}{5}$。分两步:先求 1 里面有几个 $\frac{2}{5}$。有 2.5 个,也即 $\frac{5}{2}$ 个;所以 2 里面就有 $2 \times \frac{5}{2}$ 个 $\frac{2}{5}$。列式表示为 $2 \div \frac{2}{5} = 2 \times \frac{5}{2}$。

(2)$\frac{4}{5} \div \frac{4}{25}$ 就是求 $\frac{4}{5}$ 里面有几个 $\frac{4}{25}$。分两步:先求 1 里面有几个 $\frac{4}{25}$。列式为 $1 \div \frac{4}{25} = 1 \times \frac{25}{4} = \frac{25}{4}$;所以 $\frac{4}{5}$ 里面就应该有 $\frac{4}{5} \times \frac{25}{4}$ 个 $\frac{4}{25}$。列式表示为 $\frac{4}{5} \div \frac{4}{25} = \frac{4}{5} \times \frac{25}{4}$。

综上,分数除法的运算法则就可归纳为:除以一个数(不为 0)就等于乘这个数的倒数。

基于除法运算的本原意义,对分数除法可以进一步进行意义基础上的推断和证明,这就是利用学生已有的知识基础(除法的意义以及乘除法之间的关系)去发掘、推断事实和方法(分数除法的法则)背后的道理和本质。"事实"是知识,是知道,是"然";"理解"是"意义"或"探求意义",是思维,是"所以然"。基于事实意义的理解可以是与事实相关联的理论证明,可以是对事实不成立的猜想的证伪,可以是事实依存的知识体系的横纵结构,也可以是事实产生的来龙去脉,更可以是对事实知识在具体情境中的应用创新。

在小学数学"有余数的除法"教学中,"余数比除数小"是一个比较抽象的数学规律。要理解这个规律,需要学生具有丰富的感性知识基础,需要使感性知识提升为理性知识。很多教材用根数不同的小棒排列成矩形,通过发现"剩余的根数比 4 小"这个规律,来发现、探索。学生充分体验一个活动周期之后,才能推断剩余的根数不应超过 3 根,可能是

1、2 或 3。学生在探索模式的过程中获得了完整的体验，这便是教材的结构编排。只有对余数和除数之间的关系有了正确的数学理解，学生才能建立更准确的规则证明；只有这样，学生才能将新的数学知识融入他们的认知结构。从某种程度来说，学生没有理解，就没有深入思考，就不能应用数学知识，数学教育也就缺失了其存在的基础。

第二节　理解：有关联的建构

数学最大的奥妙来自"数学深处出人意料的联系"。兼获菲尔兹奖、克拉福德奖、沃尔夫数学奖、阿贝尔奖的比利时著名数学家皮埃尔·勒内·德利涅（法语：Vicomte Pierre René Deligne）曾说过："在数学中，当你发现两个看似没有共同之处的东西事实上互相关联是一种乐趣，而在两个问题之间建立一个支点则是一个强大的工具。"美国数学家阿德比西·阿布拉（Adebisi Agboola）指出：数学中最美妙的事情就是，一些乍看起来毫不相干的观念和想法事实上可以证明是紧密相关的，有时甚至以一种非常深刻或神奇的方式相关。在数学深处发现联系、建立关联是一种深刻理解。

基于事实知识的理解，是依据逻辑进行思维并得到结果的。事实知识是基础，是理解的前提。理解需要对事实知识的领悟、辨别，更需要对碎片知识的综合和加工。比如，在英语学习中我们经常会遇到阅读理解的题目，有时我们虽然知道每个单词的含义，但整句话、整篇文章的意思绝非"词＋词＝句""句＋句＝段""段＋段＝篇"那么简单叠加就容易理解的。理解需要对事实知识提出问题，进而与其他事实建立关联，尝试在不同情境、不同角度来揭示事实知识的内涵和外延。比如，分数除法的三个层次在意义角度都分别得到解释，我们还可以通过数学视角来进行理论上的严格证明。如利用商不变的性质有：

$$\frac{9}{10} \div 3 = \left(\frac{9}{10} \times \frac{1}{3}\right) \div \left(3 \times \frac{1}{3}\right) = \left(\frac{9}{10} \times \frac{1}{3}\right) \div 1 = \frac{9}{10} \times \frac{1}{3}, 2 \div \frac{2}{5} = \left(2 \times \frac{5}{2}\right) \div$$

$$\left(\frac{2}{5} \times \frac{5}{2}\right) = \left(2 \times \frac{5}{2}\right) \div 1 = 2 \times \frac{5}{2}, \frac{4}{5} \div \frac{4}{25} = \left(\frac{4}{5} \times \frac{25}{4}\right) \div \left(\frac{4}{25} \times \frac{25}{4}\right) = \left(\frac{4}{5} \times \frac{25}{4}\right) \div 1 =$$

$$\frac{4}{5} \times \frac{25}{4}。$$

这样就将分数除法的三个层次进行了"三合一"，在数学角度进行了理论上的"归一"理解。这样，首先是分三个层次在各自意义上理解分数除法的运算，然后是利用商不变性质进行理论上的证明，使得分数除法的运算法则在"先分后合"的过程中自然而然地得到有效关联的建构。

理解是学生通过探索和反思来弄清楚所学内容和课程的含义，试图建构知识的结果。

杜威的研究表明:知识只需"获取",但理解必须"领悟"。教学是一件非常困难的事情,难就难在教材所呈现给师生的学习内容,其背后有许多"弦外之音",需要师生借助综合性、关联性的思考来加以理解。比如,小数的基本性质是:小数的末尾添上"0"或去掉"0",小数的大小不变。分数的基本性质是:分数的分子和分母同时扩大或缩小相同的倍数(0除外),分数的大小不变。建构这两者之间的关联性,可以很好地帮助学生理解基本性质(如图 2.1):小数的基本性质是分数基本性质的特殊情况。而这两条基本性质关联的根源也来自小数的概念:"小数就是十分之几、百分之几或千分之几的数",这也说明小数(仅指有限小数)是特殊的分数,自然小数基本性质也应该是分数基本性质的特殊情况。教师自己如果对所教知识没有深入的研究,缺乏洞察知识的形成过程,忽略知识之间关联的建构,忽视学生的认知规律,要想把教学工作做好是很不容易的。正所谓,教师要懂得自己要教的东西,要让学生理解的东西,教师首先要有深刻的理解。教育工作者要想成功,必须始终站在学习者的角度,理解学生在学习上的纠结与困难。

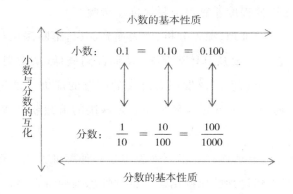

图 2.1　小数的基本性质与分数的基本性质的类比

布鲁纳说过:"获得知识如果没有完整的结构把它们连在一起,那是一种多半会遗忘的知识。"知识之间的关联性,也体现在知识的结构性上,如果教师在教学过程中对知识科学属性处理存在结构性缺失,必然会导致学生对知识理解的障碍,即知识理解会产生断点、盲点和疑点。那么,哪种教学方法能充分调动学生的积极性,最有助于学生明智地、灵活地、创造性地利用所学知识?

很多对成人来说非常简单的、显而易见的事实,对于儿童来说可能就是非常难以理解的,一点也不简单。我们强调做教师要有学生立场,就是希望教师能够从学生的视角来看待将要学习的事物,分析它对于学生来说是"事实"还是需要"理解",然后确定教学的流程和方法。教师要帮助学生主动"揭示"隐藏在事实知识背后的内容,并思考它们的意义。知识不能仅通过教师传授获得,它只能通过巧妙设计和有效指导由学习者自我构建而得到,从而内化到自己原有的知识体系中。优秀的教师最值得称赞的地方,就在于他们能不断地帮助学生们"发现"成人所了解的知识,引导学生去理解它们,而不仅仅是"传授"它们。宋代陆九渊在《读书》中道:"读书切戒在慌忙,涵泳功夫兴味长。未晓不妨权放过,切身须要急思量。"强调读书不要急,要有好的心态,要反复研琢推敲,鉴赏比较,这同样适用于教师研读教材、精心设计教学的过程。

第三节　理解:有深度的思考

"深度"这个词应该是目前的高频词,有"深度学习""深度理解""深度思考""深度合作"等。深度本意是指学习认知触及事物本质的程度或事物向更高阶段发展的程度。我们在想:教育教学应该怎么深? 深到哪里? 教师在钻研教材层面上应该有怎样的深度思考? 深度思考是一项非常重要的能力,能够帮助我们透过事物的表象看到本质,直抵核心。那么,思考到什么样的程度才算得上是深度思考呢?

深度思考是探究、层层推理、深入分析、由表面到深层,不断深化和增强以问题为导向的认知的过程。深度思考需要从具体到抽象,从局部到概括,从微观到宏观,从理论到哲学的转变,也需要具备问题意识以及发现有意义的问题的能力。通过把问题作为认识和思考探索的对象,才能造成一种还未理解但又必须解决的求知欲,理解才能转化为学习和探索的动力。

批判性思维是思考的有效途径。批判性思维是一种思维方式,通过逻辑推理、以数据和事实为后盾,从而产生建设性的思维结果。批判性思维的特点是否认刻板印象,追求创新成果,同时强调对有意义问题的质疑和对解决问题方式的多种可能的思考。深度思考的价值不在于用一个单一的标准答案来束缚学生,而是给他们学习的机会、主张的机会、发展的机会,提供一个自由发言、自主思考的机会。

是否具备深度思考的能力,是普通教师与优秀教师的重要区别。深入思考需要了解事物的本质,并达成对概念定理的简单表述。因此,深度思考不仅是深度学习的重点,也是教师专业发展的重点。优秀教师具有促进深度思考的品质:发现问题的眼睛、设计问题的过程、思考问题的角度等。教师专业发展,才会有学生的快乐成长;教师深度思考,学生才能得到有效的引导。

深度思考也是不断逼近问题本质的过程。很多时候我们都无法做到在第一次对某问题进行思考时就触其本质,但可以通过自我追问与深度思考之后,获得解决问题的洞察力、反思问题的习惯、发现问题的敏感性等,越来越接近问题的本质,直到最终到达问题的核心,并将它的过程和结果用简洁的数学语言表达出来。那么具有深度思考的知识内容,一般都具有哪些方面的特征或表现呢？

一、更精准的语言表达

教师语言是教师基本功中最外显且是最直接影响教学效果的，可以说所有的教学活动都是通过教学语言来完成的。数学教师的语言贵在精准。精准就是精炼、准确。语言的精炼性指的是言简意赅、词不虚发、没有废话。语言的准确性是指选字用词要准确贴切，不能含混不清、模棱两可。有时一字之差就会造成本质的区别，如数与数字、增加与增加到、时间与时刻、除与除以等，都是不同的词语。有些数学老师把"消去"与"约去"混为一谈。比如，化简 $\frac{4}{10} = \frac{2}{5}$，错误地说成"把分子分母同时消去 2，就可以得到 $\frac{2}{5}$"。正确的说法应该是"分子分母同时约去 2"。把 $6x + a = 2 + a \Rightarrow 6x = 2$，错误地说为"两边同时约去 a"，正确的说法应该是"消去 a"。"约"是对运算中"商"的形式而言，"消"是对运算中"和"的形式而言。

有时，还会不适当地"删""添"定义、定理或法则中的字句。比如把"同一平面内，不相交的两条直线叫作平行线"特意强调为"永不相交的两条直线叫作平行线"。直线的特性是向两端无限延伸的，不需要添加"永"以示强调。还有教师把"点到直线的距离"说成"点到直线的垂直距离"，难道点到直线的距离除了垂直，还有非垂直的距离吗？容易让有些学生产生误解。有时还会犯循环定义的逻辑错误，利用甲概念定义乙概念，又借助乙概念来定义甲概念。比如"含有 90°的角叫作直角""两腰相等的三角形叫作等腰三角形"等。

此外，教学语言应形象生动、富有启发性。换一句话，就是越有深度思考的教学语言，越容易有打比方的呈现方式。所谓洞察本质，就是会打比方。只有在洞察事物的本质后，才会联系到大家所熟知的事物，从而打出精妙的比方。打比方是一种策略，可以打开思维的局限，让灵感和智慧瞬间喷涌而出。美国著名数学家波利亚曾指出：没有类比，就没有发现。打比方有点类似于类比，而又不同于类比，毕竟类比是一种严格的数学方法，而打比方好像更接近于文科中的"比喻"。数学老师的任务就是要"把难的讲成不难的"，打比方就是要"降低知识难度"。如果教学语言使用了贴切的打比方，不仅是对教学的锦上添花，更会使学生对知识理解得通透彻底、学习得游刃有余。

二、更清晰的理解分析

喜欢深度思考的人，常会痴迷于一些重要概念的定义。比如，"真分数"的概念在教材上的表述为"分子比分母小的分数"，但喜欢深度思考的人常常会思考"分子比分母小的分数为什么要称之为真分数？"进行深度思考之后，会得出"真分数就是真正的分数"的理解，进而会思考"为什么是真正的分数呢?"因为分数是"分"出来的数,是在对一个物体或一些物体平均分的时候不能用整数来表示,就产生了分数,真分数就是指"把单位'1'平均分成若干份,表示其中的一份或几份的真正的分数"。相对而言,"假分数就是假的分数",因为"分子大于等于分母的分数"总可以分离出来整数的部分,而剩下的才是真正的分数。这个"真正的分数",就是洞察了分数产生的本质,这无疑就是深度思考的结果。

概念理解是对所有知识理解的关键所在,而对概念之间的联系的思考也是深度思考的重要内容。有人认为:"比"的结果可以用"分数"表示,计算过程可以用"除法"来计算,那么"比""分数"和"除法"三者的概念可以等同吗?回答是否定的!这三个概念就像是一个家庭中的三个兄弟,既有密切联系,又有严格区别,不能等同为一个概念。

首先,三者之间有密切的关联(表 2.2)。

表 2.2　比、分数、除法三者的联系比较

比	$a:b$	前项 a	比号:	后项 b	比值 $\dfrac{a}{b}$
分数	$\dfrac{a}{b}$	分子 a	分数线—	分母 b	分数值 $\dfrac{a}{b}$
除法	$a\div b$	除号÷	除数 b	商 $\dfrac{a}{b}$	

从表 2.2 看,比、分数和除法各部分名称之间有密切的联系。从本质看,三者之间的基本性质也是完全类似的:比的基本性质是比的前项和后项都乘或者除以相同的数(0 除外),比值不变;分数的基本性质是分数的分子和分母都乘或者除以相同的数(0 除外),分数值不变;除法的基本性质(即商不变性质)是被除数和除数都乘或者除以相同的数(0 除外),商不变。但是,除了上述的联系之外,三者之间的本质区别更需要明确:比表示两个量或者两个数之间的关系,分数是一种数,除法是一种运算。比号表示两个量或者两个数相比的一种"关系符号",分数线具有除号的作用(尤其是在繁分数里),除号只是表示两个数相除的一种"运算符号"。比可以用分数的形式表示,反过来分数不一定都是比;另外,分数可以是一个量或一个名数(带有单位),也可以是一个比率或不名数(不带单位);虽然两个数相除又叫作两个数的比,但商的后面可以带单位名称,而比值却是不能带单位的一个不名数。除法一般要求出商是多少,而比不一定要求出具体的比值。

三、更深刻的思考探究

喜欢深度思考的人,往往喜欢"刨根问底""追本溯源",喜欢探究"所以然"的东西。"然"的知识,通常在书本上就可以直接看得到,而"所以然"的知识往往具有历史性、贯通

性、综合性和人文性,是需要教师个体通过努力学习和研究"悟"出来,并深入浅出、潜移默化教给学生的。

所谓深度思考,其实很多时候应该多关注课程知识"所以然"的研究。比如,关于因数与乘法。中国古代,把乘数为一位数的情况叫作"因",乘数为多位数的情况叫作"乘"。《算法统宗》中说道:"乘者,以数生数也。数不能自生,相得乃生,故亦曰因。"

再如,关于加法的和,加法的结果为何叫作"和"而不是"合"?现代语言中,加法就是把部分与部分合并起来,"合"不是更具备这个意思吗?可是,为什么古人却用"和"呢?其实最初,"和"指的是树上的小鸟此唱彼和的场景,后来渐渐用作形容很多人演唱时乐音的谐和,虽然有很多声音,但听起来就像只有一个声音。由此可以推断出"和"是两个或者多个合并在一起就像一个的意思,这显然与数学中加法的含义相吻合。而"合"字最开始的意思是"关闭",后来引申为"聚集",才有了现在联合、合并的意思。但是,在最初的古代是没有这个意思的。数学是靠语言来表达的,数学语言通常有文字、符号和图像三种形式,学生学习数学是从认识和理解这些语言开始的,其中文字语言占了很大的比例。因此,从语言文字的发展来探源,我们更能理解"和"的意思,而不是简简单单的一个名称而已。其实,深度思考有时有点"咬文嚼字",但做一个"咬文嚼字"的小学数学教师,在某种程度上真的很好。这与郜舒竹教授指出的在数学教学中融入"语文类的人文知识,把创造知识的前人大师的情感、思维等因素融入数学课程与教学,让学生通过语文理解数学"的想法是一致的。

乘法的结果为什么是"积"?乘法是指将相同的数加起来的简便记法,其运算结果称为积。"乘"是会意字。甲骨文字形像一个人站在一棵树上远眺侦察。造字本义:爬上大树、车辆或其他高处,由此又引申"升高"的意思。"积"字的繁体为"積",最初有"囤积粮食"的意思,层层囤积粮食时,正有升高的意思。乘积就是堆积起来的数字,也就是堆积数,简称积。从哲学角度解析,乘法是加法的量变导致的质变结果。

那么,为什么除法的结果称为"商"?这个词通常与"讨论、做生意"的一般含义相关联。古代有一种叫漏壶的计时器,刻度浮标部分随水漂浮浮沉,只要看箭头表面的刻度,就可以看到锅里的水位,从而知道现在的时间。自古以来,"商"就被解释为雕刻箭矢的地方。也就是说,它是古代计时设备的刻度。量表实际上是确定"一"以方便测量"几"的标准。在小学数学中,整数的"等除"实际上是"已知几倍是多少,求一倍",这样就可以明白"商"的一般意义与数学意义之间的关联了。

四、更深刻的自我觉知

常常深度思考的人,会经常对概念和问题保持持续性的思考。这种习惯也会迁移到对自己的探究之中，从而拥有更加深刻的自我觉知。康托尔曾言："数学的本质在于它的自由。"数学虽是严密的、抽象的，但数学本质的自由性决定了数学更应该是有趣的、好玩的。这种自由本质上生长出来的有趣、好玩来自学习数学、理解数学过程中的自我觉知和深度感悟。很难想象一个不爱数学、不爱教育的教师能教出爱数学的学生，更难想象一个不爱思考的数学教师能启发、引导学生的数学思维。正如陶行知先生所言："要想学生好学，必须先生好学。唯有学而不厌的先生才能教出学而不厌的学生。"所以要想让学生喜欢数学，首先教师要喜爱数学；要想让学生善于思考，首先教师要有在深刻的自我觉知中的深度思考，并全力以赴将数学教得好玩。而这种全力以赴就包括教师对所教内容的自我觉知，也即在知识内容上要有更多更深刻的思考，在方法上要有更灵活更广阔的思维视角。问题是一样的，但怎么想这个问题却是不一样的。这就是数学是一样的，但学习数学的人的思维却是不一样的。所谓"观晚霞悟其无常，观河海悟其浩瀚。学贵用心悟，非悟无以入妙"。"悟"的过程就是深度思考的自我觉知的过程。

我国古代著名趣题之一"鸡兔同笼"问题记载于 1 500 年前的《孙子算经》中："今有雉兔同笼，上有三十五头，下有九十四足，问雉兔各几何？"这四句话的意思是：有若干只鸡和兔同在一个笼子里，从上面数，有 35 个头；从下面数，有 94 只脚。问笼中各有几只鸡和兔。解法众多，不同的人有不同的思维理解。

方法一　利用"方程法"求解：设兔的数量是 x 只，列出方程

$$4x + 2 \times (35 - x) = 94,$$

解得 $x = 12$，则兔有 12 只，鸡有 23 只。

方法二　利用"算术法"求解：

兔的只数：$(94 - 2 \times 35) \div 2 = 12$（只）；

鸡的只数：$35 - 12 = 23$（只）。

固然，这样的方程或列算式有严密、抽象、简洁的数学之法，但这根本不好玩。在小学数学中，应该有更多的好玩的数学。比如，我们可以大胆地想象：假设 35 个头都是兔，则应该有脚 140 只，而实际有脚 94 只。所以需要进行调整，将多出来的 46 只脚从兔上"擦去"（当然是一只兔去掉两只脚，从而让兔变成鸡），这样调整之后应该是鸡有 23 只，兔有 12 只。同理也可以假设 35 个头都是鸡，则应该有 70 只脚，将缺少的 24 只脚这样调整：给鸡"添上"（当然每只鸡添两只脚，从而让鸡变成兔），之后也得到兔有 12 只、鸡有 23 只。以上这种方法可称之为"假设法"，是在假设的基础上再调整以满足条件寻求答案的过程。教学中，可以辅之以图形在形象直观中进行假设抽象，将"给兔擦去两只脚"和"给鸡添上两只脚"用直观图形来激趣并引发思考。

既然是经典的数学趣题，就有善思考者不断进行趣解。下面是"抬腿法"的趣解：假设

鸡和兔都训练有素,吹一声哨,它们抬起一只脚(脚 $94-35=59$ 只),即鸡"金鸡独立"、兔一只前脚抬起;再吹一声哨,它们又抬起一只脚(脚 $59-35=24$ 只),即鸡一屁股坐地上了,兔子两个后腿着地,前腿抬起;这时,兔子有 $24\div2=12$ 只,鸡有 $35-12=23$ 只。

最古老的解法是孙子的"砍足法":"上置三十五头,下置九十四足。半其足得四十七。以少减多,再命之,上三除下四,上五除下七。下有一除上三,下有二除上五,即得。"翻译成算术方法就是兔的只数为 $(94\div2)-35=12$(只)("半脚减头");鸡的只数为 $35-12=23$(只)。

这样的计算过程和假设法中先把所有的都看成鸡的想法是一致的。砍足法是假设法的深入拓展,更适合小学生的理解方式。

"鸡兔同笼"问题,其解法多样,各种趣解的思路新颖而奇特,确实让数学变得好玩。面对小学生的小学数学教学,最应该遵循的是学生的基本活动经验,形成解决问题的策略,体验解决问题策略的多样性,发展实践能力和创新性,这是课程标准中明确提出的课程目标之一。作为小学数学教师,应该做到"目中有人""眼中有生",真正站在小学生的认知基础和学习经验上来培养学生的数学学习兴趣和数学核心素养。

五、更透彻的规律探索

深度思考追求对事物本质的理解,对概念定理的简单表述,简言之,深度思考追寻的是"深入浅出"!作为教师,面对我们要执教的知识和技能、思想与方法,如果我们只是把课程上的知识表述直接教给学生,那我们几乎没有发挥教与学的作用;相反,我们应该把课程形态的知识经过自己的真知灼见、深度思考转化为教育形态的知识,用"学生能够听得懂"的教学语言来引导学生的思维,让知识简洁明了,通俗易懂地融入学生原有的知识结构中。这就需要教师能有"一双慧眼"来深度挖掘教材,能有"一张巧嘴"来精准表达知识,从"入"之深,到"出"之浅,教师一定要有精加工、细琢磨。

深入思考有下面四个指向:一是知识指向,在知识指向中,知识学习可以通过感觉、感知、感动的步骤,提升到情感、理性和哲学的层次。二是方法指向,在方法指向中,方法反映能力,学习方法绝不是简单的死记硬背与死板的应用,自主学习、协作学习、探究学习才是深度思考的学习方式。三是思维指向,学习就是思考,数学是思考的运动系统。通过深度思考,我们可以体验辩证思维、批判性思维、系统性思维、创新思维等。四是情感指向,没有兴趣的学习是枯燥的,没有情感的思考是冰冷的。深度思考往往伴随着兴趣引领、情感坚持。

培根说:"知识在书本之中,运用知识的智慧却在书本之外。"教师钻研教材、理解教材,然后用教材教的知识和方法应该是高于教材的,是对知识的多维度思考、具体化思考、前因式思考和后果式思考。

1. 多维度思考

所谓多维度思考，要求我们通过从多个角度看待事物，就可以对同一个问题得出许多不同的答案。实际上，无论是抽象的数学世界还是具体到身边的自然界，一切事物都有多重的含义，哪怕一片小小的树叶，从生物学角度看可以提供氧气、吸收二氧化碳，从文学角度看代表着一种意境，从经济学的角度来看有着一个价格，从绘画的角度……每换一个视角都能找出一种全新的美。因此，从不同的角度研究，才能更深入地看到问题，看待问题才能更加全面。

当我们利用商不变的性质证明得到分数除法的运算法则是"除以一个数（不为0）等于乘这个数的倒数"，仍然可以进一步思考，商不变的性质也可以这样来使用：

$$\frac{4}{5} \div \frac{4}{25} = \left(\frac{4}{5} \times 25\right) \div \left(\frac{4}{25} \times 25\right) = \left(\frac{4}{5} \times 25\right) \div 4 = \left(\frac{4}{5} \times 25\right) \times \frac{1}{4} = \frac{4}{25} \times \frac{25}{4}。$$

这样就通过同乘除数的分母，把除数是分数的除法转化成除数是整数的除法。这也体现了数学知识的深度关联、殊途同归。

2. 具体化思考

深度思考的第二步就是进行具体化思考。具体化思考，也就是把脑中的想法给具体化。要求我们在一个想法出现之后，要学会不断地细化、提炼出精华，在不断打磨之后，才能让自己的思维方式达到更高的层次。

可以继续思考。学生在学习了分数乘法的运算法则之后，再接触分数除法，就可以质疑性的类比：是否分数除法的法则可以是"分子除以分子的商作商的分子、分母除以分母的商作商的分母？"提出这样的疑问和猜想，紧接着就应探究其正确性和普适性。比如，是否可以 $\frac{4}{15} \div \frac{2}{5} = \frac{4 \div 2}{15 \div 5} = \frac{2}{3}$ 呢？当然，可以按照分数除法法则"一个数除以一个分数等于这个数乘以这个分数的倒数"来进行验证 $\frac{4}{15} \div \frac{2}{5} = \frac{4}{15} \times \frac{5}{2} = \frac{2}{3}$，或者根据乘法与除法的关系进行验证 $\frac{2}{3} \times \frac{2}{5} = \frac{4}{15}$，所以这个猜想是正确的。可是由特殊到一般的归纳推理怎样"理解"才能"服众"呢？我们依据乘除法混合运算的性质：

① $a \div (b \div c) = a \div b \times c$，

② $a \times b \div c = a \times (b \div c)$，

③ $a \div b = a \times \frac{1}{b}(b \neq 0)$。

可以这样思考：

$$\frac{4}{15} \div \frac{2}{5} = (4 \div 15) \div (2 \div 5)$$

$$= 4 \div 15 \div 2 \times 5$$

$$= 4 \div 15 \times 5 \div 2$$

$$= (4 \div 15) \times (5 \div 2)$$

$$= \frac{4}{15} \times \frac{5}{2};$$

或者

$$\frac{4}{15} \div \frac{2}{5} = (4 \div 15) \div (2 \div 5)$$

$$= 4 \div 15 \div 2 \times 5$$

$$= 4 \times \frac{1}{15} \times \frac{1}{2} \times 5$$

$$= \left(4 \times \frac{1}{15}\right) \times \left(\frac{1}{2} \times 5\right)$$

$$= \frac{4}{15} \times \frac{5}{2}$$

　　以上,就在一般推理的角度证实了猜想的正确性。当然,我们又会提出进一步的质疑:这种"分子除以分子,分母除以分母"的分数除法的法则,有时具有局限性,即存在不能整除的时候。比如:

$$\frac{3}{5} \div \frac{2}{3} = \frac{3 \div 2}{5 \div 3} = \frac{3 \times (2 \times 3) \div 2}{5 \times (2 \times 3) \div 3} = \frac{3 \times 3 \times 2 \div 2}{5 \times 2 \times 3 \div 3} = \frac{3 \times 3}{5 \times 2} = \frac{3}{5} \times \frac{3}{2},$$

根据分数的基本性质,把被除数的分子和分母同乘除数的分子分母,从而解决除不尽的情况。

　　3. 前因式思考

　　万事皆有因果。前因式思考指的是在看到现象本身之后去追溯源头的思考方式。想要培养前因式思考,就要时刻意识到:任何事情都有其存在的意义。为什么这些事情会发生? 它们发生的导火索是什么? 时刻保持好奇心和专注力,才能推动我们提出问题、分析问题和解决问题,才能发掘细节背后的秘密。有了好奇心之后,还需要让我们的思想更有条理。因此,深度思考的第三步就是思考事物存在的原因。

　　我们仍以分数除法为例继续深度思考:一个分数,分子乘(或除以)一个数(0除外),等于它的分母除以(或乘)这个数。例如:$\frac{4}{5} \div 2$,可以用2除分子,即

$$\frac{4}{5} \div 2 = \frac{4 \div 2}{5} = \frac{2}{5};$$

也可以用2乘分母,即

$$\frac{4}{5} \div 2 = \frac{4}{5 \times 2} = \frac{4}{10} = \frac{2}{5}。$$

因此,对于分数除法,分子被一个数除,可以转化为它的分母被这个数乘;分母被一个数除,可以转化为它的分子被这个数乘。例如:

$$\frac{3}{5} \div \frac{2}{3} = \frac{3 \div 2}{5 \div 3} = \frac{3}{5 \div 3 \times 2} = \frac{3 \times 3}{5 \times 2} = \frac{3}{5} \times \frac{3}{2}。$$

4.后果式思考

有了前因,但还需要后果。任何事情都不是孤立的,每一件事情发生之后都会对其他的事情造成影响。深度思考的第四步就是思考事物发生后可能造成的影响,以及影响所造成的影响。

关于分数除法,做深度思考,必然绕不开数学史上的发生发展史。因为了解数学产生发展的历史,能增进对数学的理解。世界上最早系统叙述分数知识产生和发展的著作当属中国古代的《九章算术》,在这本数学经典著作的《方田》章中,提出了完整的分数运算法则。《九章算术》把分数除法叫作经分,经分术与现在的分数除法法则完全相同。"法分母乘实(为实),实分母乘法(为法),实如法而一"。这里的"实"是被除数,即分子;"法"是除数,即分母。"法分母乘实(为实),实分母乘法(为法)"是指用被除数的分子与除数的分母的积做商的分子,用被除数的分母与除数的分子的积做商的分母;"实如法而一"是指被除数依除数均分成几份而取它的一份。可以表示为

$$\frac{b}{a} \div \frac{d}{c} = \frac{b}{a} \times \frac{c}{d} = \frac{bc}{ad},$$

即把除数的分子和分母颠倒位置之后再与被除数相乘。

有道是"若想让知识枝繁叶茂,首先必须要知识根深蒂固"。让知识根深蒂固,就是要在学习中进行深度思考。深度思考是一种能力,更是一种习惯。建立在对知识和知识之间的联系上的深度思考,才能构建稳固丰富的数学知识结构和认知结构。比如在学习分数除法之前,需要对整数除法的意义和计算方法、小数除法的意义和计算方法进行整理回顾,在此基础上再去类比探究分数除法的意义和计算方法。同时,再横向类比分数乘法的学习方法,例如举例、利用对长方形的折一折、涂一涂等方法,来探究分数除法的意义。这样的学习活动设计,将数学知识紧密联系在一起,使数学知识结构的梳理、知识体系的构建、学习思路的螺旋上升都横纵联结、脉络清晰。

正所谓"大脑中走得越远,现实中走得越稳"[①]。当深度思考之后,会把这种能力无意识地应用在生活和学习的方方面面之中,这在教学中尤为重要。正因为这种能力能应用

① 莫琳·希凯.深度思考[M].孔锐才,译.南京:江苏凤凰文艺出版社,2018:9.

在教学之中的很多方面,所以这种能力才是一份巨大的宝藏,我们应通过不断地磨炼来掌握这种能力。

第四节　理解:有迁移的应用

"我们在教育中怎样强调概念理解的重要性都不过分。也就是说,概念的含义具有通用价值,因为尽管有所不同,但它的含义在各种不同情况下都是可以应用的……当我们陷入懵懂未知之境时,它们是我们可以参考的已知……没有概念的生成过程,就不能获得任何知识的迁移,更不能对新体验产生更好地理解"[①]。理解是关于知识迁移的。为了知道应用哪一个事实,就要了解更多的事实。这个过程需要理解,即需要洞察本质、目的、方法。对知识与技能的有效迁移能力是我们在不同的情境和问题面前创造性地、灵活地、流畅地应用所学能力。

理解,可以是纵向的"掘地三尺""高屋建瓴",也可以是横向的"类比推理""迁移应用"。深度理解,不仅包括纵向的,而且包括横向的,甚至是立体网络的。站在哲学辩证统一的视角,世界万物"莫不相同",它们有相同的本原,相互一致,相互依存,构成统一的整体;世界万物又"莫不相异",它们各有不同的内容和形式,各有不同的运动和变化,使世界异彩纷呈、斑斓多姿。同与异是对立统一的,"合异以为同,散同以为异"。知识的学习与知识体系的建构也遵循这样的辩证统一规律,理解知识其实也是在追寻"同中异"以及"异中同"。逻辑中的同一性是指两种事物或多种事物能够共同存在,具有相同的性质。同一性,既考察知识相同的一面,又考察知识不同的一面。在数学知识体系中,同一性往往是新旧知识的连接点,也是实现新知识正向迁移的出发点。

数学学习在迁移应用之前主要包括两个主要的过程——记忆和理解。所谓记忆就是再现或再认所呈现材料的能力,可以通过回忆和再认测试来作出评价,表明对知识学到了多少的衡量。所谓理解是指根据所呈现的材料建立一种连贯一致的心理表征的能力,主要体现将所呈现的材料应用到新情境中的能力,可以通过迁移测试来做出评价,表明对知识理解了多少的衡量。如果在学习中保持和迁移都有良好的表现,那么意义理解就产生了。

例如,对平行四边形面积的计算,第一种类型的学生只要求测量平行四边形底边的长度和底边上的垂直高度,然后将二者相乘(如图2.2)。而第二种类型的学生在学习计算平行四边形的面积时知道,可以剪掉平行四边形一端的一个直角三角形或直角梯形,然后

---

①　约翰·杜威.我们如何思维[M].伍中友,译.北京:新华出版社,2010:153.

把它补在另一端,这样就拼成了一个长方形,把未知的平行四边形面积问题转化成已知的长方形的面积问题(如图 2.3)。

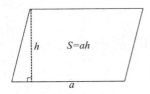
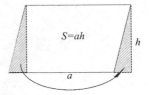

图 2.2　通过记忆公式学习平行四边形的面积　　**图 2.3　通过理解公式学习平行四边形的面积**

第一种类型的学习无法帮助学生将所学知识迁移到新的情境中,而第二种类型的学习可以让学生在保持与迁移两方面都做得很好。学生完全能解决变式情境中的问题,比如计算图 2.4 中图形的面积。可见,通过死记硬背式的学习与基于理解的学习所产生的学习效果存在非常大的差异,后者的主要优势不在于保持,而在于迁移。促进对知识的保持和迁移是教育的两大基本目标。保持是指将学习材料原原本本记住的能力,而迁移是运用所学知识回答新问题、解决新问题,或促进新材料学习的能力。"保持"重在过去,而"迁移"重在未来。

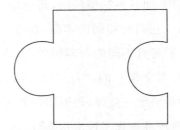

图 2.4　变式情境中面积的计算

理解是迁移的基础,迁移是理解的应用。概括来说,迁移就是触类旁通、举一反三。迁移是联结、类比、理解、应用、创新。所谓迁移,就是指先前知识对新的学习或新的问题解决所产生的影响。换言之,迁移就是一个有关已掌握知识如何影响新任务的完成能力的过程。一般来讲,迁移有两种类型:第一种迁移是学习迁移(transfer of learning),即学习者先前已掌握的知识对新的学习的影响。"如果学习者能利用先前所掌握的知识来学习新的知识,即过去的学习经验对现在的学习过程产生影响,或者现在的学习对今后的学习产生影响,那么学习迁移就发生了"[①]。第二种迁移是问题解决迁移(problem-solving transfer),是指学习者先前已经掌握的知识对新的问题解决的影响。如果学习者能够根据先前经验所获得的知识找到新的问题的解决方法,那么问题解决迁移就发生了。数学

---

① 党志平,冯锐.基于技术实现知识有效迁移的方式探讨[J].扬州大学学报(高教研究版),2007(6):3-5.

知识和数学问题的解决同时包含学习迁移和问题解决迁移,两者交叉共生、相互融通。

数学理解是数学迁移的根基,意义学习是数学理解的前提。在小学数学中分数除法的意义是从整数除法的意义中派生出来的,分数除法的意义是在整数除法的意义上赋予了新的内容。相同的意义作为共同的理解基础,就可以从分数除法的"运算意义"向"应用意义"实现迁移。分数除法的意义建构要想从知识概念走向真正理解,就应顺应除法运算的算式意义,在整数除法与分数除法运算意义的"异中求同"上做文章。

例如,"一块地有$\frac{9}{10}$公顷,3 小时可以耕完。平均每小时耕多少公顷?"题目中"$\frac{9}{10}$公顷"虽是一个分数形式的"总数",但被平均分的份数"3 小时"依然是一个整数形式的"份数",因此,在这种"总数÷份数=每份数"类型的分数除法应用中,我们依然可以保持除法运算最基本的意义,即"把总数$\frac{9}{10}$平均分成 3 份,求每份是多少?"用$\frac{9}{10}÷3$来列式求解。站在除法运算意义的共同角度,分数除法的应用意义从整数除法的意义上实现了有效迁移。这种以除法运算意义的共同基础作为思维路径,成为知识有效迁移的激活点。

分数被认为是最复杂的数,分数除法被认为是对最复杂的数做最难的运算。在小学阶段,学生对加、减、乘、除的运算意义的探索建构中,除法是最能够驱动学生产生认知冲突和思维困惑的。因为对于整数、小数、分数的加法、减法、乘法在认知时其运算意义始终是相同的,只要建立了整数的运算意义,就能顺势探索理解对应运算的小数或分数的运算意义。而对于除法,从整数到小数再到分数的发展过程中,其运算意义要经历从整数的直观意义到分数的抽象意义的建构过程,理解上往往存在思维困惑,学生无法直接触摸到分数除法的运算意义,更无法感受到分数除法的应用意义,进而就会产生思维迁移的冲突。要想解决学生思维中的困惑,就应捕捉到阻碍知识有效迁移的冲突点,寻找到解决知识理解冲突的转折点,从整数除法和分数除法运算意义的"同中求异"上做文章。

例如,将上面的题目变式为"一块地有$\frac{9}{10}$公顷,$\frac{3}{4}$小时可以耕完。平均每小时耕多少公顷?"学生对上面的题目"总数$\frac{9}{10}$公顷平均分成 3 份,求每份是多少公顷"的数学思维可以从整数除法的运算意义上得到有效迁移,可以做到平均分的理解,但当换成是"$\frac{3}{4}$小时耕完,求平均每小时耕多少公顷"这样的分数形式会缺乏直观理解,自然也很难想到用除法运算来解决问题。学生存在这样的思维定式:"要求每小时耕地的数量,应该是已知超过 1 小时耕地的数量,经过平均分,可以得到每小时耕地的数量。"当把整数变成分数(真分数或假分数),比如$\frac{3}{4}$,学生就会产生思维冲突:"$\frac{3}{4}$小时"比"1 小时"少,没法平均分。

因此,在这里学生缺失了对"除数是分数的分数除法"的认知基础和思维经验。这里就会感受到虽然都是除法运算,但这和整数除法的思维路径是有差异的;虽然都属于分数除法,但这和"除数是整数的分数除法"的思维深度和性质却是不一样的。所以,在"同中异"的方面,我们应该寻找新的思维生长点和支撑点。其实,很多时候"1 个单位内的数量"可以看作一些问题解决的"原点"或"转折点",基于这个原点,可以到达很多地方。比如,"$\frac{3}{4}$ 小时可以看作 1 小时的 $\frac{3}{4}$",也即"1 小时耕地的数量的 $\frac{3}{4}$ 就是 $\frac{3}{4}$ 小时耕地的数量",所以 "$\frac{3}{4}$ 小时耕地的数量除以 $\frac{3}{4}$ 就是 1 小时耕地的数量"。这样自然就可以得到"平均每小时耕地的数量是 $\frac{9}{10} \div \frac{3}{4}$ 公顷"。借助于"1 小时耕地的数量"作为桥梁,转化和沟通了已知和所求,进而理解了除数是分数的分数除法的应用意义,当然我们可以在此基础上对同类题目进行归纳以形成此类分数除法的应用模型。

我们也可以将刚才的问题这样来理解:要求平均每小时耕地的数量,实际上就是求 1 小时里面有几个 $\frac{3}{4}$ 小时,就表示有几个 $\frac{3}{4}$ 小时耕地的公顷数。这样就可以用 1 小时除以 $\frac{3}{4}$ 小时,得到 1 小时含有几个 $\frac{3}{4}$ 小时,再乘 $\frac{3}{4}$ 小时耕地的公顷,即

$$\left(1 \div \frac{3}{4}\right) \times \frac{9}{10} = \frac{9}{10} \times \left(1 \div \frac{3}{4}\right) = \frac{9}{10} \div \frac{3}{4} \text{。}$$

以上两种解决问题的方式,第一种是利用乘法数量关系的方程思想,第二种是利用除法本身的"包含除"的意义,都能帮助学生顺利理解分数除法的应用意义,即"用 $\frac{3}{4}$ 小时耕地的公顷数 $\frac{9}{10}$ 直接除以 $\frac{3}{4}$ 小时,就是平均每小时耕地的数量"。这个结果的意义又回归了除法运算的本原意义,即分数除法与整数除法的意义是完全相同的。

进而可以继续深度迁移:"一块地有 A 公顷,用 B 小时耕完,求平均每小时耕多少公顷?"无论题目中 A 与 B 是整数,还是分数,无论是真分数,还是假分数,解决这一类问题,都可以用 $A \div B$ 来表示平均每小时耕地的数量。继续拓展,可以使学生全面理解"一个数是另一个数的几分之几(或几倍)",可以是"整数倍",也可以是"分数倍"(真分数或假分数都可以),从而将分数与整数"同一"。这样,我们在探求分数除法的"异中同"和"同中异"的过程中,引领学生彻悟分数除法应用中的运算意义,帮助学生对分数除法进行了深刻理解和自然建构,使学生对分数除法应用的理解和掌握走向直观化和明朗化。这样的深度思考是培养学生直观思维向抽象思维过渡的必由之路,真正促进学生对分数除法的概念

抽象转化为数学质疑,由思维困惑走向深度理解内化。

第五节 数学:有意义的理解

数学是人类知识中最古老、最稳定的动态领域,是人类文明的一种文化活动,也将花费每一位受教育者几乎一生的时间,才能逐渐了解和接触数学广袤无垠的知识范围。数学的知识永远在刷新,这也是为什么每个人都要学习它。它作为一门科学,其目的、内容、特点和在人类文化中具有极为重要的地位。数学作为一种文化的整体理解的起点,从历史的长河中走来的过程中,其含义不断发展,其应用也越来越广泛。然而,数学尽管从古代到现在有着漫长的发展历史,现代数学也已经成为一个拥有众多分支的庞大知识体系,但整个数学的发展始终围绕着"数"和"形"这两个最基本概念的抽象发展。数学的所有应用都以这两个概念为基础在不同的领域不断变化,这两个概念也因此得到了发展和延伸。数学是人类活动中无法替代的存在,与人类的其他文化活动密切相关又有所不同。正是这种联系和区别,决定了数学在人类文明中的地位和它的特殊教育功能。恩格斯曾经给数学下过定义,他说:"数学是关于数量关系和空间形式的科学。"对数学的目的、特点和价值拥有或建立一个正确的概念,对于学好数学和教好数学至关重要。

认知是学习的起点,认知的目的是理解,而理解则是认知的更高层次。如果没有理解,学习作为一种认识世界的方式存在于日常生活中,而不是一种生活方式。在教育过程中,理解是一个具体的认知过程,意味着"学习""掌握"等,并表达了认知结果。理解在生活和生命中具有普遍意义,但它并不指具体的认知活动或一般意义上的认知活动阶段。当只强调认知的知识成果,只教知识而不教生活或精神发展时,课堂教学就会变得表面化、表演化。理解是一种存在方式,是人类存在的一种有意义的方式,对人类有着本体论的意义。

理解与意义往往是相互联系的、相辅相成的。只要说到理解,一般指的就是某种确定的意义,也即理解是意义的理解、意义是理解的意义。意义依靠理解,理解就是对意义的把握;理解为了意义,意义是理解的追寻。但意义的理解终归需要的是人的理解,不同的人就会出现不同的理解。这也就是为什么会出现对同一个知识点,会有不同的人的理解。德国数学家菲利克斯·克莱因曾说过:数学最令人困难的地方,在于不管任何人,想要进入它,就必须在自己心里,依靠自己的力量,一步一步地把它的发展(推理演绎)再现一次。所以,哪怕只是掌握一个简单的数学概念,也要把它所赖以成立的所有前提(信息上下文),以及它们之间所有的相互联系(逻辑路径),都加以理解消化,否则一切都是不可能的。

一、从意义到理解

数学连接了心灵感知的抽象与真实世界的具体，由于真实世界的存在都是意义的存在，而心灵感知的抽象是需要理解的。所以，数学学习必须从意义走向理解。数学理解，有直观理解、程序理解、抽象理解和形式理解四个层次。

数学概念是人对客观现实中数量关系和空间形式方面本质属性的抽象。一切数学规则的研究、表达与应用都离不开数学概念。概念教学要立足于意义理解，在数学教学实践中，应凸显数学概念的意义本质理解，以促进概念理解的深刻性。

以"小数的意义"为例，很多学生对小数概念的理解仅仅是"一位小数表示十分之几，两位小数表示百分之几，三位小数表示千分之几……"这样的表层理解。按照这样的逻辑，是否可以说小数是分母为 10、100、1 000…的分数呢？但其实，这种说法仅限于有限小数的范围。因为当小数的位数有限时，譬如说 n 位，那么它就可以表示分母为 10^n 的分数。无限小数则会变得复杂得多，一般分为两种情况：一种是无限循环小数，实质上它是分母不仅仅只有 2 或 5 这样的质因数的分数，因而它的分母不可能为 $10^n(n=1,2,3,\cdots)$；另一种是无限不循环小数，即无理数，是无法转化为分数的（分数是有理数）。所以，不能将小数理解为特殊的分数。但在小学数学中，小数是通过分数引入的，教材的主要目的是想突出小数与分数之间的联系。因为小学在引入分数时仅仅涉及有限小数，所以在有限小数的范围内可以认为小数是特殊的分数，若后面学习了无限小数之后，就不能这样认为了。

小学生对"小数的意义"理解的起点有两个方面：逻辑起点和现实起点。逻辑起点是指在三年级时已经学习了分数的初步认识，认识了"分母小于 10 的分数"；还有对小数的初步认识，知道了"$\frac{1}{10}$ 米可以写成小数 0.1 米，$\frac{1}{100}$ 米可以写成小数 0.01 米"。但这样的逻辑起点仅仅是"初步"。在这个阶段，学生仅仅能初步认识到小数的现实起点：0.1 元就是 1 角；0.1 米就是 1 分米；十分之几就是一位小数。这是三年级时学生对小数的初步认识。进入五年级，需要完成对小数概念的本质构建和理解，为寻求对小数概念从特殊到一般的归纳上升，真正理解小数的意义，需要紧密结合小学生对小数意义理解的现实起点，也即直观图示或生活经验。比如，0.1 元就表示 $\frac{1}{10}$ 元；0.1 米就表示 $\frac{1}{10}$ 米；0.1 就表示 $\frac{1}{10}$。也就是在"小数的认识"中，需要具体的量作为支撑，而这正是作为"小数的意义"的教学起点。从"认识"到"意义"的理解，需要学生原有知识的逻辑起点和现实起点来共同激活。正如美国著名心理学家奥苏贝尔所说："如果我不得不把教育心理学还原为一句原理的话，我将会说，影响学习的最重要原因是学生已经知道了什么，我们应当根据学生原有的知识状况去教学。"

虽然教学中大多数知识无疑是"现成的",很多时候确实是需要"告知"学生的。但对于数学概念的学习,需要联系学生已有的知识经验,通过动手实践,从操作中感知表象,从而归纳概括上升到对事物本质属性的理解,要让学生亲身经历将实际问题抽象成数学模型并进行解释和应用的过程。

比如,建立小数与十进制分数的联系是理解小数意义的关键所在,可以分为三个层次来理解:

(1)概念具体化。直观图示,在图中表示出 0.1(图 2.5)。

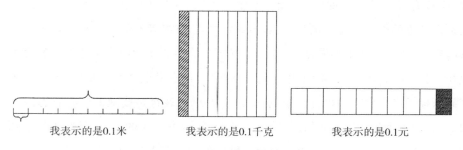

我表示的是0.1米　　　我表示的是0.1千克　　　我表示的是0.1元

图 2.5 小数的直观图示

(2)概念的抽象化。从特殊到一般,从具体到抽象。为什么刚才的不同的物体、不同的图形,都可以用 0.1 来表示?因为它们都平均分成了 10 份,所涂色(或标记)的部分都是其中的 1 份,当然就都是 $\frac{1}{10}$。

(3)概念的一般化。$\frac{1}{10}$ 表示 0.1,0.1 就表示 $\frac{1}{10}$。建构数学概念的过程,绝不是简单的"告知"的过程,深化数学概念也不能"一步到位",而是一种体验式的探索形成过程,是层层深入建立概念模型,突出意义本质的理解是数学概念教学的核心。

二、从"有意义"到"有意思"

用数学眼光来观察世界,用数学思维来分析世界,用数学语言来表达世界,在学习数学的过程中学会学习,这应该是数学教育培养人的总体目标。小学数学核心素养的培养从根本上来讲,就是要关注思维、关注能力。思维发展贯穿于教学目标、教学内容、课堂组织、教学评价等各个环节,学科体系、教学体系、教材体系都要围绕思维发展这个目标来设计。教师要围绕思维发展目标来教,学生要围绕思维发展目标来学。思维只有在有价值、有意义的知识学习中才有发展。但有意义的数学有时真的是"想说爱你不容易",因为从"冰冷的"数学中真的是很难有"火热的"思考。数学之所以高深晦涩,是因为它的高度抽象;之所以较难理解,是因为它所蕴含的意义有时是"枯燥、单调、乏味"的,这就需要将有意义的数学知识进行呈现方式、理解路径等的精加工、细思量,使之从"有深度"的意义到"有温度"的理解,从"有意义"的理解到"有意思"的数学,真正把数学学习变成一种"有情有意、有滋有味"的理性学习。

特级教师李镇西在回答"什么样的教育才是好的教育"时曾说:有意义又有意思的教育才是好的教育。何谓有意义的教育? 一要着眼学生的未来,要为学生的终身发展服务,努力提升学生的学习能力、生活能力;二要抓住学生的现在,落实立德树人的根本任务,使学生掌握丰富的文化知识,形成正确的人生观和价值观。作为教师,只有选择有意义的教学内容,打造有意义的学生课堂,才能真正给学生以启迪,为学生的成长成才助力。

何谓有意思的教育? 正所谓"知之者不如好之者,好之者不如乐之者",这就是学习兴趣的三重境界:知道学习的不如爱好学习的,爱好学习的不如以学习为乐趣的。教育不仅要关注学生"学到了什么",还要重视"学生学得快乐吗"。斯宾塞说:"教育要使人愉快,要让一切教育带有乐趣。"没有意义的教育是空洞的,没有意思的教育是残缺的。有意思的教育应该基于两点:一要尊重学生的实际情况,因材施教;二要激发学生的学习兴趣,兴趣使然。贴近学生实际、饶有兴趣的教育,往往更具有潜移默化的力量和事半功倍的效果。

陈省身先生曾说过:"数学课要讲得让孩子们有兴趣。孩子们都是有好奇心的,他们对数学本来也有好奇心,可教得不好,把数学讲得干巴巴的,扼杀了好奇心,数学就难了。"小学数学从知识性的角度来看,是整个数学学科知识的基础,从内容、方法、应用的有意义到有意思,都应该实现知识性和趣味性的有机融合,这样有助于数学学习兴趣的培养,从而提高数学学习的效率。俗话说:兴趣是最好的老师。正所谓:心怀喜悦,方能致远。而有兴趣源自有意义且有意思。不可否认,很大一部分数学学习的学困生认为数学是"没意思"的。学习在很大程度上取决于学生对学习内容的兴趣,而教学内容的呈现方式直接影响学生的学习兴趣。教师需要关注教什么、怎么教,更应该重视从学习内容到学生认知的深入架构。"以生为本"的教学理念就是站在学生的立场来定位教学内容,以学生感兴趣的方式来架构学习内容。面对小学生,学习内容和学习方式的趣味性显得尤为重要。学习内容要有意义、有意思、有挑战;学习方式可以多种多样,数学实验、数学阅读、数学魔术、数学 STEM(科学、技术、工程和数学教育),把时间和空间留给学生,把主动权交给学生,让学生操作起来、讨论起来、思辨起来、合作起来,课堂定会万紫千红。

小学数学学习应该是一个主动建构知识的过程。教师在教学的过程中,不应该只是机械地投喂学生知识,而是应该引导学生亲自参与并经历一个实践和创新的过程。实践是学生主动构建知识的基础,通过学生动口、动手和动脑的操作实践过程,可以提高学生发现问题、分析问题进而解决问题的能力,发展学生的创新意识。古人云:"纸上得来终觉浅,绝知此事要躬行。"心中悟出始知深,所以我们要给学生提供足够的机会去体验和探索。

以《三角形面积的计算》的教学为例。教师应该引导学生充分经历动手操作的过程:学生会用两个完全一样的三角形拼成一个平行四边形或长方形、正方形,再用拼接、粘贴等方式进行还原。像这样,用割、补、拼等方法把三角形转化成已学过的平面图形,从而帮助学生计算、发现并推导出三角形面积的计算公式。这样的操作过程,充分激发了学生的创造兴趣,提高了学生的动手能力,让学生在动手操作中感受到了数学知识的形成过程。这样,学生学习数学的兴趣被进一步激发,也更有可能迸发出创新思维的火花。斯卡特金说:"孩子没有学习的愿望的话,我们的一切设想和方案都会化为灰烬,变成木乃伊。"可见,对于小学生,学习兴趣和学习的主动性至关重要。兴趣很多时候来源于与学生生活实际相近的情境。在学习"百分数的应用"时,教材上往往会出现这样的题目:"某地区去年原计划造林 16 公顷,实际造林 20 公顷。实际造林比原计划多百分之几?"这样的问题情境距离学生的生活实际较远,如果教师能够"用教材教",而不是"教教材",对题目的情境进行改编,使得问题情境与学生生活实际密切关联,则教学效果往往会事半功倍。比如:"同学们,刚过完年,大家一定得到了不少压岁钱。甲同学得到 888 元,乙同学得到 520元,大家能提出与百分数有关的问题吗?"学生的积极性被调动之后,自然就会主动提出问题:甲是乙的百分之几? 乙是甲的百分之几? 甲比乙多百分之几? 乙比甲少百分之几? 同样,数学习题类型的改编能够激发学生的解题兴趣。习题数量可谓成千上万,"类"的思想则能让每个知识点对应的习题变得"寥寥可数"。

数学学习一般包括知识的学习和习题的解决。在知识学习中,"结构"的观点是很重要的学习方法,利用结构将所学知识联系起来,由点到线、由线到面;在解决习题的思想上,要培养学生"类"的思想和视角,"同一类"或"相似类"可以大大缩减习题的数量,更重要的是"类"的思想让学生不断提升数学概括能力和解题能力。可以看到,教学中的客观要求与儿童已有经验和学科结构存在紧密的内在联系。

"百分数应用"的题型主要有以下几种:

(1)苹果树林计划产出苹果 5 000 件,实际生产了 4 000 件,完成了计划的百分之几?

(2)苹果树林计划产出苹果 5 000 件,实际生产了 6 000 件,超额完成了百分之几?

(3)苹果树林计划产出苹果 5 000 件,实际超额完成了 400 件,超额完成了百分之几?

(4)苹果树林计划产出苹果 5 000 件,实际超额完成了 400 件,完成了计划的百分之几?

(5)苹果树林实际产出苹果 3 400 件,比计划多生产 400 件,完成了计划的百分之几?

(6)苹果树林实际产出苹果 3 900 件,比计划多生产 400 件,超额完成了百分之几?

以上问题互相关联,既有相似之处,又有不同之处。一堂真正具有思想深度的数学课,留给学生的是心灵激荡的数学思考和长久受用的解决问题的数学方法。从数学课堂的"有意义"到"有意思",实质是数学价值到数学兴趣,引导学生去学习并研究数学,进而迈进数学的世界。

三、从"意义深化"到"诗情画意"

"世事纷繁,加减乘除算尽;宇宙广大,点线面体包完。"数学以其高度抽象、严密逻辑、应用广泛而著称,诗歌以其高度精练、抒情言志、想象丰富而著称。数学和诗一样,都充满了想象,充满了智慧,充满了创造,充满了和谐,也充满了挑战。数字入诗,显示出奇妙的美感和独特的艺术魅力。数字入画,增添无穷的韵味和抽象的意境美。数学家弗赖登塔尔称数学是"冰冷的美丽",但大多数人感受到的是数学的"冰冷",而数学的"美丽"却是难以领略的。只有诗情画意的数学,才能有妙趣横生的数学。如果在有意义的数学中融入诗情画意的数学,无疑可以让数学变得灵动飞扬、美丽无限。

著名数学家谷超豪用他的一生告诉人们:数学也有诗情画意。"诗可以用简单的语言表达非常复杂的内容,用具体的语言表现深刻的感情和志向,数学也是这样,1除以3,可以一直除下去,永远除不完,结果用一个无限循环的小数表示出来,给人以无穷的想象空间。"①他总结出数学与古典诗词相通的"理论根据":诗歌的对仗与数学的对称性是相似的,许多文学作品中蕴含着丰富的科学思想萌芽。比如《三国演义》中的"空城计"就可以看作数学上的"反证法"。谷超豪先生曾把艰涩的微分几何定理写进诗里:"曲面全凸形难变,空间双曲群可迁。"在他看来,生活中处处有数学,"人谓数无味,我道味无穷"。谷先生不喜欢庄子的"以有涯随无涯"的处世之道,他相信"人生几何学几何,不学庄生殆无边"。在60岁时,他写道,"谁云花甲是老人,孜孜学数犹童心";70岁时,他说"七十古稀今不稀"。他把自己一生学数学的生涯演绎到了诗情画意的境界。

音乐家说:"数学是世界上最和谐的音符。"

植物学家说:"世界上没有比数学更美的花朵。"

罗素说:"数学不但拥有真理,而且也具有至高的美。"

数学是深奥的,有时比宇宙还深邃;数学又是简单的,有时就是一个点、一条线或几个数字。数学是一首诗,注重凝练含蓄的语言,抒发意蕴深远的意境;数学是一幅画,匠心于整体的布局与格调。数学只有在具体的意义深化中才会呈现出"诗情画意"。数学,以简约、抽象为代表词,但在简约的课堂中,学生对抽象的知识的获取是建立在直观、形象的基础之上的。古人讲"格物致知",就是要先有实践经验,然后再上升到理论认知。教育家苏霍姆林斯基在《给教师的建议》中说:"让学生体验到一种自己在亲身参与掌握的情感,乃

---

① 陈竹,周凯.谷超豪:数学有诗意[J].幸福·悦读,2012(9):1.

是唤起少年特有的对知识的兴趣的重要条件。"

全国小学数学著名特级教师张齐华老师在"整万数的认识"一课中,从"意义深化"到"诗情画意"的课堂美让人回味无穷。下面是其中"万级数位揭示"的一个教学片段:

(学生玩拨数游戏,在计数器上拨 3,30,300,3 000)

师:都是 3 颗珠子,但当它们拨在不同的数位上,表示的数的大小变得不一样了。基于前面大家的观察,我听听看大家是不是已经找到了规律?猜一猜第五个数该拨什么了?

生:三万。(屏幕呈现 30 000)

师:三万是我们以前没有接触过的大数。来,大家再仔细观察这个数,思考一下,怎么用现在手中的计数器拨出这个数呢?(学生观点不一)

师:很好,大家都有各自的观点,说明大家都在勤奋地思考。下面,我请几位同学来说说,你打算怎么拨。其余同学可以补充,也可以提出自己不同的意见。

生 1:我认为,10 个一千是一万,30 个一千就是三万。所以,我打算在千位上拨 30 颗珠子。(有学生赞同,也有学生不同意,举手想表达自己的观点。)

生 2:我在观察的时候发现,一个计数器只有四个数位,于是我就把我俩的计数器叠在一起。这样的话叠在下面的那个计数器就会露出一个数位,这样合起来就变成五个了。我们在第五个数位上拨了 3 颗珠子,那就是三万。(上来展示)

生 3:我的方法和前面两位同学有一样的地方。但是,我直接将两个计数器拼在一起,这样就有了八个数位。这样在左边的计数器的个位上拨上 3 颗珠子就可以了。

师:很好,大家都经过了仔细的思考,值得鼓励。我们能看到,这几种方法都是正确的。不过,你更欣赏哪一种方法呢?(绝大多数同学都认同了第三种方法。为了保护想出前两种方法的同学的积极性,教师对他们的做法同样给予了充分肯定。)

生 4:老师,我对第三种方法还有一点个人的建议。个位上拨三颗珠子,表示的是三,不是三万。我觉得应该把左边这个计数器上的"个"改成万。

生 5:我也一样。因为"千"的左边应该是"万"。

生 6:改成"万"以后,这一位就成了"万位",万位上拨三颗珠子,正好是三万。

生 7:我还有补充,既然这里的"个"改成了"万",那旁边的"十""百""千"也该改一改。(教师肯定了他们的想法,组织学生合作修改。)

在这样的课堂中,学生经过自己的观察、思考,在交流、讨论甚至是争执的过程中,"万级数位"逐渐走向意义深化的知识理解。教师似闲庭信步,学生们如沐春风,这样的课堂折射出的才是"诗情画意"。

第三章　深度教学

> 学习如果具有思想、感情、创造、美和游戏的鲜艳色彩,那它就能成为孩子们深感兴趣和富有吸引力的事情。
>
> ——苏霍姆林斯基

学习是现代人的第一需要,已经融入每个现代人的生存和发展格局。当代教育家叶澜教授曾说过:"没有教师生命质量的提升,就很难有高的教育质量;没有教师精神的解放,就很难有学生精神的解放;没有教师的主动发展,就很难有学生的主动发展;没有教师的教育创造,就很难有学生的创造精神。"这说明,要想学生成长与成就,首先应该有教师的成长与成就。在新时代和新教育的发展要求下,作为现代人的教师则更需要学习!在学习的过程中,我们得以提高自身水平与教学能力,得以在教育实践中获得专业成长。实际上,整体上教师的工作内容都属于学习的范畴,教师的学习能力和学习水平决定了教师的工作成效。为了能够胜任教书育人,教师的学习主要体现在两个方向上的延展:横向的"宽度"和纵向的"深度"。所谓"宽度",是指教师应该在教育领域内博览群书;所谓"深度",是指教师应该在专业领域内通古博今。既要宽度又要深度的意思有点"既要百样通,又要一样精"的味道,也就是要求教师的知识面要宽、专业要精,两者相辅相成、共生相融。教师从事的工作是教育教学,可以说教育的工作更需要"宽度"的知识,教学的工作更需要"深度"的知识,也可以狭义理解为"宽度"的知识主要是通识知识,"深度"的知识主要是专业知识。当然,教育和教学是水乳交融的;自然,宽度与深度也是相得益彰的,也即所有的知识都涉及"关联度"的问题。

任何知识的学习其实都具有宽度和深度的双向性。学习是个体追寻与创造意义的实践活动,既包含个体对知识意义的追寻,也包括个体在学习过程中对人生意义的创造。深度本意是指物体的深浅程度和距离的远近,后来引申为事物向更高层次发展的程度,及触及事物本质的程度。梅洛·庞蒂进一步把深度与人的生存问题紧密联系起来,认为深度是存在的维度,它形成于物体的相互交织的联系中、存在于主体与客体的相对关系中,客体的深度需要体现于主体自我的深度中①。在教学实践中的"深",是一个较抽象的概念。教学过程如若缺乏必要的深度,则会制约教学目标的完整度和深度达成;生命成长中如若缺失了必要的意义,则会影响人生追求的宽度和厚度。教育教学中的道理是完全相同的,教师的教育工作需要宽度,教师的教学工作需要深度。当前,"深度"可谓高频词,在教育领域当属"深度学习"与"深度教学",两者孪生与共、休戚相关。学生的深度学习,得益于教师深度教学的指引。从深度学习走向深度教学,是实现教与学的一致性与相融性的必然方向。突破表层教学的桎梏,追求学生全方面的素养培育,发展深度教学是当务之急。其中,重中之重是教师自身必须进行深度学习,只有这样才能实施深度教学,从而引领学生的深度学习。教师的深度教学,直接指向教师自身的深度学习,毕竟教师的教学是基于自身学习基础之上的。这里的深度教学侧重的是教师对所教专业知识的深度理解,是为了施教能达到"浅出"之前的教师个人对知识理解的"深入"。

　　未来的教育必然走向深度教育。想让学生深度地学,必然先有教师深度地教;想让教师深度地教,必然先有教师深度地学。深度学习是对知识进行的持续探索,帮助学生突破表层的知识,实现对知识意义的深层次理解。深度学习是发展学生核心素养的有效途径。深度学习将学生对所学内容的整体理解放在重要位置,推动学生的知识建构和方法优化,能促进学生高阶思维的发展,让学生在解决问题的过程中提高核心素养②。对于数学教师而言,清楚理解所教数学的知识结构是一位合格数学教师首要的基本素养。深度教学着眼于激发学生的主观能动性,强调建立完整的知识架构体系,使学生在知识学习中获得充分的意义感、自主权。深度教学追求教学的发展性,通过知识处理,追求学生在认知方式、情感体验、思想境界等方面的发展和提升。美国学者埃德加·戴尔(Edgar Dale)于1946年提出了学习方式的"金字塔模型"(Cone of Learning)理论。在此之后,美国缅因州国家训练实验室也做了相同的实验,发布了"学习金字塔"报告(图3.1)。

　　这个模型很好地展示了不同学习深度和层次之间的对比。虽然先期的被动学习在某种程度上可以构成后期主动学习的基础,但随着学习由被动学习向主动学习的逐渐过渡,学习内容的平均留存率越来越高;尤其是如若能将所学知识"教授给他人",则此时学习内容的留存率会高达90%。这对教师自身的学习具有很大的启发性。试想:一位教师对于所执教的课程知识若只是"听讲""阅读""视听""演示",那么他对知识的学习仅仅属于"被动学习"的范畴,当然这些知识在头脑中的留存率不高;也更可以想象在这样的知识授受中,教师很难有培养学生获取幸福的能力和培养学生的创造力。荀子《儒效篇》中有云:

　　① 梅洛·庞蒂.眼与心[M].刘韵涵,译.北京:中国社会科学出版社,1992:125-166.
　　② 马云鹏.深度学习:走向核心素养(学科教学指南·小学数学)[M].北京:教育科学出版社,2019:3.

"不闻不若闻之,闻之不若见之,见之不若知之,知之不若行之;学至于行之而止矣。"意思就是:我听过了,我就忘了;我看见了,我就记得了;我做过了,我就理解了。所以,学习只有迈入主动学习的范畴,在"做中学",才会有真正的意义理解和创生;而在知识学习中与别人讨论交流、自己的实践探索、在交流探索中讲授给他人等这些方式才具有深度学习的特征,才能获得学习的真正意义。

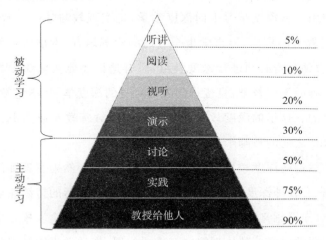

图 3.1 "学习金字塔"(美国缅因州国家训练实验室)

对于教师的深度学习,我们同样可以清晰地划分出教师学习的不同层次,教师学习"金字塔"从浅到深依次为听别人讲解浓缩知识、阅读多种媒体的浓缩知识、"知识陈述"性的整理阅读、"知识反思"性的广泛阅读、"知识转换"性的实践操作、"知识输出"性的实践创造(图 3.2)。

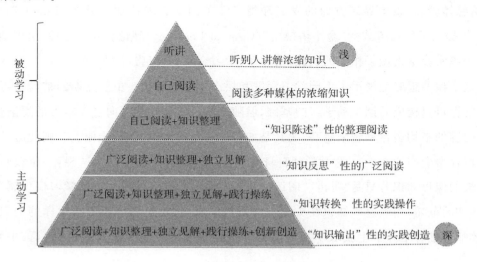

图 3.2 教师"学习金字塔"

教师要从事教育教学工作,终身都需要不断地学习。按照前面学习金字塔的分析,教师的工作是把知识"教授给他人"的工作,定然属于"主动学习"的范畴。但如若学习的仅仅是"陈述性"知识,没有经过精加工处理或创新创造,就只起到了"知识运输"的作用,在当前教育媒体琳琅满目的时代,教师的作用可以说是完全可以被替代的。这样,就更需要教师的学习走向深度学习,教师要不断地阅读、整理、反思、实践、创造,才能更好地培育学生。基于深度学习的深度教学,其目标是:教师要指导有效;学习任务要具有挑战性;学生参与积极性要高;学生学习要具有成功感和幸福感。深度教学以"发现问题"为出发点,以"理解意义"为着眼点,以"创新运用"为落脚点[图3.3(1)]。深度教学的核心指向思维[图3.3(2)],以"解决问题"为导向,以"思维方法"为路径,以"思维品质"为目的。可以说,没有深度思维参与的教学不是深度教学;反过来,深度教学一定要启迪并深化思维品质。深度教学的特征指向自主,教师引领学生积极主动地探索学习[图3.3(3)],"予"学生以"学习机会","渔"学生以"学习方法","育"学生以"学习品质",学生在独立自主中"有机会学""有方法学",逐渐发展自身的素质和品质。学习是教师一生的必修课,深度学习是教师成长的必经之路,深度教学是教师有效教学的必要保障。

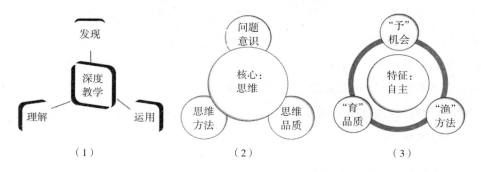

图3.3　深度教学的核心与特征

第一节　深度教学:为何深

"深"是与"浅"或"表"相对的,"深度"是与"浅层"或"表面"相对的,"深度教学"自然是与"浅层教学"或"表面教学"相对的。学生学习要走向深度,教师教学首先要走向深度。深度的学,源于深度的教。深度的教,才能成就深度的学。深度教学不是知识难度和知识量的无限增加,而是在于克服表演学习、表层学习和表面学习的局限,摆脱知识的单纯记忆和机械训练。深度教学基于知识的内在结构,以知识观和学习观的重建为根本基础,通过形成知识完整深刻的框架,引导学生理解和掌握学科思想和系统,最终指向学科素养的教学目的。深度教学重视激发学生的学习主动性,追求引导学生在认知方式、情感体验、思维习惯、处事态度等发生实质性的变化,着重于知识的完整与深刻,帮助提升学生学习的意义感、自我感和满足感。深度教学的核心理念,在于追求教学的发展性。发展性是指课堂教学能引起学生在认知、情感、技能等层面发生综合变化,综合提升学生的学科核心素养和整体的解决能力。因此,想达到深度教学,需要发挥行为参与、认知参与、情感参与等的共同作用,而深度教学正是通过教学参与,追求与浅度教学不同的成果。

深度学习和深度教学相辅相成。深度学习可以促进和推动教师的深度教学,深度教学可以指引和激励学生的深度学习。教师的深度教学首先要求教师进行深度学习。深度教学的核心问题在于启发学生深入思考,鼓励学生深入探究。从知识体系的角度,学生的深度学习可以分为纵向和横向两个方面。纵向,指学生对某个知识点进行深入学习的钻研,形成自己的全面理解和充分的认知;横向,指学生整合已掌握的学科知识和其他知识来探究解决在学习中遇到的各种实际问题。根据这两类深度学习,教师的深度教学也需要从纵横两个方面进行。不同学者赋予深度学习的含义是有差异的,如阎乃胜认为深度学习是指“对信息予以深度加工,深刻理解和掌握复杂概念的内在含义,建构起个人情景化的知识体系,以知识迁移推进现实任务的完成”[①]。张浩等人认为“深度学习是一种主动的、批判性的学习方式,也是实现有意义学习的有效方式”,深度学习要求“学习者进行理解性的学习、批判性的高阶思维、主动的知识建构、有效的知识迁移及真实问题的解决”。[②] 从教育的角度出发,想实现学生的深度学习,教师就应该先进行深度教学。郭元祥从知识的“符号”“逻辑”“意义”三方面论述了基于教师的深度教学:“有效教学必须超越表层的符号教学,由符号教学走向逻辑教学和意义教学的统一,我把这种统一称为深度教学。”[③]

一、缘起:深度学习概念的提出

深度学习的概念的起源可以追溯到早年的计算机科学、数字科技和人工智能的研究热潮[④]。2006 年,加拿大多伦多大学计算机系的杰弗里·辛顿教授(Geoffrey Hinton)与学生萨拉赫丁诺夫(Salakhutdinov)在 Science 上发表了《利用神经网络刻画数据维度》(“Reducing the Dimensionality of Data with Neural Networks”)一文,探讨了应用人工神经网络刻画数据的学习模型,创新性地提出了深度学习(deep learning)的概念和计算机领域深度学习的概念,掀起了该理论人工智能领域的新高潮,也开启了深度学习在学术界的大门。深度学习是机器学习中一种基于对数据进行表征学习的方法,是对人的意识、思

① 阎乃胜.深度学习下的课堂情境[J].教育发展研究,2013(12):76-79.
② 张浩,吴秀娟.深度学习的内涵及认知理论基础探析[J].中国电化教育,2012(10):7-10.
③ 郭元祥.知识的性质,结构与深度教学[J].课程·教材·教法,2009(11):17-23.
④ 孙志军,薛磊,许阳明,等.深度学习研究综述[J].计算机应用研究,2012(08):2806-2810.

维和信息过程的模拟,其主旨在于建立、模拟人脑进行分析学习的神经网络。在人工智能领域,深度学习本质是一种算法思维,通过模拟人脑的深度抽象认知过程,模拟人脑心智的深度学习,实现计算机的复杂操作和数据优化。2013年4月,深度学习被《麻省理工学院技术评论》(*MIT Technology Review*)杂志列为该年度十大突破性技术之首[①]。深度学习引发学术场域的巨大变革,同时也在学习科学领域内引发教育领域的研究与应用。深度学习逐渐成为智能时代的核心驱动力。

现代社会,"学习型社会"不断发展,信息和知识快速增长、迅速迭代,知识半衰期被高度压缩,创新成为满足社会需求的普遍存在形式,教育也逐渐演变为一个开放、普遍、终身的自我增值方式,学习成为个人、组织和社会的迫切需求。同时,人工智能和类脑机器人正在以惊人的速度发展,人类已经进入了与人工智能共存的时代。

当人工智能在众多领域不断普及之时,我们不得不反思:"人工智能"或将超过"人的智能"绝非夸大其词,数字时代的急速发展也倒逼人类将学习方式转向"深度学习"。在风起云涌的信息时代,以数字化带动着工业革命不断创新,碎片化、机械化、表面化学习现象越发突出。学习渐渐浅尝辄止、人云亦云,求知常见不求甚解、拾人牙慧,甚至乐于学习表面化、快餐式、条例的知识。这样的浅层学习不知不觉间加剧了学习者的思维惰性,剥夺了知识的深层价值,削弱了知识的深厚性。学习者长此以往,创新能力不断降低。这也是强调"深度学习"必要性和重要性的原因之一。

然而,人工智能和人类的学习有本质的区别:虽然人工智能和人一样有理性思维,能思考逻辑的、程序的、必然且有限的东西,但人类还具有超理性的能力,即对整体性、无限性和不确定性的处理分析能力,尤其是机动灵活性和创造力。这就决定,人的学习需要进行深度学习,需要基于人的个性的深度理解。

二、反省:教育领域的深度学习

自从提出深度学习的概念,人们对学习的关注开始由"人是如何学习的""如何促进人的学习"等问题转向"人是如何深度学习的""怎样促进人的深度学习"等研究。目前关于深度学习的研究主要集中在三个方面:理论认识、实践应用和技术支持。这都无疑深深地影响了教育教学。来自人脑科学、人工智能和学习科学的深度学习,引发了教育教学领域深刻的研究与思考。计算机、人工智能尚且能模拟人脑的深层结构和抽象认知,那学习究竟是怎样的认知和理解过程呢?人的学习也有表层学习和深层学习、浅层理解和深度理解之分吗?深度学习、深度教学日益成为教育教学理论中最先进最热门的理论与理念。

---

① 余凯,贾磊,陈雨强,等.深度学习的昨天、今天和明天[J].计算机研究与发展,2013(09):1799-1804.

深度学习虽根源于计算机和人工智能领域,但影响最大的应该是学习科学的革命以及教育领域的革新。"深度学习"在计算机、人工智能领域与教育学领域有本质区别:计算机和人工智能领域的深度学习是基于机器模拟人脑深层结构,基于人脑结构的计算机算法思维和解题模型,是对人脑和认知结构的模拟;而学习科学和教育学领域的深度学习概念,指向的是知识学习和认知过程两个维度,涉及知识学习的目标和过程的问题。

教育领域的深度学习是在学习科学视域下展开的。1976 年,在研究大学生进行大量散文阅读时所表现出的不同学习过程、学习策略、理解和记忆的差异化时,美国学者马顿和萨尔约发现,学生在学习过程中处理信息呈现浅层和深层的差异。使用浅层学习策略的学生,学习过程表现为机械的背诵,对问题只能获得浅表的答案;使用深层学习策略的学生则能关注到文章主题和主旨。两位学者指出,深度学习是一个知识迁移的过程,有助于学习者提高理解问题并解决问题的能力。

其实,深度学习的研究有着与生俱来的"基因"。早在 1956 年,布鲁姆(也译作布卢姆)在"教育目标分类学"对"认知领域目标"的探讨中,对认知目标的研究就蕴含了深度学习的思想。他指出,"学习存在深浅层次之分",在教育目标分类学的目标建构中,认知目标是由了解、理解、应用、分析、综合、评价六个不断加深的层次构成的[①]。这六个层次目标清楚地代表了认知过程中深层浅层的目标描述。浅层学习中,学习者的认知水平停留在知道,只对符号特征进行单一抽取、机械记忆,对背后的逻辑体系没有完整的认知;深度学习则触及更深层次的认知体系,包括对知识的应用、辩证地分析和评价,包含创造性思维、理性思考、解决问题等相对复杂的高阶思维活动。美国学者马顿和萨尔约在 1976 年,于《论学习的本质区别:结果和过程》("On Qualitative Difference in Learning:Outcome and Process")一文中明确提出了表层学习和深层学习的概念。这被普遍认为是教育学领域首次明确提出深度学习的概念。马顿和萨尔约在研究阅读学习的层次性问题中,提出了浅层学习(surface learning),浅层学习只是记忆文章的事实表达,学生对文本理解的层次和深度较浅;而深层学习(也即深度学习)是理解文章的中心思想和学术内涵。他们认为只是孤立记忆和非批判性地接受知识属于浅层学习;相对地,在理解的基础上批判地学习新思想和事实,将它们有机结合进原有的知识结构中,在多种知识之间建立有效的联系和沟通,并将已有的知识迁移到新的情境中,进一步做出判断、分析、评价,进而解决问题的学习,就属于深度学习。他们主张学习的本质区别在于过程而不是结果,学习结果的差异性是由学生对知识认识的深刻程度决定的[②]。

---

① 安德森.布卢姆教育目标分类学(修订版)[M].蒋小平,译.北京:外语教学与研究出版社,2009:78-80.

② MARTON F,SALJO R. On qualitative difference in learning:outcome and process[J]. British Journal of Educational Psychology,1976,46:4-11.

1982 年,澳大利亚学者柯利斯(Collis)和比格斯(Biggs)基于皮亚杰的认知发展阶段理论,依据学习结果的复杂性,将学习结果分为五个层次:前结构水平(prestructural)、多层结构水平(multistructural)、单一结构水平(unistructural)、相关结构水平(relational)和拓展抽象水平(extended abstract)。两人将其命名为 SOLO 分类法(structure of the observed learning outcome,简称 SOLO)。深度学习的方式注重学生为了理解而获取知识,对学习内容进行辩证式理解,与原有的经验与理解相结合,着眼结构和整体关系。从学习本质看,深度学习体现了经典的认知学派的信息加工理论,当然也包含在此基础之上的更宽广的视野,或具有更全视角的理解。

在"百度一下,你就知道"的时代,在人工智能从科幻走向日常的时代,深度学习更显其迫切。在这个迈入智能的时代,如果还将教学看作简单的知识传输,智能技术或许在不久的将来就可以将教师完全替代了。阿里巴巴创始人马云在采访中指出:"在这个把机器变成人的时代,如果教学还在把人变成机器,那是没有出路的。"蒂姆·库克(Timothy D. Cook,苹果公司现任 CEO)也表示:"我不担心机器会像人一样思考,我担心的是人会像机器一样思考。"面对智能时代带来的挑战,我们必须认真思索:教学究竟应该是怎么样的?教学存在的意义和价值到底是什么? 事实上,对"人"的培育一直都是教学的目标所在,数字时代让其意义和价值更加毋庸置疑。在这个时代,机器已不只有存储功能,而开始像人一样思考。我们必须彻底地意识到:教学绝不是单一的知识传输,甚至知识学习本身也只是培养人的手段,教学的最终目的是实现学生的全面发展。通过知识学习并在知识学习中形成核心素养,在知识学习中成长和发展,成为教学的首要任务①。深度学习追求知识的理解,强调自身知识与特定教材的内容的批判性交互,探寻知识背后的逻辑意义,建立现有事实和所得结论的有机联系。对于浅层学习而言,深度学习更强调学生的理解和应用,注重激发自发的学习态度和主动探索的精神。浅层学习和深层学习在学习动机、投入程度、记忆方式、思维层次和迁移能力上有明显的差异。深度学习是一种主动的、高投入的、理解记忆的、涉及高阶思维并且学习结果迁移性强的学习状态和学习过程②。与注重记忆和再现知识的传统学习方式相比,深度学习聚焦于知识的理解与分析、整合和转化,重视知识的实际应用价值,鼓励创造新知识。

当下中小学课堂,深度学习的缺失不容忽视。支离破碎、零敲碎打的课堂仍存在,教师直接告知式的知识讲解,学生死记硬背、低效重复地大量练习,使学生丧失学习兴趣,缺失学习动力和探索精神。学习中存在的问题无疑要指向教学。教师对知识的内容、方法、思想、情感等的钻研或理解,直接影响学生的学习。虽然现代教育技术融入教育教学,但

① 田祥珍.现代学校专业化治理要理清几对关系[J].湖北教育,2020(7):79-80.
② 郭元祥.深度学习:本质与理念[J].新教师,2017(07):11-14.

仍有大面积的教学无法引发学生思考、无益于学生思维逻辑的培养。

三、延伸：从深度学习走向深度教学

何谓深度学习？上海师范大学黎加厚教授定义为："深度学习是指在基于理解学习的基础上，学习者能够批判性地学习新的思想和事实，并将它们融入原有的认知结构中，能够在众多思想间进行联系，并能够将已有的知识迁移到新的情境中，做出决策和解决问题。与那种只是机械地、被动地接受知识，孤立地存储信息的浅层学习相比，深度学习强调了学习者积极主动地学习、批判性地学习。"[①]深度学习中的"深"，当然与"浅"相对，包含程度之"深浅"、性质之"深浅"。深度学习是根植于建构主义的立体化学习模式，重视学习是否深入、深刻、深远，强调学习不应限于知识本身、不浮于表面、不龃龉他人所见。其着眼于激发学习者的主动性，致力于追求"学习型人生"，强调学习的精准性、批判性、前瞻性；主张学习生成的意义理解，应该基于学习者原有的知识经验，从根本上学会如何学习（learn how to learn）。德国数学家 F.克莱因曾把中学生比成一门炮，经过十多年的知识积累，终于一朝发射。发射后，炮膛里就空空荡荡，一无所有。这是针对那些死记硬背并不理解知识本质、没有在个人的学习意识中引起鲜明的概念、没有对知识学习生成个人意义、没有对知识引发深刻的理解的学生。所以深度学习强调的更是学习中意义的获得、理解的深刻性。

深度学习是对知识的理解与创造，实现认知结构的完善、关键能力的发展和复杂情感体验的过程。深度学习具体应包括对原有知识、经验的激活，对知识之间的联结，对元认知的评价和对知识的迁移等环节。究竟什么样的学习是深度学习？我们可以根据学习进行判断，没有高级思维活动参与的就不是深度学习。比如，搜集资料、参加教研活动、阅读文章、写教学计划等时，以下的就可以看作深度学习：分析教学现象及其原因、寻求一种解决问题的方法或思路、证明一个结论或命题、找出不同教学方法之间的差异等，这些活动中都包含有一个内隐的特征：思考！即可以用思考引领深度学习，没有思考，就没有深度。除此之外，深度学习外显的特征是思想，是思考产生的具有个性的想法。李镇西老师曾在书中说道："只有个性才能造就个性，只有思想才能点燃思想。让没有思想的老师去培养富有创造性素质的一代新人，无异于缘木求鱼。"[②]我们需要的是有个性、有自己的思想的教师，用自己的个性去培养学生的个性。但思想的拥有绝不是拿来别人的东西进行模仿或做简单的改造。拥有知识的教师，"看山是山，看水是水"；拥有思想的教师，一般会有之后的"看山不是山，看水不是水"以及"看山还是山，看水还是水"[③]。

① 张春林.深度学习是教师专业发展的有效策略[J].现代教育科学（中学教师），2010(02):2.
② 李镇西.做最好的老师：李镇西30年教育教学精华[M].桂林：漓江出版社，2019:26.
③ 段素芬.教学三境：以"万以内数学的读法"为例[J].小学教学（数学版），2012(5):14-15.

深度学习主要应用于三个领域:认知领域、人际领域、个人领域,其主要体现在六个方面,分别是:对核心学科知识的掌握、批判性思维、解决复杂问题的能力、合作与交流、独自学习的能力与最重要的——学习的深度。想要帮助学生实现深度学习,充分掌握深度学习的六个方面,教师深度的教学规划与引导必不可缺。从深度学习走向深度教学,让深度教学促进深度学习,这是教与学关联性和相融性的必然选择。深度教学源起于深度学习,更源起于教师教育中的深度学习。教师教育中的职前培养与职后培训,都应紧紧以深度教学为中心、以深度学习为目的进行。只有在教师实施深度教学的基础上,学生才能向深度学习进发。21 世纪,加拿大西盟菲莎大学(Simon Fraser University)艾根(Kieran Egan)教授领衔,进行了一系列"深度学习"(learning in depth,简称 LID)项目的研究,对中小学深度学习研究领域有卓越的贡献和巨大的影响。其中《深度学习:转变学校教育的一个革新案例》(*Learning in Depth:A Simple Innovation That Can Transform Schooling*)等著述是其成果的集中体现。他关于教师教育中深度学习的研究主要以教师的学习过程和学习方式为主要方向,对当今教师实现深度教学有很强的借鉴意义[①]。

四、深度教学:基于核心素养的教学追求

如果说"核心素养"是最终目标,那"深度学习"就是实现目标的路径了。学生的"深度学习"更需要教师的"深度教学",教师的"深度教学"首先来自教师自身的"深度学习"。从教学的角度看,要使核心素养落地,必须实现"深度教学"。学生通过深度参与教学过程,获得与学习内容的完整互动。"深度教学,并不追求教学内容的深度和难度,不是指教学内容越深越好,而是相对于知识的内在构成要素而言,知识教学不停留在符号层面,丰富教学的层次,实现知识教学的丰富价值。"[②]有研究指出,"发展学生的核心素养和关键能力,是全面深化课程改革落实立德树人根本任务的现实要求"[③],然而,实现这一目标离不开提升课堂教学的综合水平,因此可以说深度教学是当今教学改革的大方向和基础。也有研究提出,"学科素养的培育在很大程度上需要通过深度学习来实现"[④]。以深度教学带动深度学习,以促进学生对学习的投入程度、情感状态和逻辑能力等学科素质。

想实现学生充分参与教学,一方面,在教学中,教师要尽量做到"有限教学":尽量做到"少讲多思考",为学生留出足够的学习时间进行独立的思考;另一方面,教师要学会"让

① EGAN K. "Learning in Depth" in teaching education[J]. Alberta Journal of Educational Research,2013,59(4):705-708.
② 郭元祥. 深度教学:促进学生素养发育的教学变革[M]. 福州:福建教育出版社,2021:22.
③ 郭元祥. 知识的性质、结构与深度教学[J]. 课程·教材·教法,2009(11):17-22.
④ 康淑敏. 基于学科素养培育的深度学习研究[J]. 教育研究,2016(7):111-118.

权"，促进学生深度投入教学活动中，积极主动地投入学习。有研究指出："知识的学习需要经过还原与下沉、经验与探究、反思与上浮的过程。这一过程恰似一个'U'型的学习过程。教师要把教材中的知识转化成'学生熟悉的知识'，然后还原成'经验'。再通过学生自己的理解、体验与探索，这样实现知识的'下沉'与'上浮'之后，知识才能真正转化为自己理解的东西。"①

深度教学还是一种能让学生实现活泼生动的学习的教学。教学中，教师想要最大化地实现知识的传播，就要情境化地展示和传播知识。杜威曾强调"要把各门学科的教材或知识各部分恢复到原来的经验"②，原因就在于此。在教学课堂里，教师要利用具体的情境、身边的事实来展示知识，从而让学生更高效地体会知识、发现知识、理解知识。通过情境化教学，学生对将要学习的知识更有熟悉感与亲切感，才能将新知识与已有经验融为一体。另外，教师也指导学生通过更多样的方式学习。同一个知识与内容，如果以不同的方式学习、理解、掌握，也会相应地获得不同的素养。一些抽象的数学知识或概念，如果通过听课学习，可以掌握知识结论；如果通过自学的方式来学习，可以提高自己的学习能力；如果边探究边学习，可以体会自己探究的方法等。"随机进入式学习"之所以近些年被如此强调与重视，其目的就在于此。正如有的研究者所言，"不同类型的活动与人的不同方面的发展之间存在着明显的相关对应性，特定内容的需要、价值取向、智能发展、情感体验、审美感受等，需要以特定形态的活动去培养"③。只有实现"多元教学"，知识对于学生而言才有学习的深度。学生用多样化的方式进行学习，不仅能够实现对知识更丰富、灵活、多变的理解，更重要的是能够使"学习"这个过程的收获超越知识本身。除此之外，教师还要引导学生进行反思学习。学生通过反思自己对知识和概念的理解、学习采取的方法、知识的收获与素养的提高，来巩固知识，进一步发展能力。不仅如此，有专家指出，"教学过程的根本价值就在于通过知识学习完善自我意识，达到对自我的理解、确认和提升"④，反思学习能让学生学会完善认识、正确认识自己，促进自我意识与自我理解。在教学的最后总结部分，教师可以引导学生反思自己的收获、写学习日记、相互交流学习经验等。这对"勤于反思"等核心素养的形成有巨大的帮助。

教师，要教给学生知识和道理，首先应该对自己要教的知识有深刻的理解，才能谈得上让学生明白。教师对知识处理的充分性、深度、广度等，是实现深度教学的根本。所以，这里强调的是教师对所教知识的深度理解，在此基础上的深度教学，从而引发并指导学生

① 罗祖兵.深度教学"核心素养"时代教学变革的方向[J].课程.教材.教法,2017(04):22-28.
② 赵祥麟,王承绪编译.杜威教育论著选[M].上海:华东师范大学出版社,1981:81.
③ 陈佑清.论活动与发展之间的相关对应性[J].教育研究,2005(02):79-84.
④ 陈嘉映.教育和洗脑[N].教育文摘周报,2016(08):13.

的深度学习。这样才能在教学时为学生展示知识的丰富性、广泛性与层次性,才能教给学生知识的形成逻辑和价值追求。

第二节　深度教学:深什么

需要明确的是,深度教学是为引导学生深度学习之前的教师的深度学习,而不是指无限增加知识难度和知识量的教学。深度教学的课堂上,教师能够对知识的精华进行概括和提炼,而不是对知识刻板传授和机械训练。想要实现深度教学,教师首先要身先士卒,积极主动地钻研与学习,从而激发学生学习的主动愿望与积极性。深度学习的起点是浅层学习。教师要想教会学生学习,首先自己要学会学习,学会学习是教师从教的基石。

一、"深"在知识的结构和理解

深度教学克服了表层学习、表面学习、表演学习等"浅层次学习"的问题,基于学习者的知识结构和深度理解知识内涵,帮助学习者建构属于自己的知识系统和逻辑思维,并可以有效地提高学习者迁移知识解决实际问题的能力,实现获得知识意义、学科素养、学科发展能力、实际问题解决能力等学科核心素养的综合提升。

深度学习之"深度"的最重要表征是:通过对知识完整深刻的处理,使知识保持长久并能灵活地运用知识。而要做到这些,就要引导学生从符号学习走向学科思想和意义系统的理解和掌握,把握知识之间的有机联系,并最终实现学科素养的发展。它要求学习者以知识观和学习观的重建为基础,使知识结构化,而不是碎片化、孤立化地存在大脑中。其实在之前,美国心理学家、认知学派代表人物奥苏贝尔提出的"有意义学习理论",与深度学习有异曲同工之妙。简而言之,深度学习就是学习者深刻理解知识之后,能够构建知识间的联系体系,从而实现做出决策或解决实际问题的最终目标。

任何学科都涉及学科知识结构和知识体系的问题。美国教育心理学家布鲁纳提出"在学习中通过学科知识结构的掌握来加深学习和提高学习效率"的问题,为深度教学指出了方向。其实,任何知识内部都存在知识与逻辑结构和完整的知识结构。学习是需要思维的,如果思维是浅层次的、简单的、朴素的、机械的,不能够深入学习者的生活经验和个人文化背景,只是以事实记忆为主要目的,比如记住一个数学公式的名称和样子,或与之相关的数学家名字等,这些思维决定的学习是浅层学习。深度学习应该有深度思维来伴随,深度思维是一种积极的、主动的、思辨的、综合且复杂的思维。利用这种思维,学习者能实现对知识的深刻理解、对信息的深层次加工、对知识的高效迁移、对现实问题的解决等。也即深度学习涉及的是更复杂的思维,不但包括对知识的理解和掌握,还包括对知识的迁移和应用。当然,深度学习并不排斥浅层学习;反之,深度学习与浅层学习是一个连续的统一体①。浅层学习是深度学习的根本和基础,而不是深度学习的二元对立面。

深度学习的表现形式是一个个不同的教学活动,但要注意这些教学活动并不是孤立毫无关联的,而是紧密联系并相互依存的。正如外语阅读有精读、有泛读,理科教学有逻辑推理、有演绎证明等之分一样,知识其实就像一座座山峰,共同存在于有结构的教学系统这个"大山脉"中。深度教学并不是要求教师把每一节课、每一个活动都"深度加工",而是做到有张有弛、整体把握,根据实际情况有节奏地进行。柳宗元曾在《种树郭橐驼传》一文中指出:"橐驼非能使木寿且孳也,能顺木之天,以致其性焉尔。凡植木之性,其本欲舒,其培欲平,其土欲故,其筑欲密。既然已,勿动勿虑,去不复顾。其莳也若子,其置也若弃,则其天者全而其性得矣。"掌握教学规律,深度建构教学结构,对教学内容深刻理解,才是真正的"深"度教学。

"知识"的存在是客观的,是通过科学实验、哲学论证、实践证明等验证的真理,而真理的存在是不容改变的。教材上的知识以客观知识为基础,但又根据学生的能力与水平有所优化、选择和删改,例如五年级数学、三年级语文等,都是根据具体情况进行了取舍、顺序上的改变。但相比于这些抽象的、静态的、离学生较远的教材内容,更能帮助实现学生直接操作的、距离更近的、更具体的,是教学材料。它较教材内容更为具体,也更具操作性、活动性。首先,它包含了教师的教学意图,不再是教材那样客观的、"死板"的知识内容,缩短了教学内容与学生的心理距离,体现了教师的思维方式、情感态度、思维逻辑,更有利于学生的理解、特定的学习活动展开等。另外,教学材料是按"序"展开的知识内容,是伴随着学生主体活动展开的、动态变化的、能根据具体的教学活动量身打造的,而非静态、不变的。总而言之,教师的工作就是要在教材与学生之间、在知识的结构和理解上构架起一座桥梁。

小学数学中,深度教学不仅仅停留在死板的数学知识和基本技能的教授与传播上,而应利用独特的知识教学来促进学生思维的发展;数学教学也不能仅停留在"动手实践和操作"的层面,而应引导学生更积极地思考;不能使学生"一知半解",而应使学生经过长时间的思考把问题或知识点理解得更清晰、更深入、更全面、更合理;当然也不能完全是学生在老师的指导下学习,而应培养学生在不断地总结与反思中提升自己的思维品质。很显然,由于小学生的年龄特点,在小学数学的课堂教学中,学生的思维发展有赖于教师的引领和培育。这更显得小学数学教师重要,更凸显小学数学中深度教学必要和重要。

---

① 叶晓芸,秦鉴.论浅层学习与深度学习[J].软件导刊,2006(02):19-21.

数学知识本身很重要,但数学知识的结构亦很重要。没有"结构"的观点,很难学好数学;没有"结构"的思想,也很难教好数学。数学知识的结构化学习是学习"由表及里"的索道,可以使知识元素有机联系,可以高效地推动数学学习从符号走向逻辑思维的发展。结构化可以使知识深度凸显,结构化可以使深度教学既有"外显",又有"内涵";既有"宽度",又有"深度"。在小学数学教学中,教师应该把课程目标的理解与教学目标的把握的统一作为目标,将教学与学生的学习紧密相连,实现教学设计的预设与实际实施的结果相一致。而数学教学的结构化学习,就是使教学设计与实际结果脱离、解决教学碎片化问题的有效方法。首先,结构化体现在"问题引领"上,通过结构化的设计,知识元素能够有效地联系在一起。教师首先要在理解教材的基础上,聚焦知识点,理顺知识主干线,构筑结构化问题设计,着眼于教与学思维的连接贯通。在知识结构中,不同的知识概念之间形成相互联系的关系,对这种联系的掌握是形成结构的关键。反过来说,只有弄清楚概念与概念之间的关系,才能弄清楚知识的结构。要形成有用的结构,就必须理解每一个概念,实现知识的有序性。以"三角形的认识"为例,这部分的教学不应该停留在要求学生认识和掌握三角形的顶点、角、边等表层知识,更要帮助学生理解三角形各个元素之间的深层联系。基于学生当时的认知经验,预设了以下几个结构化问题:

(1)展示学生熟悉的几种图形(长方形、正方形、圆形、五角星等),引导学生思考三角形是怎样形成的。

(2)展示不是用线段围成的貌似"三角形",提问围成三角形的必要条件有哪些。

(3)展示形成三角形的过程,在学生认识三角形的顶点、角、边等基础上,引导学生思考和研究三角形为什么不称之为三边形或三点形。

(4)用小木棒操作演示围成三角形的过程,思考三角形经过平移或旋转之后还一样吗。

(5)呈现一种画三角形的方法,比如先画底边,再点一个点,然后连接此点与底边的两个端点,提问:三角形的高要怎么画?

数学学习的土壤只有在多种元素的融合中,才会变得松软而丰盈;数学知识的结构只有在多种关联的整合中,才会彰显意蕴和逻辑。结构化的问题,不但可以使表层的知识有机联系起来,而且可以加深对知识的理解。从散点到结构,从割裂到关联,深度教学在整体上"深"出结构、"深"出理解。

二、"深"在结果的内涵和丰富

深度教学是教师深入理解内容、了解学生的学习,并设计和实践整个教学的过程。一般来说,一门学科的核心内容是该学科的重要和关键内容,更是实现该学科深入学习的切入点和重要工具。它们通常是一个学科中心思想和核心能力的中心,或者是不同内容部分之间的联系。一个学科的核心内容反映了该学科的根本问题,因此核心内容通常可以看作知识的集合,每组核心内容都整合或解释了该学科的许多相关要素,形成了一个稳定的内容结构,从而维护了该学科领域。

在小学数学中,"数的认识"可以看作一个核心知识,整数、小数、分数等都是其中的核心内容。对于"数的认识"的理解,都遵循从具体的数量到数的抽象过程,也即:数是数量的抽象,数(shù)是数(shǔ)出来的;量(liàng)是量(liáng)出来的。在"数的认识"的核心知识群,学生从整数中的 20 以内的数的认识开始,到 100 以内数的认识,再到万以内数的认识,围绕具体的情境和丰富的活动,学习并体验数位和数值的理解。基于这样的理解基础,在学习小数、分数的认识时,就可进一步增进并扩充对数位和数值的理解,形成数的认识的整体的知识与方法的整合与迁移,实现对"数感"核心素养的培养。此外,数的表示也被包含在核心之中,整数、小数、分数表示形式不同,整数和小数都使用十进制来表示,而分数是用分母和分子分别表示对一个整体进行等分的份数和所取的份数。如果从数的表示的整体视角来看,数都有各自的单位,整数有整数单位(比如十位上的 4 就表示 4 个 10),小数有小数单位(比如十分位上的 3 就表示 3 个 $\frac{1}{10}$,也就是 3 个 0.1)。相应地,分数也有分数单位,比如一个分数的分母是 n,那这个分数的分数单位就是 $\frac{1}{n}$,分数 $\frac{m}{n}$ 就表示 m 个 $\frac{1}{n}$。这样就将分数与整数和小数的表示从计数单位的意义上沟通了。这样来关联并整合知识群,无疑在丰富学习结果的层面上进行了深度沟通和理解。

深度教学不单关注某个知识点的深刻理解,更重视的是一组知识群的相同之处或相似特征的关联性。一个教师如果不关注知识的起源、形成和依存,就无法实现在复杂情境中灵活地利用知识。如"万以内数的加减法"包括不进位加法、进位加法、不退位减法、退位减法、连续退位减法、合并法等知识点,这些内容基于深度思考,都有着内在的关联和相同的思考方法。因此,教师需要将这些知识点进行结合、规划与整体考虑,深度思考这些知识点的数学本质之间的共性、学生掌握这些知识点的顺序、需要达成的总体目标和练习方式等,在具体的算法"数位对齐""满十进一""个位不够减时要向十位借一"等中应着重关注算理的理解。所谓算理理解,就是要回归"数的意义"的理解:整数的表示采用的是十进制计数法,从右到左依次是个位、十位、百位……,个位是 6 就表示 6 个一,十位是 3 就表示 3 个十,百位是 7 就表示 7 个百……。同位加减数的本质是相同计数方式的单元之间的加减,如果能理解和学习这种算术的原理,就可以从不进位加法到进位加法,乃至连续进位加法,其实计算的方式就会一以贯通,减法则同理。

再如,小数是联通整数和分数的"中介"和"桥梁",小数既有整数十进制的优势,又兼有分数等分的思想。小数的加减法与整数的加减法相似,但乘法或除法都涉及计数单位的确定等,因此可以看作整数的进一步细分或扩展,又可以看作一类特殊的分数。以"小数除法"为例,学习基础包括小数的意义、小数加减法、小数乘法、整数除法的意义等。小数除法从类型上可以分为两类:一类是除数是整数的小数除法,这一类可以参考整数除法的知识内容,通过"平均分"或"包含"来理解;另一类是除数是小数的除法,这一类就只能从"包含"除法的角度来理解了。虽然这两种类型本质上都是小数除法,都属于小数除法的大类,在算理上也应该是大体相同的,但具体意义却有所区别。因此,小数既可以通过小数的意义来理解,也可以从商不变的角度来理解,因此乘除法比加减法更为复杂。

很多时候,知识学习只有在呈现整体状态时,才有意义,才有生命和灵性。很多时候,数学教学只有基于"结构"的思想和"类"的观点才更具有教学意义。数学学习从"一"到"多"、从"多"到"类"的过程,其实就是深度教学的丰富结果的过程,更是思维水平不断提升的过程。教师在深度教学的过程中,丰富了关于教学和课程的深层理解,促进了自身的专业水平的成长。

三、"深"在思维的品质和发展

深度教学不仅体现为数学教学的内在要求,更是如今的时代对于数学教育要求的体现。我们必须超越具体知识和技能,深入思维的层面,由具体的方法与策略过渡到一般性思维策略的教学与思维品质的提升[①]。思维品质是学科核心素养的应有之义,是人的思维的特质,反映了个体思维水平的差异和智力的高低。"深度教学指帮助学生对学科问题深入思考,对教学内容深刻理解、对学科思维深度生成的教学。"[②]深度教学是一种培养思维的教学,讲究对知识的深识、深悟、深究与思辨性,旨在实现学生思维能力的发展和思维水平的拔高。深度教学催生深度思维,反过来,思维深度又是衡量深度教学的一个重要指标。"教学必须走在发展的前面,促进学生的发展,这样的教学才是好的教学。"[③]深度教学的核心是培养学生的思维发展、提升高阶思维的能力,具体可概括成:深刻思维——由表及里,体现深度教学的本原性;灵活思维——举一反三,体现深度教学的迁移性;批判思维——求新立异,体现深度教学的思辨性;整体思维——由点到面,体现深度教学的联系性。因此,深度教学与深度思维可谓相辅相成。《义务教育数学课程标准》中明确要求在教学中注重提升学生的思维品质,引导学生学会思考,提升运用数学的能力,提高思维的深刻性。数学深度教学的指向就是要超越具体知识和技能深入思维的层面,由具体的方

① 郑毓信."数学深度教学"的理论与实践[J].数学教育学报,2019,28(05),24-32.
② 黄祥勇.数学核心素养导向下的深度教学[J].数学通报,2018(7):29-32.
③ 维果茨基.维果茨基教育论著选[M].余震球,选译.北京:人民教育出版社,1994:19.

法和策略过渡到思维品质的提升。

帮助学生学会"深度学习"是教师"深度教学"的一个重要目标，教师自身的"深度学习"是教师实施"深度教学"的必要前提。要培养学生的深度思维，首先教师要先有自身的深度思维。只有想到了，才能做到。运算能力是重要的数学能力。张景中院士指出："运算是具体的推理，推理是抽象的计算。"[①]运算的表面是算法，而深处就是算理。只有深入浅出地理解算理，才能驾轻就熟地运用算法。因此，"教师开展计算教学时，不仅要求运算正确与熟练，而且关注学生是否体会运算中的原理、推理的思想方法、逻辑关系、规定算法的合理性以及计算的应用"[②]。以小学数学中"三位数乘两位数"为例，首先教师应在回顾中构建新旧知识在计算方法层面的联结，与"三位数乘两位数"紧密联系的前序知识包括"三位数乘一位数"与"两位数乘两位数"，"三位数乘两位数"与前序知识的紧密联系见表3.1[③]。

表3.1 "三位数乘两位数"的新旧知识联系

	新旧知识联结点	新知生长点
与"多位数乘一位数"相比	"多位数乘一位数"的计算是"三位数乘两位数"的基础；"三位数乘两位数"中包含两次"多位数乘一位数"计算	"三位数乘两位数"有两次"多位数乘一位数"，第二次乘积的计算与算理是新知生长点
与"两位数乘两位数"相比	"三位数乘两位数"的算法、算理与"两位数乘两位数"一致：分别用第二个因数个位和十位上的数字与第一个因数相乘，所得的积相加；十位上的数字与第一个因数相乘所得积的末位写在十位上	"三位数乘两位数"相对"两位数乘两位数"而言，既是计算难度上的提升（第一个因数从两位数提升到三位数），又是对算法的拓展延伸（当第二个因数为三位数时，第三个积的计算与定位）

教师的教学要深刻认识到新旧知识的关联性，但这种一般性的关联理解应该以具体题目为载体来引导学生回顾，比如让学生回顾复习计算145×2和45×12。其次，在反思中构建新旧知识在算理理解层面的联结。就算理而言，"三位数乘两位数"与"两位数乘两位数"是一致的，用第一个因数的各个数位上的数字分别与第二个因数的个位、十位相乘得到的积相加。可以进一步从特殊到一般的概括为将第一个因数看成一个整体，用第二个因数的各个数位上的数字分别与第一个因数相乘得到的积相加。这样概括有利于将"两位数乘两位数"的方法迁移到"三位数乘两位数"。运算教学通达学科本质并生成深度思维，具体表现在两方面提升：一是算法由具体到抽象；二是算理由理解到推理。回顾铺

---

① 张景中.感受小学数学思想方法的力量[J].人民教育,2007(18):32-35.
② 王永春.小学数学核心素养教学论[M].上海：华东师范大学出版社,2019:216.
③ 李宇韬.线上线下融合的小学数学运算深度教学设计策略：以"三位数乘两位数"为例[J].中小学数字化教学,2019(11):13-16.

垫就绪,然后在尝试中进行方法迁移与初步推理,让学生自主探索计算三位数乘两位数145×12。三位数乘两位数的难点往往就在于第二个积的定位与计算过程中的进位问题,而这已经在从具体到抽象的算法中以及从理解到推理的算理中得到有力的铺垫和探索。这样的运算教学,由表及里、举一反三、由点到面,才是将深度思维融入了深度教学。

"去情境"是数学学习的重要一环,即要学会从特殊上升到一般。"浅度学习"与深度学习的差别之一,就是前者只停留在数学知识与逻辑的单一累积,而后者能深入知识之间的相关性,建立起整体的知识框架。"知识碎片化"的学习方式并不适合学习数学。作为"模式的科学"的数学,并不是对具体的事物或现象的直接研究,而是对"模式的建构与研究",是抽象思维的产物,也意味着认识达到了更大深度①。比如,在学习"因数与倍数"的概念时,大多数教师都是在具体的情境中列出具体的乘法算式来讲解概念,学生学习概念往往是"只知其一不知其二"。如果教学时能"更上一层楼",涉及更一般的因数与倍数的概念:"如果一个整数 a 除以整数 b 的商,正好是一个整数而没有余数,我们就说 b 是 a 的因数(0 除外)。如果一个数 a 能被另一个数 b 整除,数 a 就是数 b 的倍数。"这样,从特殊到一般,从具体到抽象,学生便能更深入理解概念并迁移到其他的情境中。

数学学习一定要理解,数学教学一定要讲理解。小学数学一定要在日常经验与直观感知的基础上实现理解,并伴有必要的超越。由于小学生年龄小的特点,很多教师秉承小学数学教学就是小学数学活动的理念,将数学活动贯穿于小学数学课堂中,这本身并没有不妥,但一定要重视"动手"之后的"动脑"。不乏这样的现象:学生一直在做,一直在写,一直在动手,但就是不想,表面热闹的课堂,缺失的是火热的思考。"数学活动"决不能脱离数学思维,没有思维的活动是"空中楼阁"。数学活动本应是数学思维的具体体现与直接应用,我们应该通过活动促进学生积极"动脑",这也正是数学深度教学的核心所在。

第三节　深度教学:怎么深

如何深度学习?朱熹言:"举一而反三,闻一而知十,及学者用功之深,穷理之熟,然后能融会贯通,以至于此""读书,始读,未知有疑;其次,则渐渐有疑;中则节节是疑。过了这一番,疑渐渐释,以至融会贯通,都无所疑,方始是学"。诸如此类的中国古代先贤圣哲的治学思想,已经为深度学习指引了方向。深度教学与深度学习两者相辅相成:深度教学成就深度学习,深度教学促进深度学习。如何基于深度学习进行深度教学?在于以下方面。

---

① 郑毓信."数学深度教学"的理论与实践[J].数学教育学报,2019,28(05):24-32.

一、基于学生，深度研读教材

数学教材是数学教与学的主要凭借，也是沟通教与学的重要桥梁，学生要用教材来学，教师要用教材来教。研读教材是保障教学活动有效的前提和基础。所以，教师首要的就是要研读教材。那么要怎么样研读教材呢？首先要从"基于教"转向"基于学"，即从学生的视角研读教材，根据学生的水平理解教材。教师应该充分了解和掌握学生的学习深度、学习心理、所积累的经验以及学生的思维思考方式，据此对教材进行揣摩、打磨和充分利用。同时，教师应秉持"用教材教"的教学理念，坚持从学生的视角出发，发挥出教材作为学习资料的最大用途，在深刻研读的基础上，进一步理解其中的编写意图、核心内涵，把教材真正变为学材。研读通教材中的数学知识及知识的产生、推演逻辑，将"学术形态的数学"转化为"教育形态的数学"。第一，分析研究教材时要切换到学生视角，根据学生的学习方式、数学知识、数学思想方法与深度思想的水平进行研读，努力在教学中实现"以学定教，为学生的需要和发展而教"。第二，要对教材进行深入思考和理解，充分掌握其中的数学知识推理、产生时的思维逻辑，通过纵横联结与关系建构，推动知识的相互沟通，把握知识本质和内在联系。但怎样研读？如何深度研读？需要我们在实践中不断探索。

1. 基于学生的认知基础，研读教材知识结构

数学知识本质上是一个相互联系的有机整体，横纵、前后都有紧密的联系。这也体现在教材的布局上，遵循相同知识的"螺旋上升"、不同知识"交替增长"的布局特点。教材在基于数学知识的逻辑关系上，以学生能够体验和理解的现实生活问题为基础。这样从学生已经了解的规律、已有知识和切身的生活经历出发，让学生通过注意到学习的知识与已有的数学知识的关系，理解数学知识在熟悉的现实生活和具体情境中的意义，积极构建数学知识结构。

例如，小学四年级计算教学中的"小数加减法"。根据对教材的研究，我们能够了解学生的知识起点：已经掌握整数加减法计算法则并充分理解；在三年级初步认识小数时，学习了一位小数的加减法，已经明白 $0.4+0.7$ 可以理解为"4 个 0.1 加上 7 个 0.1 是 11 个0.1，也就是 1.1"。连接和构建是深度学习的特征之一，在数学教育中，它已经被看作测量学习深度和能力的重要指标之一。而学生形成系统学习框架的能力，教师对知识及其背景的理解程度起到至关重要的作用。教师只有深入了解学习内容的联系和学生已有认知的水平，才能精准定位学生的发展方向和路线。在这个过程中，教师将新知识融入已有的知识体系，通过对学生学习水平的定位，适当拓展教学，引导学生更好地发展。因此，教师首先要做的是深入研究教材，了解教学内容在教材体系中的地位，了解其"前世今生"，理清知识脉络。

以"小数加减法"为例,教师首先要了解教材的编排逻辑,然后对相关知识进行整理,形成如下知识结构图,如图 3.4 所示,并进一步分析,了解其本质关系。

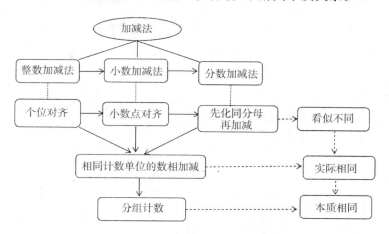

图 3.4　加减法的知识结构

2.基于学生的思维特点,深研内容建立逻辑

小学生的抽象思维能力还较弱,具体形象的支撑在小学数学教学中举足轻重。教师在研读教材时,要学会从学生的视角出发,通过掌握学生的认知规律,根据学生思维活动的特点,用小学生的思维方式来思考眼前的这份学习材料。在此基础上,再建立逻辑分析的思维,结合对教学内容的分析,解读教学内容的逻辑性,发现学生思维的断层、内在的思维过程。因此,研读教材时,不能小看教材中的每一张插图、每一段对话、每一个数字,甚至每一个标点符号。

例如,对"小数加减法"六个版本教材梳理如表 3.2 所示。

表 3.2　六种版本小学数学教材中"小数加减法"的梳理比较

版本		人教版	北师大版	沪教版	苏教版	浙教版	青岛版
情境		买学具	买菜	掷垒球	买文具	跳高	克隆牛
首个例题	数据特点	6.45＋4.29 6.45－4.29	1.25＋2.41 3.66－1.25	5.4＋6.58	4.75＋3.4 4.75－3.4	1.19＋0.08 59.02－58.17	0.77＋0.03 0.76－0.72
	呈现要点	竖式计算正例,提示:小数点对齐	先估后精,多元表征(人民币单位,图形,计数器)计算,帮助理解算理	先估后精,心算采用先分成不同计算单位的数相加,再合起来。竖式呈现正反例,辨析说理	尝试计算交流,整式呈现正反例,辨析说理	用长度单位、计数单位帮助理解算理	竖式计算正例,提示:数位对齐,再计算。竖式呈现正反例,辨析说理

续表

版本	人教版	北师大版	沪教版	苏教版	浙教版	青岛版
情境	买学具	买菜	掷垒球	买文具	跳高	克隆牛
相同例题 数据特点	8.3-6.45	6-2.4	11.4-6.17	3.4-2.65	5.2-3.85	1.3-1.25
相同例题 呈现要点	竖式计算正例,提示:百分位上怎么减	用计数单位个数减	提示:为什么百分位上可以看作"0"	提示:为什么百分位上可以看作"0"	提示:为什么百分位上可以看作"0"	竖式计算正例,提示:数位对齐,再计算。小数加减要注意什么
算法总结	对话呈现较详	对话呈现较简	对话呈现较细	无	无	对话呈现较简

通过上表我们可以看到:

(1)情境教学被以上所有教材采用。能看到具体情境下、具体背景的数字,更能为学生进行数学学习时提供直观信息。

(2)首个例题的数据各不相同,有很大的差异性。能看到,新课的教学内容设计保留着很大的自由发挥空间,可以根据课堂要求、学生情况进行变通。

(3)有三个版本的教材中只出现竖式计算,有的版本采取"先估后精",有的版本只给予提示。其中还有三个版本采用多种算法,通过反例、图形等信息辨析说理。能看到"多元表征"也是数学教材编写的重要因素,可以根据实际情况进行采用和变通。

(4)以上所有版本都采用了被减数小数位数少的例题,呈现方法大致相同,都针对百分位上的计算进行了进一步的讲解和说明。能发现,被减数小数位数少是在这节内容中较难攻克的难点,应该给予足够的重视并进行重点突破。

(5)有四个版本的教材中,在最后进行总结的部分采取了对话的手法。可以看出,在理解算法之后,通过语言进行表达、总结的能力,在数学教学中应该重点培育。可见,教师应该在自身对教材细致研读和深入研究的基础上,引导学生自我总结,促进学生形成技能。

教师这样细致地分析教材,综合借鉴各版本教材的特点,灵活地处理和使用教材,更深入地预设教学,可以更有效地引导学生触及知识的内涵与本质,促进深度学习真正发生。

3.基于学生的知识建构,研究练习的安排层次

教师在研读教材时要有意识地对例题进行分析和思考,同时要深入分析教材中习题

的安排逻辑。事实上,例题和习题是教科书的有机组成部分,学生完成例题的过程应用和巩固了新掌握的数学知识,促进了数学知识的构建。在解题的过程中,学生加强了对知识的掌握,纠正了错误的认识,对技能的养成、智力的发展、正确理解的加深都有重要意义。解读教材中的习题时,要明确每道习题的编排意图,从促进学生知识建构的角度将相关习题排出"由易到难、由浅入深"的顺序,分析习题如何为学生的知识理解和掌握服务,学生的解题思维过程有什么特点。这样,才能充分发挥习题和例题锻炼学生数学思维、提高其理解水平、培养创新精神的作用。

4.基于学生的持续发展,研读数学核心素养

数学教学需要始终明确,将数学基础知识的教育与数学基础知识和基本技能等数学核心素养的培育放在同等重要的位置。数学教师应该基于学生的发展,分析和提炼数学教学的思想方法,深入教学内容的实质,培养学生的核心素养。挖掘藏在基础知识背后的数学思想方法,把它们作为明确的教学目标呈现出来,通过适当的教学方式让学生深入地感悟、理会、吸收,既有利于当下的数学理解,又放眼未来更长远的发展。

数学教材为学生学习提供了基本材料,而教师是实现基本资源与学生之间沟通的桥梁。在教学中,教师要以培养学生的数据分析观念为导向,为学生提供问题情境,引导学生自主探索、自由表达、观察比较、相互交流,充分体验用统计学解决问题的过程,领悟分类的思维方法。深度研读教材,才能在教与学之间架设通畅有效的桥梁,从而实现深度教学成就深度学习的愿景。

二、基于学生实际情况,深度思考教学设计

教学设计是将教学引向深入的载体,只有通过深入思考、反复推敲的教学设计,才能有效地指引学生感受知识的来源与知识形成和领悟的全过程,才能提高学生的深度学习能力,理解数学的思维逻辑。为了做好教学设计,教师应在深入研究教材的基础上进行深入思考,理清知识脉络,并不断思考几个问题:应该教什么? 如何深入地教? 为什么要这样教? 这种教学可能达到什么效果? 这样教学生能不能做到深度学习?

1.确定高阶思维的教学目标,引导学生深度理解

深度学习指向高阶思维的教学目标。高阶思维,是指在较高认知水平上的心理活动或认识水平。实现这个目标,需要具备相对程度上的反思能力、辩证思维和批判意识。而这个目标的实现,与素质教育中对学生的要求"分析、综合、评价和创造"相一致。学习者依靠对数学知识内容的还原和整合,通过科学合理的推理和逻辑分析,形成抽象的思维结构。在深入学习的过程中,学习者在具体的学习情境面对实际问题,不断提升自身逻辑思维的能力,建构完整的知识框架,使头脑中的知识群更具有关联性、系统性和逻辑性。深

度学习与课程内容交织,激发了学生的内在动力,锻炼了学生的反思能力,从学科整合的角度为学生提供了更多发现、提出、分析和解决问题的机会,为处理现实生活中的问题打下了基础。学生在这个过程中,在批判的基础上重构问题解决方案,不断提升高阶思维的能力。

例如,空间与图形领域的图形的认识、测量与变换等,蕴含了数学直观思维、数学抽象思维与数学逻辑思维;再如,解决问题的策略中蕴含着分类思维;整数、小数与分数的四则运算中包括了数学类比思维与化归思维;圆的面积公式的探索,体现了极限思维与数学逻辑思维。总之,高阶思维的培养不是一劳永逸的,而是一个长期、复杂、系统的研习过程,高阶思维需要教师"教",更需要学生"悟"。

高阶思维是高阶能力的核心,包括创新能力、问题解决能力、判断能力和辩证性思维等。数学本就具有培养学生思维能力的任务,如何在数学教学中培养学生的高阶思维,需要教师在课堂教学中给予学生分析、评价和创造的机会。以"用字母表示数"为例,来看下面的课堂教学片段:

师:请观察表 3.3 中的数与式子,大家发现了什么?

生:有几个三角形,就有几个 3。

师:如果接着摆下去,摆得完吗?怎么办?能否设计一个符号,来表示三角形的个数和小棒的根数呢?能否用一个式子表示所有的式子呢?

表 3.3

三角形的个数	小棒的根数
1	3
2	2×3
3	3×3
4	4×3
……	……

在这个片段中,教师很好地利用板书引领学生直观思维,并给予了学生观察分析的机会,学生针对三角形的个数与小棒的根数分析其存在的数量关系(小棒的根数等于三角形的个数乘 3)。学生就能在教师问题的引领下大胆创造,设计出各式各样的符号,进而逐步迈向用字母表示数,这样思维的过程逐步接近代数的本质,其中的分析、综合、创造就是高阶思维的培养。教师先让学生创造一个满足需要的符号,然后利用学生生成的资源展开教学,再借助符号之间的说理、比较,学生经历了从具体实例如"2×3""3×3""4×3"到符号化的表示"$a×3$",再到语言的内化"小棒的根数等于三角形的个数乘 3"的过程,代数

思维得到了发展,实现了对知识的深度理解,创造能力得以激活。这样的处理使学生增强了体验,符合深度学习中"体验—高阶思维"的基本特质。

2.整合意义连接的学习内容,引导学生深度建构

连接和建构是深度学习的特征之一。在教学中,学生能否将学习的新内容与已学的内容连接成一个系统,是判断学习是否有深度的指标之一。而这取决于教师对知识及其脉络的理解程度。只有充分掌握知识间的联系,才能整合意义连接的学习内容,进而引导学生的深度建构。我们以为,深度学习应该建立在学生充分领会算理的基础上,能够带着自己的思考学习新的知识与算法,然后与之前的知识建立联系,形成更庞大的、属于自己的认知体系。在能够运用法则进行正确计算的基础上,开始探求更加合理简洁的运算方式。

例如,通过对"小数加减法"各教材版本的分析,并结合学生的实际情况,如果只向学生介绍小数位数相同的例子,对学生理解小数点对齐的本质没有太大的帮助。通过展示小数位数相同和不同的两种情况,引导学生自发地对比、提出问题,更能引导学生进行高阶思维思考,提高学习的深度。

"小数加减法"的核心问题是"小数加减法的算理与整数加减法相同吗?"要让学生彻底领会这个问题,教师可以适时适当地在对比提问、尝试总结教学的环节设计问题、引导讨论:"列竖式时到底是什么对齐?为什么?"这样的教学流程体现了深度学习的三大特征:理解与批判、联系与建构、迁移与应用(图3.5)。

让学生通过对比、思考、质疑,理解小数加减法计算与整数加减在形式上的不同(对齐方式),但实质上相同(数位对齐)。通过这样的环节引导学生以辩证的、全面的思维认识新知识,实现知识相互的联系、整合的迁移,真正触及学习的知识本质。

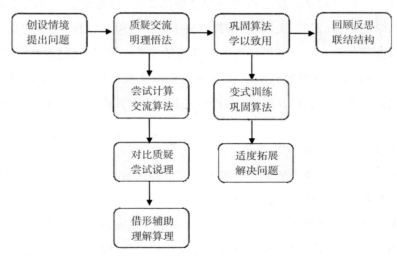

图3.5 "小数加减法"的教学设计流程

3.创建相关情境，引导学生深度体验、深度学习

深度学习与学生的切身体验息息相关，与学生学习时的观察、尝试、思考、交流和体会紧密相连。教材的处理、情境的选择、教具的选择甚至数据的选择等都是教学设计中应该注意的细微之处，这些都会影响学生的体验。除了教学开始时的情境创设，在整堂课的运行节奏中，仍然要重视促进深度学习的情境使用。例如，在"小数加减法"的教学中，在学生充分掌握在具体情境下的概念的基础上，教学设计可以进一步使用"计数器"等，帮助学生理解更抽象的数学概念，引导学生对小数加减法计算的本质有更深度的理解。在更一般、更抽象的情境中，教师要教会学生脱离具体场景和直观情境，进行抽象化的思考，为锻炼深度学习提供更多的机会。

由于计算能力与知识体系中的方方面面都紧密相关，因此在计算教学中，教师必须从深入研读教材入手，对教学内容的地位和作用有精确的定位，在教学时有意识地创造相关的情境，并注意情境从"具体到抽象"的层层递进。同时在教学过程中，重视对知识的本质和构建过程两个角度进行预设，及时调控课程的方向和进度，努力实现深入教学，促进学生的深入学习。

三、基于学生，深度反思评价

深度教学是从认知水平与技能水平、认知过程与认知方法、学科素养与价值观等不同维度和层次来预设，生成教学目标，实现学生的发展的丰富性教学；是对知识与知识结构追本溯源、寻根问底的回归性教学；是注重密切联系社会与生活经验，加强知识之间的内在联系，增强知识的理解性的关联性教学；是基于数学学科全局的观念，在数学思想方法高屋建瓴之下的严密性教学。反思作为一种高阶思维能力，是促进深度教学的重要策略之一。深度教学的丰富、回归、关联、严密都需要不断的反思与评价，需要在良性循环和循序渐进中不断改进提升。基于反思评价的深度教学实质上是以反思性教学为核心内容的深度教学，其核心就是发展反思性教学能力来达成深度教学的目标。通过反思来促进教师对教学知识的深度理解、对教学设计的深度把握、对教学意义的深度建构、对教学问题的有效解决。

1.对学生进行立体分析

任何教学活动都应以学生的学习需要为出发点和落脚点。学生在教与学中的重要地位决定了学情分析的重要性。"以学定教"是教学有意义的前提，"以学论教"是教学有质量的保证。无论从哪个视角来阐述深度教学，都必须首先面对学情分析。只有基于学生，以学生为中心，才能准确确立教学的重难点，才能依据学情选择适当的教学策略。美国著名认知心理学家奥苏贝尔在他的著作《教育心理学：认知观点》一书的扉页上写着："如果

我不得不把教育心理学还原为一条原理的话,我将会说,影响学习最重要的因素是学习者已经知道了什么。"①在教育实践中,教师必须对学生的知识基础以及掌握程度进行分析。比如,在对"长方形和正方形的面积"教学设计时,就应该考虑到学生对"为什么知道长方形的长和宽,相乘后就会得到它的面积?"这样的问题理解的困难。同样,学生对周长和面积的概念容易在这节课混淆。如果基于学生这样的学情,这节课的教学目标就应该包括总结概括计算平面图形面积的一般方法,即"数"小正方形(面积单位)的个数。对于特殊的平面图形(如长方形、正方形等规则图形)可以"算"它们的面积,当然这个"算"(特殊)是从"数"(一般)中归纳演绎出的规律或公式。围绕着这样的教学目标的达成,相应的教学流程就会讲清楚"面积单位",同时会清晰区别"周长"和"面积"的概念及其单位。

分析学生的知识基础,是学情分析的一个重要方面,所谓对学情进行立体分析,是指三个维度的分析:知识与技能、过程与方法、情感态度与价值观。教学目标遵循这样三个维度,同样学情分析也依据这样三个维度。其实针对三个维度对学情进行立体分析,综合起来就是要分析学情的实然、必然、应然、使然之态,分别对应于学生的"已知"(指学生已经具备的与所学内容相关的知识经验和能力基础,决定学习起点的定位)、学生的"未知"(相对于"已知"而言,是指学习应该达到的目标)、学生的"能知"(是指通过学习,学生能达到的目标,是学习目标的定位)、学生的"怎么知"(是指学生是如何学习的,体现认知风格、学习方式、学习习惯等),它们的关联如图 3.6 所示。

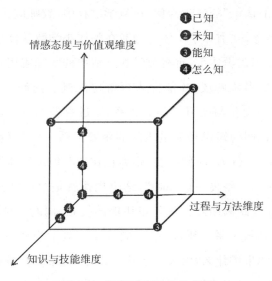

图 3.6 基于学生的立体分析

依然是"长方形和正方形的面积",学生对长方形面积的计算公式非常地熟悉并熟练,

---

① 奥苏贝尔.教育心理学:认知观点[M].佘星南,宋钧,译.北京:人民出版社,1994:1.

可以说知识与技能的维度是过关的,但很多学生对公式的来龙去脉却生涩,只知结果,不知过程与方法。在学习情感上,慢慢会觉得数学学习就是记公式、套公式而已,长此以往会令思维死板。同样地,在"混合运算"中,教学流程不外乎:情境提出问题—列式解决问题—总结运算法则—应用运算法则,学生在学习之后都注意到了混合运算的运算顺序是"先乘除,后加减,有括号的先算括号",但对"为什么要先乘除,后加减"的道理却知之甚少。斯托利亚尔曾言:数学活动不仅仅指外显的"形动",更重要的是内隐的"心动"和"思动"。基于深度分析学情的教学才会走向真正的深度教学。

2.对知识进行多维解读

小学数学知识大多是具体性的,在教材中多以描述式或定义式呈现,且具有一定的直观性。但教材除了事实性知识和概念性知识之外,还隐藏着很多本体性知识。教材的本体性知识是指教材背后的逻辑、思想、意义、作用等具有价值的内容,是对具体知识起着导源和规定作用的知识[①]。可以理解为,具有事实性的知识只是冰山一角,实际上本体知识是海平面以下被隐藏的冰山。例如,青岛版小学数学的教材"比",从教材中我们只看到了比的概念、比的名称、比的性质、化简比等具体性知识,而隐藏在背后的思想、方法、价值等内涵是需要教师进行多维度深度解读,需要从多个维度进行深入挖掘和解释的。

在从不同的维度分析教材内容的过程中,我们也会慢慢理解教材所含有的不同含义。对知识的多维解读,不仅需要教师看到知识的"双基",还要看到教材中蕴含的基本经验和基本思想。以对"分数的认识"的教学为例,在教学过程中,教师应注重呈现"变中之不变""符号化"和"分类"等概念,并引导学生体会分数在整体小学数学体系中的价值,从而帮助学生建立完善的数学知识逻辑体系,重视数学在生活中的实际应用意义。这样基于关系、结构、思想、方法、价值的多维解读,才能深入理解比的概念内涵。也就是比的概念的教学,一定要引领学生感悟变量与变量之间的关系、渗透数学思想、培育思维方式。在比的概念教学中,隐藏了正比例的知识和变量之间的函数关系。比如在声音在空气中传播的时间与距离的数据表中,条件为"时间在变,距离也在变",但声音速度不变,在这个变化中遵循了一个规律,即"时间:距离=1:340",这个规律就是"变中的不变"。在这个"变中之不变"的过程中,时间与距离两者构成了正比例的关系,同时距离随着时间的变化而变化,这两个量也构成了函数关系。所以,绝不能仅仅把教学当作一个简单的知识点来处理,教材上有什么就给学生讲什么,没有什么就不讲什么,那样教师就只是一个"搬运工"。从课程形态的知识到教育形态的知识,是需要教师做精细加工的,是需要教师具有自己的教学思想的。如果一个教师没有思想,那么他的教学一定是没有灵魂的。

① 李松林.回归课堂原点的深度教学[M].北京:科学出版社,2016:64.

3.对情境进行横纵贯通

情境创设是沟通学生经验世界与数学世界的桥梁。教师运用情境进行教学,涉及素材的选取、内容的组织和呈现,以培养学生的创新意识和提高学生的数学思维能力为主要目的。通过给学生呈现趣味性的数学材料信息,来激发学生的好奇心和求知欲,引起认知冲突,诱发质疑猜想,引导学生自发地提出问题、研究问题,进而总结问题和关联问题。情境教学就是有效的教学方式,小学数学课堂中创设的教学情境应体现趣味性、直观性、问题性、多样性、情感性,而其中首要的应该是教学情境与教学内容的贴切性,也即教学情境创设要依据教学内容进行,针对性要强。这也是小学数学近年来越来越重视数学的实践性和应用性的表现。但小学数学教学的真实情境中,却上演着不少"不着边际"的情境创设。请大家看以下"小数点移动引起小数大小的变化"的教学案例:

案例:

师:同学们,大家有看过《西游记》吗?

生:看过。

师:里面的主人公都有谁啊?

生:孙悟空、唐僧、猪八戒、沙和尚。

师:你们最喜欢谁啊?

生:我最喜欢孙悟空。

师:为什么喜欢他啊?

生:因为他最勇敢,武功最高,还能打妖怪。

师:真棒,还有谁来说说。

生:我喜欢猪八戒,因为他最憨厚可爱。

生:我喜欢白龙马,因为它最忠诚。

师:很好。之前有同学提到了孙悟空。那谁来说一说孙悟空为什么是最厉害的?

生:他会72变。

生:他有金箍棒。

师:没错,他的金箍棒可以随意伸缩,变成任意长短。

……

这是四年级下册在"小数点移动引起小数大小的变化"教学中一位教师导入环节的情境创设。我们能看到,教师其实是想通过"孙悟空金箍棒的长短变化"这点来引入本课的课题。虽然学生们在教师的鼓励下,表面上看起来兴趣高涨、积极踊跃地参与了回答和讨论,但是这种情境创设只是让课堂气氛看起来热闹和活跃,其实对引发学生对课题的思考和探究并没有太大的帮助。本来只需更短的时间就能引入的"金箍棒的长短变化与小数点之间的关系"，却设计了太多的"情境铺垫"。这样的情境，将原本课堂伊始学生较为集中的注意力分散得"支离破碎"，导致学生一直纠结在情境中的非数学信息当中，整个环节都是学生的"自由讨论"，说的话都没有指向教学内容。将学生原本饱满的思维情绪绕得"云里雾里"。所谓语言是思维的外衣，情境创设首先需要有明确指向的思维，在此基础上，数学教师的教学语言应该是"没有一句废话的"，真的就是要做到教学语言的"斟字酌句""精益求精"。看似是教学情境的创设，实则是情境材料选定之后的语言驾驭实施的过程，所以说教学语言是关乎课堂教学成败的关键要素。

古人云：授人以鱼不如授人以渔。要教授学生"渔"，就要创设适当的"鱼场"，让学生去"渔"。而这个"鱼场"就相当于教学情境。如果"鱼场"太小，或者里面根本没有鱼，可想学生"渔"的效果就会大打折扣。倘若教师创设的"鱼场"横纵有度，学生"渔"的成就感会大大增加。课堂教学创设的情境，应注重有效性并横纵贯通。所谓有效性，即是指情境贴切教学重点内容的指向性和服务性。所谓横纵贯通，是指教学情境的学科间横向联系、学科内纵向贯通，创造性地引入问题情境并贯穿于课堂始终，这也是当前跨学科主题教学的倡导方向。所谓横纵贯通的情境教学，就是在课堂教学中运用情境设置探究问题，引导学生进入情境，主动学习，生成知识，完成课程教学要求。调查显示，在小学数学教育的实践中，采用横纵贯通的情境教育，能够使整个课程中一系列零散的知识点像故事一样穿插在课堂中，通过一个个戏剧化的开场和情境的演变，使学生将原本枯燥无味的抽象数学知识在生动有趣的语境中习得，从而符合学生认知规律。这样，这些数学知识和技能就像一锅美味的浓汤中苦涩难吞的药草，却让学生在享用汤的过程中不知不觉地吸收了营养。横纵贯通的教学情境有时会起到"会当凌绝顶，一览众山小"的奇特效用。例如，在学习"长方体和正方体的表面积"时，创设一个长方体的包装盒情境，随着它的不断变化，所求的表面积也不断变化，利用一个情境，贯穿整节课的教学，在比较中选择问题的解决方案，这远比使用多个不同的、关联性较差的情境的效果要好。再如，学习"圆的认识"时，开始提出的问题情境"车轮为什么设计成圆形的？"一直会引领学生深入探究圆的特征，进而会慢慢感悟到"圆，一中同长也"。

4.对课堂进行内外审视

深度教学，不单单是课堂内的教学，要想引发和成就学生的深度学习，需要对课堂内外重新审视和反思。比如，课堂内，教师往往都很重视一节课的导入、新授以及练习设计，而对课堂小结却虎头蛇尾、形同虚设，或枯燥乏味、可有可无。要知道"编筐编篓，重在收口"，课堂小结是师生对一节课高度概括的重要环节，是发现后继问题，也是知识纵横联系的必要阶段。恰当的课堂小结有利于学生理清知识的层次结构，掌握外在形式和内在联系，将零散知识进行数学建构，从而完善自身的知识系统。好的课堂小结不仅能为一堂课留下精彩的悬念,更对整堂课起到"画龙点睛"的效果。小学数学课堂小结,同样需要和其他教学环节一样精彩纷呈。首先,教师在主观意识上要重视,要在课堂调控中注重把握时间和节奏,恰到好处地处理预设和生成的衔接,关注学生总结梳理的能力。其次,掌握一些课堂小结的策略,要关注小结内容的概要程度,繁简适宜,给学生留下系统的知识体系和解决问题的基本方法。例如,在"平面图形面积计算的复习"的课堂小结中,可引导学生回顾这些平面图形的面积计算公式,通过画出一张知识网络图(图 3.7),把它们之间的关系表示出来后再分组讨论。也许学生展示的知识网络图不够完美,但这是他们在自主整理的过程中形成的个性化的知识体系。对于这种类型的小结,教师可指导学生先找出有哪些内容,这些内容有怎样的联系,然后应用表格或图等比较简洁的形式表示出来。通过系统建构,反思回顾数学思想的精髓所在,转化思想就跃然呈现,学生受到了强有力的思维冲击,也得到了深刻体验,学生的创新能力自然得到发展。课堂外,学生数学学习的载体主要是数学作业。数学作业既是学生对课堂学习的知识的自我检测,同时检测的结果也有助于教师及时了解学生对课堂内容的掌握情况。课外作业是对课内知识的回顾、强化和提高,布置之前教师要重视作业的设计,之后教师要重视作业的反馈。比如,作业布置的目的是否明确,方式是否多样,形式是否有趣,效果是否显著等。

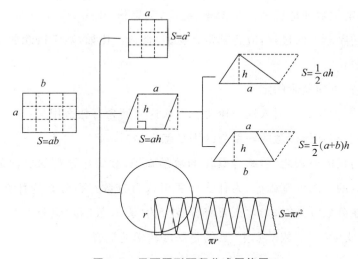

图 3.7 平面图形面积公式网络图

四、基于教学,教师深度学习

基于学生的深度教学最终都要溯源于教师的深度学习。对教师来说,深度学习应该被看作一种最接近本质的安心、宁静的学习。只有宁静才能致远,在沉默的学习中,才能触及知识的本质,才能有灵魂深处的情怀,走得更远。

1.博学通达

在如今的大数据时代,任何工作都需要跨学科的、复杂知识的启迪和支持。如果不广泛地学习,知识面就会变得狭窄、封闭;而如果没有一定的宽度、广度和学术跨度,也就很难有相当的高度、深度和厚度。"深""博""深"三者相辅相成,"博"是"深"的前提,"专"又是"博"的前提。因此,教师不仅要专攻某一特定专业,还要避免因知识范围狭窄而造成"隧道效应"。知识应该是"杂而不乱",也就是说,什么都知道一点,而不是试图全部理解。教师应该追求理解和整合整个学科,而不是满足于多种知识的无序积累和简单叠加。在所学知识的基础上,有组织、有逻辑、有结构地将所学知识纳入自己的知识集,进行彻底、系统地咀嚼和消化。

学习通达,也即心领神会,举一反三。古人推崇在学习过程中要"当于无字处求之",就特别适合小学数学教学。鉴于小学数学教材的"少而精",教师在研读教材之时,就应寻求"当于无字处求之"的境界和效果。

2.善问思辨

善问思辨是深度学习的题中之义。正如爱因斯坦的名言所说的那样:发现问题比分析和解决问题更为重要。善问思辨要做到的不仅是意识到问题,更是要从本质上发现现象并揭示真正的问题,而不是伪问题。另一方面,通过分析、推理、判断等逻辑思维对问题的条件、类别和案例辩证地思考。从探索、提问,到思辨、思考,再到识别、判断,教师的深度学习应该是循序渐进的过程,应将其常态化、习惯化。比如,数学概念的引入和形成,往往涉及三个问题:

(1)是什么?也即概念的定义。

(2)为什么?为什么要引入这个概念?引入这个概念有什么用?

(3)这个概念与其他概念的联系与区别是怎样的?

在这三个问题的引领之下,结合具体的数学知识,教师应该有深层次的思考。比如,在已经有了分数的概念的基础上,为什么还要引入百分数?百分数为什么不叫"十分数"或"千分数"?在分数分类时,为什么要将分数分为"真分数"和"假分数"?分数还有真假之分?做个"咬文嚼字"的数学先生,真的是深度教学的福音。

3.知行合一

"知行合一"是中国古代哲学的认识论和实践的命题,被历代先哲所奉行。"纸上谈来终觉浅",知是行动的开始,行是知的最终目标。知和行是辩证统一的,两者缺一不可。孔子讲"力行近乎仁",也就是在强调身体力行的弥足珍贵。深度学习中的知行合一,就是要求教师将学习转化为行动,融入教学,学以致用,用以促学。想要寻求知识与行为的统一,当然可以通过学习寻求知识,但实践更能创造真知,通过教育实践才能得到真才实学。深度学习者,都是将理论与实践、理想与现实、自我意识与他人意识相结合的人。正如毛泽东曾指出的:"读书是学习,使用也是学习,而且是更重要的学习。"深度学习的"知行合一",不仅影响教师自身的知识和行为,更对学生的"知"与"行"产生重大影响。只有教师做到自身知行与学生知行协同,才能在求道、悟道、证道上共同践行知行合一。

第四节　数学教学:需要深

数学是思维的体操。作为"思维的科学",数学与其他学科相比显然更有益于思维的发展。数学,更应该做到"通过数学,学会思维"。著名哲学家维特根斯坦曾说过:"凡是能说的就要说清楚,说不清楚则应保持沉默。"思维的清晰性是学习数学的"必备之能",更是数学教师的"看家本领"。试想,一个数学教师对所教内容都说不清楚,没有清晰的数学思维,没有准确的数学表达,其所教的数学课堂会让学生情何以堪?要想培养高品质的学生思维,教师首先要有深度思维基础上的深度教学。

曾国藩说过,"荷道以躬,舆之以言"。意思就是说,一边要躬行、做事,一边要写下来教别人。这正是教师的日常所做。无论是职前教师还是在职教师,教师的学习和教学是经常发生的,而且是需要不断更新和充实的。"水,遇石则分,遇瀑则合,遇寒则冰,遇暖则融。"智慧似水,在于"变通";数学亦如水,用于"变式"。数学知识千姿百态,变式思想魅力无穷。所有的"变通""变式"都基于对数学知识和数学思想的深刻理解。数学教育家郑毓信主张:"数学基础知识的教学,不应求全,而应求联;数学基本技能的教学,不应求全,而应求变。"这数学"双基"的"一联""一变",本质上都是指数学知识的关联和变通。

需要使用深度学习解决的问题主要具有以下三个特征:深度不足会出现问题;人脑具有一个深度结构;人的认知过程是逐层深入、逐步抽象的。同时,反观数学学科的特点:应用的广泛性、高度的抽象性和严密的逻辑性。数学学科的应用之广、抽象程度之高、逻辑之严如若导致数学学习的深度不足,则会出现诸多问题:概念理解不透甚至错误、解题思路不清甚至谬误、知识关联不够甚至搭错、学习兴趣不高甚至厌学等。而人脑确实具有一个深度结构,数学知识的认知过程确实是逐层深入、逐步抽象的。由此,数学学习需要深度学习;数学教学需要深度教学。首都师范大学教授王尚志曾提出:重要数学要从小学数学开始。教学内容的深度和难度不是理解"深度教学"的含义,而是实现知识丰富、价值持续发展的这个目的。而通过从学科知识的本质和内在结构等方面进行分析,我们可以把握深度教学对小学数学教学的重要地位。

为理解而教:意义底蕴下的小学数学

一、小学数学知识的特点

首先,我们要明确小学数学知识具有基本性、重要性及层次结构的复杂性等特点。小学数学知识是基础的、初级的,是之后一切数学知识的基础。虽然数学的分支越来越多,学科也逐渐扩大,但在每一个分支和领域,都会运用到小学数学中的几何知识、基本术语、算法和技能等。其次,小学数学包括了之后高等数学领域中的重要概念和基本原理,例如,集合、一一对应和顺序等概念都隐含在初等数学的算术和几何中;在推导初等数学中的圆面积公式时,结合了微积分的基本概念和极限的思想;函数中运动变化的观点和思想蕴含着数量关系及其运算、变形等小学数学知识,等等。由此可见,小学数学中的思想决定了学生们之后数学思维的深度、广度和灵活性。小学数学知识之"小",能小中见大,在基础和源头的关键处影响着高大上的数学知识。最后,小学数学的学习对今后的学习影响至关重要。虽然小学数学给人以简单容易、直截了当的感觉,知识的呈现方式也较为初等,但这些看似简单的基础知识会深深扎根在学生的思维体系中,会留下深刻的知识本质的印象,进而影响数学学习的态度和学习习惯。比如,很多数学概念或数学符号的含义会随着学习的深入而逐渐丰富,但我们最初获得的概念或符号的意义永不磨灭。由此可见,小学数学对于数学学科的发展以及学习个体的发展都有着基础而重要的价值。正如旅美博士马立平所说:"小学数学并非孤立的数的口诀和算法的简单汇集,而是一个有智力要求的、具有挑战性的、令人兴奋的领域。"[①]在教学中体现小学数学的智力要求,展示小学数学具有的挑战性和进阶性,正是小学数学深度教学的目标所在。

二、小学数学知识的构成

小学数学知识是学生思维发展的重要媒介和载体。理解数学概念、数学原理的组成,对一个人的辩证世界观、人生观和价值观的形成有着深远的影响。小学数学虽然"小",但绝不能单纯以事实为导向划分知识的内部结构,更不可以把符号和简单几何图形看作小学数学的全部。小学数学知识具有多种层面的意义:知识本身的假定性意义、现实意义和理解知识的自我意义。其中现实意义多与知识在实际生活中的事实相联系,自我意义是在学习理解知识时产生的自我感知和判断,而知识的假定性意义大多有点"冰冷的美丽",其然与所以然是需要在教师的帮助和引导下有一个循序渐进的理解和掌握的过程的,理解和掌握知识的假定性意义绝不是硬生生地塞给学生,而是深刻解读知识的内在构成及其价值,进而引发学生"火热的思考"。

---

① 马立平.小学数学的掌握和教学[M].李士锜,吴颖康,译.上海:华东师范大学出版社,2015:111.

小学数学知识以数学语言符号为表征，其简单性、严密性和可操作性，都蕴含于小学数学的概念、原理和运算法则中。小学数学的知识体系又是由逻辑体系和逻辑思维方式编织成的，它们沟通了小学数学的知识点。作为数学学科发展的内在动力，逻辑思维形式帮助形成新的概念和性质，使得数学知识系统化、结构化。小学数学知识网络以核心概念和基本原理为中心，以各个知识点为节点，知识点之间的联系是错综复杂、网线交织的。其中，核心概念和基本原理起交叉点的作用，它们贯连和统领各知识点。比如在数的运算中，无论是整数、小数还是分数，它们的概念及其四则运算都遵循数位（即位置）、数位值（即位置值）、十进制（即位值制）的规则与关系。这样的结构，正是能够体现数学思想方法的网络体系。

三、小学数学深度学习的必要性

小学数学知识的构成和本质决定了小学数学的教学必须是整体的、综合的深度教学。小学数学深度教学建立在对数学学科知识本质深刻理解的基础上，是教师有意识、有计划、持续性的追寻和努力，为学生知识体系、方法论和价值观组成，及为后续学习奠定根基。只有把数学知识作为思维方法，才能将知识转化为智力和具体行动，使知识的学习真正提高数学素养、解决实际问题。教师应该在课堂中重视培育学生的数学思维方法、思维素质，培养具有独立的数学素养和正确价值观的学生。如果仅仅将知识的获取看作学习的终极目标，却忽视了知识产生和发展的背景，缺少对整体知识体系的建立，不在意人文精神的培育，学生就会成为学习的机器，同时知识也仅仅是量的积累，而没有质的提升。

小学数学深度教学着眼于知识间的关联性、知识理解的深刻性、知识结构的完整性。单维度地增加知识的深度和难度，剥离新旧知识之间的联系，割断知识与现实世界以及其他学科的关联，缺乏对知识的深刻理解，都难以生成学习的意义感和成就感。小学数学深度教学并非指加深知识的深度和难度，而是要以引领学生的深度学习为最终目标，根植于知识的内在构成要素及含义，从知识发掘的深度、广度和关联度这三个方面实现真正的深度教学。

四、数学素养培育的必经之路

小学数学的深度教学根植于数学学科知识的性质和结构，在学生数学知识的多方位学习的基础上，以提高学生的数学学科素养为目标，旨在培养学生更高层次的数学学科素养。与浅层教学相比，深层教学所培养的核心数学素养不仅包括基本数学知识和技能，更重要的是研究数学符号产生和发展的背景、概念和原理的相互关联和背后的逻辑和意义，从而形成充实的数学活动经验和丰富的数学思维，发展多样且完善的数学思维方法。"理解和解释相关现象和关系，创造性地解决和处理现实生活中的具体问题。"①教师在培养学生的核心素养的过程中，不能只停留在培养学生的基础知识和基本技能，更要进行深度教学。首先，深度教学是体现学科本质的教学，其超越了知识表层结构，进入深层结构，以促进学生个人成长为目的，推动启智与育人的统一发展。其次，深度教学是引导学生进行深度思考的教育。深度教学并不意味着老师讲得更细更多，学生的知识积累得更多。教育与学习需要通过师生沟通与合作解决问题，而深入的师生对话能够使学生在真实体验的过程中激发对知识深度探索的欲望。深化课程教学摒弃了浮于表面的指导，引导学生深刻体会学科本质，是当前教育改革的要求，是实现教育目标的有效途径。

① 康淑敏.基于学科素养培育的深度学习研究[J].教育研究，2016，438(7)：111.

第四章　概念生成:理解之核心

　　　　我们在教育中怎样强调概念理解的重要性都不过分。也就是说,概念
　　的含义具有通用价值,因为尽管有所不同,但它们的含义在各种不同情况下
　　都是可以应用的。当我们陷入懵懂未知之境时,它们是我们可以参考的已
　　知。没有概念生成的过程,就不能获得任何知识的迁移,更不能对新体验产
　　生更好的理解。

　　　　　　　　　　　　　　　　　　　　　　——约翰·杜威《我们如何思考》

　　何为概念? 概念可以看作人脑对现实的对象和现象特征的一种反映。概念的基本属性包括内涵和外延。内涵指的是一个概念所包含的事物本质基本属性的总和;外延指的是具有该概念所反映的属性的所有事物。概念是反映事物本质属性和特征的思维形式,是对事物的抽象概括,对事物的基本现象、规律、理论等的理解和解释,是学习中最为核心、最为重要的知识基础。概念不是简单的一句话或几句话,而是要从记忆事实转到可迁移的核心概念和对更为根本的知识结构进行深层的理解,以培养和发展思维能力。其中,数学概念是对客观现实中的数量关系和结构形式的本质属性的抽象表达。

　　概念是人们实现对话、推理、想象等认知活动的基本元素,是思维的起点。任何的数学问题的研究、表达、使用等,都离不开数学概念的支撑。概念是数学知识体系中最基本的"细胞",也是数学思维的基本载体,在建构数学学科知识体系中起着至关重要的作用。概念教学是数学教学的核心环节,是数学学习的基础,学生对数学概念理解和掌握的深度,决定了学生数学理解能力水平和学科素养的高度。据统计,小学阶段学生要认识和掌握的数学概念有 500 多个,包括数的概念、运算的概念、量与计量的概念、几何形体的概念、比和比例的概念、方程的概念以及统计初步的有关概念等。有效的概念教学是提升教学质量的关键环节。当然,概念教学也是教学中的重点和难点所在,并非我们教了,学生就会了。有时会出现,无论我们怎么讲,精心设计怎样的教学活动,总有些学生对某些概念难以理解和掌握,难以应用这些数学概念去合理地分析和解决问题。数学概念的重要性和连续性,决定了它成为后续学习和解决问题的核心所在。

概念学习，就是同化和顺应不断平衡的过程。就本质而言，同化主要是学习者对环境的作用，顺应主要是环境对学习者的作用。同化是对知识数量和体量的扩充，顺应是认知结构性质的优化等改变。学习者的认知结构就是通过同化和顺应过程逐步建构起来的。这就是皮亚杰关于认知的建构理论。心理学的研究表明，学生主要通过两种方式获得概念：一是概念形成。概念形成指的是学习者通过对一类事物或理论进行感知、分析、理解和抽象，在归纳和概括的基础上，对这类事物的本质属性产生整体的把握从而获得概念的方式。二是概念同化。概念同化指的是学生通过自己已有的知识能力，主动与自身已有的认知结构中的有关概念相联系，从而学习和掌握概念，并以自己的形式去定义概念，揭示一类事物的本质属性的方式。

在小学数学中，概念获得的主要方式是概念形成。因此在教学中，教师经常通过创设具体情境，将学生的已有知识作为导线，引入新概念与新知识，再引导学生通过实践、思考与交流等抽象出概念的基本和本质的属性，初步理解概念。在此基础上，再进一步以体验、运用的方式加强学生对概念的理解和运用。其实数学概念的形成主要可以归结为"三部曲"：创设情境、引入概念；理解特征、了解概念；进行运用、充实概念。

以"圆锥的认识"部分教学为例，首先教师要让学生感受生活中的圆锥物体（铅锤、漏斗、沙堆、铅笔尖等），通过现实生活中丰富的背景，为学生的概念学习铺垫生动活泼的材料；其次，为了使学生形成科学的概念，引导学生抽象概念的本质特征，进一步理解概念是至关重要的，可分为两个层次：

第一，认识圆锥体各部分的名称。可通过看一看、摸一摸、拆一拆，来认识圆锥体的侧面（包括侧面展开图是扇形）、底面、高等。

第二，认识圆锥体的各种视图，进而会画出圆锥的立体图。概念形成往往都会存在去粗取精、存真去伪、由此引申、由表及里、深化和构建的过程，在学生初步感知圆锥体的本质特征的基础上，"趁热"进行一些以巩固概念为目标的判断、计算、练习等，以此来强化学生对该数学概念的认识和掌握。比如，可以设计实践活动让学生用扇形纸张制作一个圆锥体并测量其半径与高。通过这样的实践活动，学生不仅加强了对圆锥体的高、底面半径等概念的理解与认识，更重要的是主动地掌握了测量的基本方法，培养了学生的动手能力和逻辑思维能力。

深刻理解数学概念是发展学生抽象概括思维能力的重要途径。李邦河院士认为：想学懂数学的根本就是概念，不是玩技巧，技巧不足道也！章建跃教授也指出：概念不清，寸步难行！概念是建立数学结构体系的根基，不理解概念，就无法培养健全的数学思维，应该将概念的教学放在数学教学的重中之重。数学概念教学课关乎学生基于此概念建构下的知识理解，也关乎学生对知识本质的认同，所以概念生成，是数学知识理解的核心；概念教学，尤为重要。

第一节 知其源:追溯概念源头

象棋大师乔希·维茨金(Josh Waitzkin)说过:"我们能成为顶尖选手并没有什么秘诀,而是对可能是基本技能的东西有更深刻的理解。"[①]许多概念看似寻常,但其背后往往都有着或有趣或厚重的渊源。对概念的来源进行追溯,可以达到解疑释惑、正本清源之目的。

什么样的概念教学才具有意义? 对于概念本身而言,概念教学必须能揭示概念最本质最原始的内涵。数学概念在经过无数次动态演化之后,渐渐作为静态结构流传下来,在某种程度上掩盖了深层次的、触及数学核心的数学思想方法。在漫长的认识过程中,人们对事物的认识从感性逐渐上升到理性,然后才能达到本质层面的认识。对于学生而言,学习的概念必须建立在原有的知识基础和生活经验之上,并能建构自己的意义理解,理顺新旧知识之间的联系,形成更加宽广的知识网络。

一、迁思回虑,还原概念之"本"

比如,对"圆的认识"的概念教学。圆无处不在。自然界中存在的圆、人类生活中发现的圆、作为数学概念所呈现的圆……随着认识的进一步深入,我们对圆的认识也逐渐从生活中具体的圆的物化中抽离,走向圆的本质,渐渐触及概念教学的"根"。圆不同于由线段围成的多边形这些平面图形,它是由曲线围成的。圆的静态定义是:平面上到定点的距离等于定长的点的集合。动态定义是:平面上,一动点以一定点为中心、一定长为距离运动一周的轨迹。代数定义是:满足公式 $x^2 + y^2 = r^2 (r > 0)$ 的所有点 (x, y) 的集合就是圆。但是在小学阶段对于圆的认识,显然给出上面的这些定义行不通。到底该让小学生怎样认识圆呢? 迁思回虑,还原圆的概念之"本",将是认识概念的"前世今生"的有效路径。来看看下面的教学设计。[②]

案例:"圆的认识"引入圆

1. 出示正三角形

师:同学们,大家认识这个图形吗?

生:认识,三角形。

师:具体一点,这是什么三角形?

① 乔希·维茨金.学习之道[M].苏鸿雁,谢京秀,译.北京:中国青年出版社,2011:7-10.
② 张晗芬,麻彩虹.追本溯源,感悟概念本质——"圆的认识"教学实录与评析[J].小学数学教育,2013(1).

生：是三角形中的等边三角形。

师：很好。那么大家回想一下，等边三角形都有哪些特征呢？

生1：等边三角形的三条边长度相等。

生2：等边三角形的三个角都是60°。

师：很好，那么我们来看下一个图形。

2.出示正四边形

师：这是正方形，也可以被叫作正四边形。它有什么特征呢？

生1：它的四个角都是90°

生2：它的四条边长度相等。

3.出示正五边形

师：这是一个正五边形，它有什么特点？

生：五条边都相等，五个角也都相等。

4.猜一猜

师：接下去会是什么图形呢？

生：下面这个图形会是正六边形。

师：再接下去会是什么图形呢？（出示正七边形、正八边形）

师：如果这样一直下去，大家猜一猜最后一个图形会变成什么呢？

生：圆。

师：大家的回答很正确，圆就是这样慢慢演变过来的。（出示：圆）

师：在以前的学习中，我们已经接触过圆，能不能根据自己的理解，说说"圆是怎样的一个图形？"

......

对学生来说，圆并不陌生，无论是生活还是学习中，都早早地接触过圆的知识。但在此之前学生对圆的认识都处于认识的阶段，只是知道有一个形状叫作圆，并且能指出哪些图形是圆形而已，并没有实现对圆本质的、客观的、概念上的认识。这样通过正多边形的边数无限增加来引入圆这个概念的课堂设计，引导学生去思考圆与其他图形的关系（图4.1），关注到了圆这个概念的基础特征和本质特征；更是帮助学生接触了极限的思想，这对于后面将要学习的圆的周长和圆的面积等知识都有极大的作用。学生感悟到了圆的形成逻辑，从而对圆的概念产生了完整的、有结构的、整体性的认识。教师在构建教学内容时，时常思考"它"从哪里来？"它"会到哪里去？同时，也要关注学生的生活经验和已有的学习体系。这种追本溯源的概念教学，追学生之"本"，溯概念之"源"，让学生借助经验展开数学概念的联想，在想象中丰富圆的认识，在想象中直抵圆的本质，在想象中渗透数学思想,在想象中让学生学会学习数学。

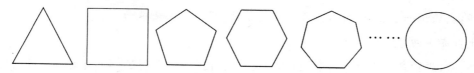

图 4.1　圆与平面图形的联系

追本溯源,就是追究根本,探索源头。概念的产生和发展一定都有它的源头。从哪里去寻找源头,需要教师知识和经验的积累,更需要教师智慧的思考。

二、研精覃思,探索概念之"源"

只有理解某对象的形成路径,才能认识其本质。宋代朱熹有诗云:"半亩方塘一鉴开,天光云影共徘徊。问渠哪得清如许? 为有源头活水来。"为使数学核心概念、思想方法教学真正取得事半功倍的效果,探索数学概念之"源"、理解数学概念的形成背后的逻辑体系,是必然之法、应然之举。

数学不仅是一门严谨的、追求逻辑的学科,也是一门文化学科。所有数学概念和规律背后都隐藏着丰富多样的文化内涵,因此,教师在研读教材时,主要目的应该是以更简单、更容易接受、易于学生理解的方式,分散浓缩知识,提炼出数学概念。教师应该明确每章知识中嵌入的核心知识和中心概念,从而把握该章知识的精髓在哪里,再将教材中包含的核心思想呈现给学生,准确把握数学概念的本质。数学概念的本质核心,是让学生摆脱被动,体验知识创造的过程,加深对知识的理解。否认文化内涵的数学必然是没有生命力的数学。

以"百分数"这一数学概念的教学为例。教师通过创设情境的方法展开教学:马上学校要举办今年的校园运动会,在跳绳的项目中,四年级学生共有 450 人,有 200 人达标;六年级共 480 人,其中 230 人达标,哪个年级达标的情况更好一些? 是根据什么判断的? 学生思考后会出现不同的答案,教师从中选出代表来主动分享自己研究的过程和结果,组织学生对该问题进行进一步的交流和讨论。

再如,"负数的认识"。很多时候我们知道在教学中要把握"具有相反意义的量"的实质,但在具体操作上却没有给学生追本探源的探索机会,导致学生会硬生生地接受负数的概念。相反,请看下面负数的概念引入过程。

案例:负数的认识

1.自主创造,引出新数

师:同学们,什么样的人是"fù"翁?

生 1:有很多钱财的人。

生2:有很多知识的人。

师:我认识一个负翁,别人一点都不羡慕他,想知道他是谁吗?

生:(齐声回答)想。

师:好,我们就请出这个负翁[出示图4.2(1)图]。你看到了一个负翁。是的,这是一个欠债的"负"翁,大家理解的却是有钱的"富"翁[出示图4.2(2)图]。"负"和"富",读音一样,意思却截然相反。

(1) 　　　　图4.2　"负"翁与富翁　　　 (2)

师:像这样意思相反的例子,生活中有很多,你还能举一些吗?

......

师:看来,大家挺有生活经验的。现在,假设上面两个人的钱可以用"2亿元"来表示,根据你的生活经验,你能分别描述他们的经济状况吗?

生1:左边的"负"翁负债2亿元。

生2:右边的富翁拥有2亿元。

师:那他们的财富都用"2亿元"来表示,行吗?(不能)那大家能想个办法,清楚地区分这组相反意义的数量吗?

生1:我用"赚"和"亏"来区分。

生2:我是用"↑"和"↓"区分的。

生3:我用"+"和"-"区分。

师:有的用文字,有的用符号,外形不一样,但意思都是清楚的。

2.穿越历史,经典重现

师:为了区分这样具有相反意义的量,在历史上,数学家们经过长期的研究,创造了一些有趣的方法,你想知道吗?(想)让我们一起穿越吧!

播放短片,简要介绍从1700多年前我国数学家刘徽用红与黑两种颜色的算筹表示正、负数,到400多年前法国数学家吉拉尔用"+""-"表示正、负数的大致历程。

师:现在,大家会表示这里的"负"翁和富翁的财富各是多少吗?

根据学生回答，在图的相应位置分别写上"－2亿元"和"＋2亿元"，并介绍正数和负数及其读法。

……

教师通过创设"负"翁与富翁的具体情境，来激发学生调用生活经验去感知生活中存在意思相反的现象，并启发学生自主创造，以丰富概念感知，使课堂充满思辨与灵性，这是探索学生经验之"源"。同时，引导学生重温负数创造的历史，凸显文化课堂的品位与追求，并在观察、比较和选择中深化正、负数读写法的简洁性和合理性，这是探索教学知识之"源"。这样的探源，当然来自教师在教学设计中几次三番的"研精覃思"。我们相信："行远自迩"，只要在数学概念教学时精心研究，深入思考，基于概念的后续教学将从最近的概念出发走向深远的数学素养。

三、返璞归真，培植概念之"根"

数学是严谨的学科，就数学概念而言，"差之毫厘，谬以千里"。严谨的数学概念，容不得丝毫的差池，但严谨的数学概念展现的面貌也让学生"望而生畏"。北京师范大学钱佩玲教授曾在采访中提出："数学概念教学要慢一点，再透一点，让学生有足够的时间理解和领悟。"她强调的其实是概念教学最朴素的观点：以慢为快。概念教学的秘诀就是：花慢功夫在真问题上。学科的知识在真问题上，对待真问题，要追本溯源，只有领悟到本质的东西，才能在使用和践行过程中减少偏误。那什么是真问题？一节课，有重点、有难点，我们要突出重点、要突破难点。真问题的关键就在于难点！重点再重要，只要我们能够理解，那就已经是知识体系中的一部分，而难点，如果理解不了，云里雾里、恍恍惚惚的部分，才是"打硬仗"的部分，要彻底弄懂为止。概念教学在数学教学中具有举足轻重的地位，概念教学的扎实与否影响着学生对于数学本质的理解。怎样用适合学生的语言来"翻译"教材上严谨的数学概念，使课程形态的数学概念转化为教育形态的数学，是教师需要进行返璞归真的思考和设计的。

在教学的过程中，教师非常重视概念本身、概念的使用方法等，概念的本质却往往被忽视。结果学生无法理解该概念的基本含义，之后的学习产生了很多不便。多元化的教学方法能让学生在探究的过程中建立自己的概念，不仅有效地整合了三维目标，也让学生对概念进行了有效的认知，并推动其有效地内化。毋庸置疑，追寻一个概念之"源"对于培育概念教育的"根"有着重要的作用。随着认知能力的提高，对概念的理解就越深刻。

教学中要注意时刻紧扣概念的特点与基本特征，根据具体的情况和学生水平，灵活地选取不同的方式引入概念，并激发学生深刻感知概念的积极性。

（1）基于学生的已有经验导入新概念。由于数学概念高度的抽象性等特征，小学生较难理解这些概念,因此教学时应引入具体的情境和案例,来帮助学生连接已有的知识和生活经验,自然地展示、传授概念。以"分数的初步认识"为例,教师在引入概念之前,先引导学生把一张纸、一杯水、一捆笔等都平均分成三份,从而帮助学生理解每一份是"三分之一张、三分之一杯、三分之一份"等,再引出概念"这就是原来物体三等分中的一份"。最后再总结出"把（　　　）平均分成三份,其中的一份就是（　　　）的 $\frac{1}{3}$"的意义。

（2）通过连接旧概念和新概念来认识新概念。新概念的引入可以利用新旧概念之间的联系,通过一系列互动,通过新旧概念的认知冲突开展教学。例如,在"认识乘法"这节课中,为了着重引导学生在学习活动中经历乘法的产生过程,首先呈现多个算式,如 3＋5,3＋3,4＋4＋4,4＋7,9＋9＋9＋9,让学生通过分类,初步感知有一类特殊加法（相同加数的连加）存在。为了让学生对"相同加数相加太烦琐了"有深刻的体验,以问题引发学生体验为出发点:"多少个 2 相加得 36？请写出相应的加法算式。"学生在书写中逐渐表现出:"老师,我们写太多了,太烦了。""老师,咋这么多加数呢,太累了"……,当学生体验了相同加数的连加的烦琐时,教师适时提问"既然这么多相同的数用加法算式表示太烦,有没有简便的方法?"此时乘法就应运而生了。"36 是由多少个 2 相加的?"……,"18 个 2 连加可以用 18×2 表示。"这种体验激发了学生学习乘法的积极性,学生从中体会到乘法的简单性和好处,建立了加法和乘法之间的联系。

（3）通过实践活动了解新概念。在教学中,教师可以将日常生活中遇到的东西作为引导新概念的材料,通过动手实践引导学生发现新概念。比如,有余数的除法教学中,教师引导学生在小组里逐次把 9,10,11,12,13 根小棒平均分给 4 位同学,学生通过亲身体验,逐渐认识到:不完时会有剩余,但剩余的根数在这里只能是整数,从而理清了余数与除数的关系。

说起对概念的追本溯源,其实与数学史脱不了关系。所以,建议数学教师能再读读数学史。以史通今、博古通今,很多数学概念在历史长河中都能找到其产生、发展的源头。比如,小学数学中的"方程式"。"方程"这个词最早出现在公元 1 世纪的中国著名算术著作《九章算术》中,但当时是指含有多个未知数的一次方程组,也就是现在的线性代数课程中的线性方程组。本书第 8 章介绍了世界上最古老的联立方程的表示方法（系数分离法、矩阵法）和求解法（直除法、现行初等行变换法）。魏晋数学家刘徽在《九章算术注》中言:"程,课程也。群物总杂,各列有数,总言其实。令每行为率,二物者再程,三物者三程,皆如物数程之,并列为行,故谓之方程。"[①]意思是说,多个"物"列为多个"程",这些"程""并

---

① 傅海伦.中外数学史概论[M].北京:科学出版社,2007:253-260.

列为行"，构成了一个方阵，成了"方程"。当然，这样的数学史知识并非一定要在教学中体现，但对概念教学却起到了高屋建瓴的作用，对教师的深度教学会很有帮助。

学习知识，需要追本溯源。就像河流的源头一样，知识源头，是知识发源的地方，是知识刚刚被创造出来的地方。这里的知识浓度和质量极高，有丰富的底层逻辑和基础概念，当顺流而下，离源头越远，支流越多，混入的杂质也就越多。作为教师，应该有向源头走近的追求。学无止境，教无止境。数学概念随着学习的深入，理解也会越发深刻。数学概念往往是对其一般表象的浅显认识，随着数学学习的深入，又会对其产生新的、深刻的理解。在追溯数学概念的源头时，同样会"横看成岭侧成峰，远近高低各不同"。但"有备而来，方能胸有成竹"，追本溯源的概念教学需要教师在理论和实践中"路漫漫其修远兮，吾将上下而求索"。

第二节 会其神：领悟概念本质

知其意、会其神，应该是人与人、人与物之间理解的至高境界。这里借用文学上的例子来说明"心领神会"的表现。其一，在中国古代的文化中，折柳意味着"珍惜告别"。在《诗经·小雅·采薇》中，有句"昔我往矣，杨柳依依；今我来思，雨雪霏霏"。有些人认为：因"柳"与"留"谐音，表达依依不舍的挽留之情，也有人认为柳树"插柳成荫"，因此"折柳"是祝愿，希望朋友到了异地，一路顺风，一切顺遂。其二，有故事说：苏轼和他的朋友佛印僧人在游览时，东坡指着岸上咬骨头的狗，佛印便将手中题有苏东坡诗句的蒲扇抛入水中。两人对视一眼，哈哈大笑。原来，两人对了一副哑联，苏轼第一句是"狗啃河上（和尚）骨"，佛印第二句是"水流东坡尸（东坡诗）"。学习数学的概念也是如此。

"万物得其本者生，百事得其道者成。"数学概念是数学的根本，在建构数学逻辑、学习数学知识上都有着举足轻重的作用，也是数学思维的出发点，把握概念的核心就是要把握教学的重点和难点。概念教学应紧紧围绕概念内涵的核心来组织和开展教学活动。概念教学的核心是"概括"。通过把浓缩为数学概念的思想打开，对典型丰富的事例展开观察，分析每个事例的特点，抽象概括每个例子的共同本质属性，归纳推导出数学概念。对于小学生而言，他们的生活经验、逻辑思维都较为有限，但对数学概念的本质理解却不能降低要求。概念的获得有两条路径，一为"熟习"，二为"领会"。"熟习"需要与概念长期相处磨合，长期相处不断增进理解，才会习得概念；"领会"则需要对概念本质深刻透彻理解，才会掌握概念。

一、关注经验,在淡化形式中领悟本质

数学概念是数学学科的精髓和灵魂,是数学知识系统的重要组成部分,是发展思维、培养数学能力的基础。因此,数学概念教学应该是数学教学中的重中之重,在重视的同时应意识到概念教学的本质。数学概念有很多的来源,有的是从实际生产、生活中的发现抽象产生的,也有的是根据数学自身的需要而构造出来的。还有一部分结合了以上两个因素,由生活实际产生,又根植已有的逻辑与知识。但无论是哪一种概念产生的方式,在教学时都必须结合学生的认知特点。对于小学生,关注学生的生活经验,淡化概念的描述方式,才能帮助他们更加有效、高效地理解概念的本质。数学中概念一般用描述性的语言文字进行表达,但这些表达不一定是严密的,如线段、代数式、小数等。想要彻底地掌握这些数学概念,进行合理的判断、推理、证明,有时不仅仅是依靠概念的内涵就可以实现的,还需要充分地理解并掌握文字之外的概念本质。教师在教学中应该时刻意识到,叙述本身并不是帮助掌握概念的要点,有些概念只要让学生认识并理解,帮助建立严谨的数学思维,不妨碍后续的学习就可以。在之后更深的学习中,学生随着对该概念认识的不断深入,就会慢慢准确把握的。这本身也说明概念学习和理解不是一蹴而就的,是需要一个循序渐进的过程的,有点"路遥知马力,日久见概念"的意味。

所谓关注学生的生活经验,实质上就是要创设学生"看得见、摸得着、想得明白"的概念学习情境和学习方式。包括创设学生熟悉的感性经验情境,设计精致的学生动手操作的活动等,使概念学习由形象直观发展为抽象概括。所谓的"淡化概念",是指教师在教授数学概念的时候,不刻板、生搬硬套地处理概念,在概念的严密叙述上花太多的功夫,而是改变表述形式,抛弃过分追求形式化的教学方式,将重点放在引导学生理解概念的本质。

例如,在五年级数学"体积与容积"的教学中,在教科书中是这样描述"体积与容积"的数学概念的:一个物体所占空间的大小就是这个物体的体积;容积就是一个物体所能容纳的空间。作为学生学习体积的入门内容,这时学生可能还无法彻底地理解这两个抽象的概念,但是他们对"空间"和"体积"有直观的理解,能够明白"这个杯子能装更多的水""这个笔盒比那个书包小"等现象。此时教师不必拘泥于概念的措辞,要求学生记住或背诵空间、容积的精确定义,这些对学生的理解帮助不大。而是应该立身于学生的亲身观察和实际经验,例如经典的乌鸦喝水的故事,由此指出石头占据空间并具有体积的事实。

在《从体积的定义说起》中,张奠宙教授说道:"小学数学的体积教学,不要在'什么是体积'上做文章。要在体积所具有的特征上下功夫,力求触及数学的本质,增进五年级学生对体积意义的理解。"体积是对物体三维空间大小的一种度量,想要认识并掌握体积的本质属性,教师应该在教学中设计递进的教学环节:首先带领学生直观感受物体的大小能

被看作占有空间的大小；之后递进到引导学生直观比较两个物体体积的大小；最后教导学生根据单位来表达体积的大小。经过这三个层次的活动，学生逐步建立起空间观念，接触到"度量"的含义，为之后进一步的学习铺好道路。

二、重视感知，在归纳概括中理解本质

数学概念的来源可以分为概念形成和概念同化两种。前者是由具体案例和学生的实际经验中抽象出某种事物的本质特征，从而获取概念；后者是告知学习者某种事物的定义，再通过人们已有的相关知识的信息来解释和阐述新概念，获得新概念。由此看出，不管是概念形成还是概念同化，都离不开知识相互关联、牵引的能力，都与"概括能力"息息相关。教师在教授概念时，应该重视抽象与概括的重要性，通过分析具体例子或已经存在的知识体系来发现事物的本质性质，摒弃非关键特征。小学生的数学认知结构比较简单而具体，数学知识比较贫乏，概念的获得更多依赖于概念形成——从大量同类事物的不同例证中发现共同的关键属性。

概念的形成需要有一个举三反一的过程，"举三"指的是丰富的例证，"反一"就是指对不同例证中共同属性的概括总结。形形色色的实例中蕴含了概念本质、非本质的属性，教师应提供给学生数量恰当的例证，以帮助学生甄别哪些属性是共同的，哪些属性是个别的，哪些属性是本质的，哪些属性是非本质的。"反一"过程能否顺利进行，依赖于"举三"的环节，只有足够的合适例证才能使学生的抽象概括顺利进行。因此，提供丰富的例证，帮助学生形成丰富的表象是概念形成的基础。在学生形成概念表象的基础上，教师应引导学生及时对各个例证模式中的共同属性进行比较，并从共同特征中抽象概括出本质属性。

数学概念在阐述时很难一步到位，教师在教授数学概念时，可以将内容设计出不同个层次，采取渐进式的课程设计。例如，在复习"小数的认识"时，教师就可以采用这样的循序渐进、逐步提高的课程设计。这部分的教学绝不能只停留在对小数概念的含义和性质的理解上，除了要让学生认识"把整数 1 平均分成 10 份、100 份、1 000 份……这样的一份或几份就表示十分之几、百分之几、千分之几……""一位小数表示十分之几，两位小数表示百分之几，三位小数表示千分之几……"之外，教师还要重点引导学生建立小数与分数的联系，认识到有限小数其实就是不带分母的十进分数；建立小数与整数的联系，认识到在有限小数中相邻两个计数单位之间的进率也是十；拓展学生的小数认知体系，使学生脑海中有小数还可以分为有限小数、无限小数（无限循环小数和无限不循环小数）的概念。在经过这样的渐进式学习之后学生才能真正地认识小数，使学生不但知其然，而且知其所以然。又如，学生对"小学阶段的数到底是分为整数和分数、整数和小数，还是整数、分数

和小数"一直都模糊不清,有了对小数与分数关系等的认识,学生发现所有的分数都可以化成小数,只有无限不循环小数无法转化成分数,让学生自己发现并意识到"数可以分为整数和小数"的知识。建构体系(图4.3),在归纳整理中巩固与拓展概念。

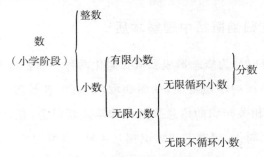

图4.3 小学阶段数的分类

三、咀嚼反刍,反思内省深挖本质

反刍原本是一个生物学概念,是指动物胃内的食物重新回到口腔内再次咀嚼的行为。在概念教学中,援引"反刍"这一术语,旨在增强教师概念巩固与拓展教学的意识。反刍式教学是一种"粗后精"教学,这种教学注重数学概念的再次思考,甚至对概念再次进行深度探究。反刍式教学有助于教师对概念的本质内涵进行慢慢领悟,进而充分地汲取概念本质。

例如,在"三角形的高""平行四边形的高"等概念教学后,教师要引导学生对"高"的概念进行再思考。教师可以将同一个三角形的不同高、不同三角形的不同高、平行四边形的两种高、梯形的一种高等一一展示出来,将学生的思维聚焦到"高"的垂直本质上,这样学生就会认识到:尽管图形形状不同、大小不同、位置不同,但是高都是从一点到另一条边之间的距离,在平行四边形或梯形中,高都是两条线间的距离。概而言之,都是距离,距离才是高的本质要素。有了这样的反刍思考,学生将"点到直线的距离""两条直线之间的距离""图形的高"等概念联系起来,形成了距离的概念。建构了距离的概念,学生在学习"认识梯形"时,就能自主地思考、探究梯形的高,从而认识到"梯形有无数条高,就是两个底之间的距离",这样学生对高的理解就走向了深刻、走入了本质。

四、遵循规律,在文化弥漫中升华感悟

数学是对真的探索,是对善的发现,是对美的追求。

小学生的思维水平处于从形象思维为主向抽象思维为主的转换时期,而许多的数学概念具有较强的逻辑性和较高的抽象性,所以概念教学需要遵循学生的认知规律,由易到难、从具体到抽象,联系学生已有的知识经验,通过动手实践,在操作中感知表象,在感知

中归纳概括，从而上升为对事物本质属性的认识和理解。

"折线统计图"是统计与概率领域的统计概念课。折线统计图的定义是什么？折线统计图的本质有哪些？数学教师要如何带领学生独立、深入地感受折线统计图的特点的本质？大部分教材这样定义折线统计图："以折线的上升或下降来表示统计数量的增减变化的统计图，叫作折线统计图。折线统计图不仅可以表示数量的多少，而且可以反映同一事物在不同时间里的发展变化情况。"作为教师，我们对这样的叙述表达非常熟悉，但对于小学生来说，这是一个相对抽象、难以理解的概念。我们如何引导学生真正理解这句话的含义，从而真正理解折线图本身作为一种统计方法的特点呢？

来看看下面的教学案例。

教学片段：折线统计图

首先出示某风景区游客数量的统计表与条形统计图[图 4.4(1)]，然后带引学生观察图表，发现重要信息，对特点进行总结。复习条形统计图的读图方法和特点，为学习折线统计图作铺垫。接着形成折线统计图。利用课件动态展示直条变细、变点的过程[图 4.4(2,3,4)]。

师：同学们，变成这样之后还能看出游客的数量吗？

生：能。

师：那我们现在把图上的点用线连起来会变成什么样呢？在脑海里想象一下，和老师一起比画一下。

师：很好。现在如果把比画的线画下来，就形成了一种新的统计图[课件展示连点成线的动态过程，如图 4.4(5)]，叫作折线统计图。（板书课题）

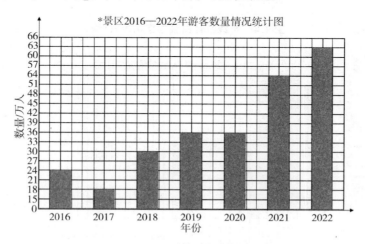

图 4.4 折线统计图教学案例用图

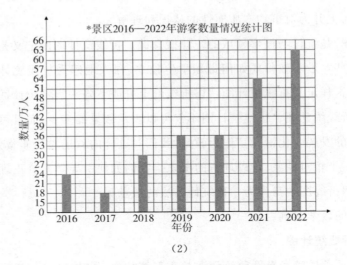

（2）

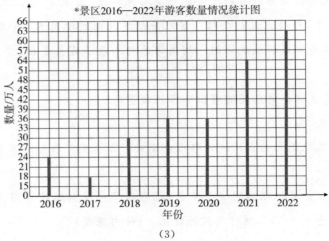

（3）

图 4.4 折线统计图教学案例用图（续）

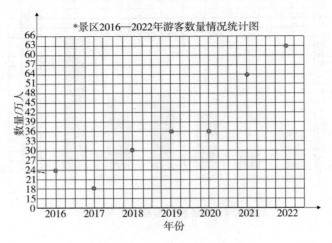

（4）

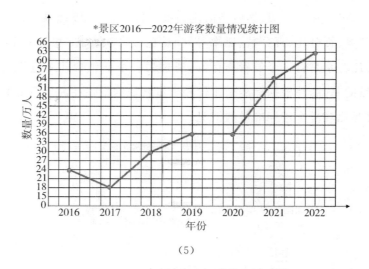

（5）

图 4.4 折线统计图教学案例用图（续）

新概念的引入，是对已有概念的延续、发展和完善。通过在条形图的基础上生成折线图，能发现折线统计图不是"凭空出现"的。在这部分教学中，通过动态演示折线图"点—细线—连线—成线"的过程，让学生意识到这是自然而然产生的。这样，在条形图的基础上确定新旧知识的连接点，这也为以后分辨两个统计图之间的关系和差异奠定了基础。建构主义理论认为，当学生在现有知识和经验的基础上学习新知识时，学习会变得更有趣、更简单，知识结构也会较为深刻和牢固。在学生已经学习了柱状图的基础上引入折线统计图，知识就会像"线"一样有机地联系起来，而不仅仅是分散的"点"。

五、建构体系，在联系比较中深化理解

在概念构建的过程中，学生往往能发现该概念的特性本质，但要真正理解与体会，离不开从概念体系和知识结构的角度把握概念的属性。想要学生达到在概念建构中，整体明确和把握概念，教师需要在教学中指引学生构建概念体系，并将新概念融合进他们已有的概念体系和结构中。通过提取概念的基本属性并抛弃非基本属性，达成概念教学的整合和延伸，加强学生对概念的理解。

"有比较才有认识。"许多理论性和抽象性较强的数学概念与规律，都需要通过比较来确定相关联事物的共同点和差异点。在教学中，教师应该将新教授的数学概念或规律与学生已知的具体事物或概念进行比较，引导学生理解概念、掌握规律，学生学习的兴趣往往会较高，这也符合"最近发展区"理论。数学中的比较涉及很多类型，例如数量大小的比较，整体与个体的比较，以及数学性质的比较等。在小学阶段，最常出现的是数量大小的比较和整体与个体的比较。就知识而言，比较关系可分为以下几个层次（如图4.5所示）。

首先是差异关系,出现在一年级;然后是倍比关系,出现在二年级;然后是三四五年级教材中出现的比率关系(百分比、百分数、比率等)。就比较方法而言,相差关系是两个数量比较谁大谁小;倍比关系是将一个量看作标准,通过另一个量包含几个量来衡量它的大小。确定标准是比较的基础,并根据标准来比较和衡量其他的量。在高年级的数学学习中,出现了分率,也就是比较量小于标准量的情况。

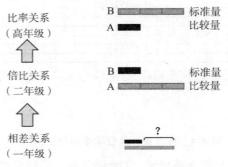

步骤:要确定"标准",按照"标准"去分。

图 4.5　比较的关系

倍数的概念是小学数学中的一个基本概念,同时也是一个出发点。倍数的概念建立在乘法的意义之上,又是之后三类应用题的核心与基础,与整个小学的数学内容密切相关。如跨越不同年级的除法、百分比、比例等知识,都需要建立在正确理解倍数概念的基础上。比较是倍数概念的核心,因为倍数本质上体现了两个量之间的比较关系,是在实际教学中从"几个几"逐步抽象出来的数学概念。比较的关键是确定一个"标准",将标准量看作一个"单位",通过计算比较量有几个(或几分之几)该"标准",来确定两者之间的倍比关系。只有当学生对比较的本质、比较的意义和比较的方法有了清晰的认识,才能真正理解倍数的概念,正确解答所有与倍数有关问题,彻底理解比较中的价值。

"倍数"的概念对小学生来说是抽象的、陌生的。在教学中,教师要认识到该概念实质上体现了两个量之间的比较关系,是用其中的一个量作为标准的相互比较,表示的是两个数的比率,描述的是两个数量间一种比的关系。比被看作两个数量之间进行比较,比的前项与后项之间存在的相互关系也就是倍数关系。在小学数学中,一般当商大于 1 时,说被除数是除数的多少倍;当商小于 1 时,说被除数是除数的几分之几或百分之几。

"倍数"概念之后还会陆续学习分数、百分数、比等概念,对解答有关倍、分数、百分数、比的应用问题时都有重要作用。在相互比较中,"比较量"除以"标准量"等于"比率",是比较量和标准量的比较关系。根据这个关系,利用反向思维可以看出,"标准量"乘"比率"等于"比较量","比较量"除以"比率"等于"标准量"。所以,分数既可以表示一个具体的数,也可以表示两个数之间的关系,可以表示率也可以表示量。百分数与分数不同,只能表示两个数之间的关系,也就是率。

因此,分数、百分数、比都可以看作对整数"倍"的扩展,概念的本质与"倍数"相吻合,所以"倍"概念的建立具有重要意义。

第三节 通其用:感受概念价值

概念是判断、推理的基础,又是判断、推理的结晶。学生对概念的认知,不只是停留在理解的层面,还必须学会灵活应用。只有通过实际的综合实践应用,学生所学的概念才能得到真正的巩固与拓展。漠视概念的应用,学生获得的概念将会成为"死"的"木乃伊",不能成为"活"的"泉源"。概念的形成是从具体到抽象的过程,而它的应用正好相反,是一个从抽象到具体的过程。概念的使用可以让学生加深、联系和整合他们对数学概念的理解,通过对概念的具体应用,学生不仅可以理解概念的深刻含义,还可以建立概念思维,增加数学学习的思维深度、灵活性和创造性。

理解概念的目的在于运用,提高学生运用概念解决实际问题的能力。学生通过合理地利用概念,对生活中的实际问题进行比较、分析、整理等,运用概念分析和解决问题,从而深化概念的本质属性。波利亚指出,"学习最好的途径是自己去发现",概念教学中教师要多给学生创造机会,合理引导学生发现新事物、形成新概念。一旦建立了概念,为了达到熟练使用的目的,就可以引导学生使用灵活多样的方法,针对学生的问题和困难从不同的角度进行训练,启发学生通过比较、推理、分析、交流等思维过程进行探索。数学认知理解水平包括三个层次:其一,操作性理解,即学生懂得了数学的基本概念、原理和方法,能够运用所学知识解决一些识记性与操作性步骤比较强的简单的问题。其二,关系性理解,即学生对数学知识的本质有比较深刻的认识,能够把握数学知识之间的内在联系和规律,能够运用所学知识解决一些综合性问题。其三,迁移性理解,即学生深刻理解数学知识,能够将数学思想、方法以及所学数学知识迁移到别的情境,能够灵活运用数学知识解决问题[①]。事实上,操作性理解、关系性理解、迁移性理解是一个不断转化、交融相合的过程。在操作性理解的基础上,厘清概念的本质后,就会达到关系性理解;在关系性理解的基础上,丰富问题的应用背景后,就会跃升到概念的迁移性理解。概念教学也多以操作性理解为基点,以迁移性理解为目标,不断迈进。

---

① 陈柏良.数学认知理解的三个层次[J].数学通报,2012(6):9-10.

一、着眼整体,在多重意义中贯通本质

布鲁纳说过:"获得的知识如果没有完整的结构把它们连在一起,那是一种多半会遗忘的知识。"这句话诠释出了认知结构的基本原理,也即每一个知识的学习建构都需要与已有的知识结构体系进行对接,每一个概念的理解都与已有的认知结构息息相关。

人类历史上最早产生的数是自然数(非负整数),由于度量与均分的实际需要,就引入并使用分数。"分数",拉丁文是 fraction,来自 frangere,是打破的意思;汉语中的"分"也是分开、部分的意思,我国古代把分数叫作"命分"。① 分数这个名称直观而生动地表示这种数的特征。1 800 多年前,我国的数学专著《九章算术》中《方田》篇里就讲了分数四则算法。

在小学数学中,分数常常被认为是最复杂的数,理解分数的意义和性质是小学生数的概念发展的重要里程碑。分数具有"份数""商""测量""运算"以及"比"等不同层次的意义。根据学生年级的不同,教材对分数的不同意义进行了不同体现。对分数的五个不同层次意义的理解,是真正理解分数本质的关键所在。② 对分数的意义分析表明,一个分数可以表征很多种相关但不同的意义,而掌握分数概念的重要标志是理解分数所表征的这些相关但不同的意义③。因此,在分数教学中应当对分数不同意义都有所重视,并在整体的知识结构上进行准确的把握。

自然数在现实世界中可以找到对应的实物数量进行比较理解,而分数的产生就没有那么直接。分数虽仍需以实物为基础,但要以"平均分"为前提,通过对一个物体(三年级上册)或一个整体(五年级下册)进行平均分,得到相应的份数,然后在份数与整体之间建立联系,才产生了分数。这是分数的实物意义的份数定义。学生对分数的认识,本质是建立在"平均分——份数"的基础上,这是自然数与分数的连接点。教材中都使用了实物(分月饼)的情境,这样的实物操作可以帮助学生形象地认识和理解分数这一抽象的新数。份数定义的分数意义主要表示的是部分与整体的关系,这也是这一定义的核心所在。

数学概念是数学系统的根本,对数学概念的深刻理解和掌握,是小学生学习数学的基石,是形成抽象概括能力和数学素养的重要工具,也是形成正确数学观的充分保证。根植于知识本质的教育是实现培养数学核心素养目标的基础,而教育目标的实现最终都需要在教育和学习的过程中实现。

1.分数"份数"的意义

① 人民教育出版社小学数学室.基础数学[M].北京:人民教育出版社,2013:86.
② 章勤琼,徐文彬.论小学数学中分数的多层级理解及其教学[J].课程·教材·教法,2016(3):44-46.
③ 倪玉菁.五、六年级小学生对分数的意义和性质的理解[J].心理发展与教育,1999(4):26-30.

根据教材的安排，小学生在三年级上册首次接触分数的概念，认识概念的出发点多以实物操作为基本方式。在学习平均分的基础上，加入整体的概念，理解与整体相比较部分也可以是一个数，这就是分数。分数作为一种全新的数，与自然数在现实世界中可以直接找到对应的数量不同，分数的产生需要有一个前提：对整体进行平均分。因此，"份数"的定义与平均分这一实际操作有着直接的联系，更多强调的是实物的意义，这可以帮助学生更形象地认识并理解分数这一抽象的新数。这体现的是分数"部分—整体"关系的意义，或者说是"份数的定义"。张奠宙认为，"分数的份数定义可以作为起点，但是，不宜过分强调，应该迅速向更抽象的分数定义转移"[①]。到五年级下册再次学习分数的意义与性质时，小学生已经可以用更丰富的方式如语言与图像来认识更加抽象的分数概念。美国学者莱许等指出："实物操作只是数学概念发展的一个方面，其他的表述方式，如图像、书面语言、符号语言、现实情境等，同样也发挥了十分重要的作用。"[②]因此，基于整体的视角更深入地理解分数这一数学概念，还需要在教学中从其他角度对分数意义进行阐释。

2. 分数"商"的意义

事实上，分数的真正来源在于自然数除法的扩张，就是指两个整数相除的商。基于对商定义的理解，就是整数 a 除以整数 b 的商，可以用 $\frac{a}{b}(b \neq 0)$ 来表示。比如说，将 2 个物品平均分给 3 个人，这个问题需要用除法，但 $2 \div 3$ 的结果是整数不能表示的，需要用分数 $\frac{2}{3}$ 来表示。即两个数相除，就可以用分数来表示，分子表示被除数，分母表示除数，分数的"商"的意义侧重的是语言描述。

3. 分数"测量"的意义

分数"测量"是在实物操作与语言描述之外的另一种分数意义，"测量"更加关注的是图像、图形的意义，即通过图像或图形来表示分数。仍以 $\frac{2}{3}$ 为例，它是指"在数字线上，到 0 点的距离有 2 个 $\frac{1}{3}$ 单位的数"。分数不能像整数的"数数"的算法系统来操作，所以学生对分数"测量"意义的理解难点，主要是难以理解整数与分数的关系，与不能很好地处理从整数到分数的过渡。

4. 分数"运算"的意义

分数的"运算"意义通常与分数的乘法和除法相关。从运算的意义来看，分数的"运算"通常强调的是两个不同的事物之间关系或同一事物的放缩变化。如"苹果的数量是梨

① 张奠宙.分数的定义[J].小学教学：数学版,2010(1)：48-49.
② 郑毓信.分数的教学与数学思维[J].小学教学：数学版,2010(5)：4-6.

的数量的 $\frac{2}{3}$,若苹果有 40 千克,问有多少千克梨?"这属于不同事物之间的关系。再如"某手机品牌十月份生产手机 4200 部,比九月份增产 $\frac{1}{6}$,问九月份生产了多少部?"这体现的是同一事物的放缩变化关系。

5.分数"比"的意义

分数"比"通常可以看作两个整数的比值。但小学数学教材通常是先有分数的章节,再学比,这就导致学生在学习"比"之后才能进行两者之间的比较联系。虽然学生在开始学习分数时,不可能采用比的意义,但作为教师,必须要有"先见之明",要在分数的多重意义上形成整体上的理解。根据分数的份数定义,分数尽管可以表面地理解为一个整体的"一份或几份",但其实"比"的定义是将分数的含义进一步扩展。分数表示的是部分和整体之比,即"一部分和另一部分之比"。这里的"另一部分"既可以理解为一个整体,也可以是整体的几部分。利用此性质,分数可以进行约分与通分。另外,分数与自然数单一的表示方法不同,它具有无限个与其相等的分数,如 $\frac{1}{2}=\frac{2}{4}=\frac{3}{6}=\frac{4}{8}=\cdots$。

其实,正是分数"比"的含义赋予了分数不同的表示方法,也使得分数能进行各种运算。分数与比在数值上可以看作相等,但在实际意义上是有差别的,要在运算的过程中进行思考的甄别。例如,某篮球比赛中比分分别为 1∶3 与 2∶4,那么两场比赛相加的结果应该是 3∶7,而不是按照分数相加所得的 $\frac{3}{7}$。这也就是我们的教材中的"分数的基本性质"。

有很多时候,学生在学习过程中学到的多是操作性的活动,而不是深刻的理解。有些时候,学生掌握了计算分数的方法,但并不意味着理解分数背后的不同含义和产生的逻辑。分数概念与整数不同,教师可以引导学生利用"份数"的概念来理解部分与整体之间的关系。在这之后,渐渐掌握利用具体事物和语言解释之外,还可用抽象图形等表示和理解分数。最后,通过将分数与比率联系起来,帮助学生理解分数不同于整数的性质,理解和掌握分数运算。分数的意义作为小学数学教育中的难点重点,也是学生理解数字的重要环节。这部分的教学应注重从整体上帮助学生理解分数概念的数学本质,剖析课本布局内的线索,别具匠心地设计活动过程。

二、新旧关联,建立知识结构传达内涵

数学知识都是密切相关、环环相扣的。旧知识是学习新知识的基础,新知识的学习是旧知识的发展、转化和升华。这种理论同样适用于概念知识的学习,旧知识和新知识之间

存在"连续"的关系，因此只有在清楚地理解了旧的概念知识的基础上，才能更好地理解新的概念知识。在学习一个新概念后，重要的是要建立知识体系、扩展知识范围、比较和分析相似或相关的概念。

以小学数学中"三位数乘两位数"之后的课程为例。在学习了如何将三位数和两位数相乘之后，教师可以将乘法的概念扩展为一位数和一位数相乘、两位数和两位数相乘等。在理解和掌握了小数的概念的基础上，可以将小数、分数和整数的概念和性质进行结构化和比较。学习约分和通分之后，通过练习和思考来发现两者的差异和共性，特别是在四则运算法则的概念运用上的异同；在学习了素数的基础上，探究"为什么 1 既不是素数也不是合数"；在学习了"比"的基础上，扩展之前所学的关于"恒商的本质"的知识；在了解了长方体或正方体的体积的基础上，展开比较表面积公式。这样，通过扩展知识，我们可以进一步加强新旧概念之间的联系，巩固所学的知识并将其内化。

知识结构的整理，很多都以思维导图的方式呈现，对于概念，也可以称之为概念图。概念图具有结构性、关联性、简洁性、多样性，可以很好地呈现概念之间的关系。对所学的相关概念继续系统归纳整合，建构概念体系，以帮助厘清概念之间的关系，进而发展学生的总结概括能力。

在小学阶段，随着年级的升高，学习的概念会越来越多，概念也遍及"数与代数""图形与几何""统计与概率"等多个知识领域。譬如，数与代数有许多不同的领域：数、数字、数位、计数单位；循环节、循环小数、无限循环小数、有限小数等。图形与几何领域也可以有很多划分：对称轴、轴对称、轴对称图形、中心对称图形；周长、面积、体积等。统计与概率领域有：众数、平均数、中位数；频数、频率、概率；条形统计图、折线统计图、扇形统计图等。如果不对每个体系的概念进行分类整理，比较相似的概念就容易出现混淆或遗忘。所以，要及时进行相似或相关概念的整理归类，分析概念之间的异同。

我们以小数的概念为例，青岛版小学数学（五四制）四年级时认识了小数点、小数等概念，了解了小数的意义和小数的数位顺序表，并初步领悟了小数的读写；五年级上册时，学生了解了循环小数、无限小数、无限循环小数等领域；五年级下册时，学生解除了负数的概念。通过对学习过的小数进行综合整理，可以形成完整"小数"概念图（图 4.6），在新旧知识的关联中沟通了所学知识的内涵，达到深刻的整体性理解。

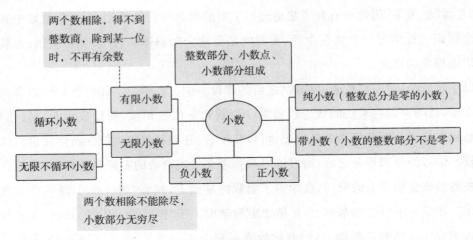

图 4.6 "小数"概念图

平面图形的面积属于"图形与几何"领域。小学阶段要求进行面积计算的图形有长方形、正方形、平行四边形、三角形、梯形和圆。数学课程标准中对这部分内容的具体要求是：探索并掌握长方形、正方形的面积公式，会估计给定简单图形的面积；探索并掌握三角形、平行四边形和梯形的面积公式，并能解决简单的实际问题；探索并掌握圆的面积公式，并能解决简单的实际问题。课标提出了"探索并掌握"的要求，重视公式的形成过程，将学生空间观念的发展融于过程之中。

长方形、正方形的面积用单位面积摆、铺来进行探索；平行四边形的面积是由"直接数"向"间接求"过渡的图形，在面积的测量中处于一个比较特殊的位置，其面积通过割、补转化为长方形的面积来推导，展现了将未知向已知转化的思考过程。三角形与梯形的面积也都以转化为线索，将两个完全相同的三角形或梯形拼摆成平行四边形。圆的度量标志着"由直到曲"的跨越，更是数学思想从"有限"进入"无限"的跨越。圆的面积公式推导采用了"印度圆"的方法，将圆等分后用插、拼的方式转化为长方形，让学生感受极限的思想[①]。综上，长方形的面积公式是第一阶层的概念，三角形与梯形是平行四边形的下一层概念。平面图形面积的概念图（图 4.7），可以使内容高度浓缩，知识之间关联性以及逻辑清晰可见。

---

① 马云鹏.小学数学课程标准及教材分析[M].北京:高等教育出版社,2016:182-184.

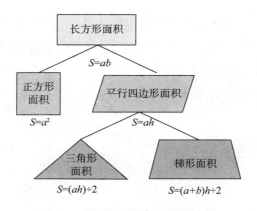

图4.7 "平面图形的面积"概念图

时间的认识属于"数与代数"领域中常见的量,在第一学段分三次编排,以青岛版教材为例,学生在一年级已经初步认识了钟表,能准确识别钟表上"整时""半时"这种特殊时刻;三年级上册的教学重点是认读钟面上的时刻,掌握时、分、秒之间的关系;三年级下册的教学重点是 24 时计时法,及更大的时间单位年、月、日。时间单位对学生而言是非常抽象的,时间观念的建立也需要一个过程。教师在教学中通过时间认识概念图(图 4.8),厘清概念间的逻辑关系,有利于理清教学思路。

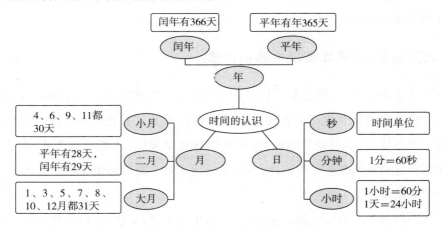

图4.8 "时间的认识"概念图[1]

三角形的分类属于"图形与几何"领域,三角形由三条边和三个角构成,因此从边、角两个维度进行分类。从角的维度划分,首先将角分类,由小到大依次为:平角、锐角、直角、钝角、周角。平角和周角无法构成三角形,医此三角形可分为:锐角三角形、直角三角形、钝角三角形。从边的维度划分,三条边的情况可能会有三种情况:三边都不等、两边相等、三边都相等,其所对应的三角形分别是非等腰三角形、等腰三角形、等边三角形。当然,也

---

① 王亚玲.基于概念图的小学数学教学[D].上海:上海师范大学,2018:23.

可以按照三边都不相等、至少两边相等将三角形分为:非等腰三角形、等腰三角形(等边三角形是特殊的等腰三角形)。在小学这部分知识是分学段学习的,教师要全面思考其逻辑联系,不断补充和完善概念图(图4.9)。

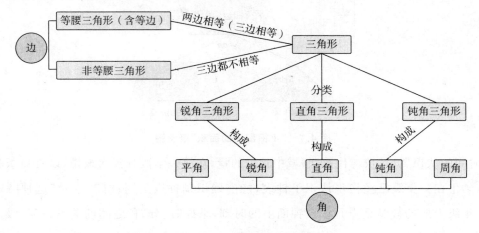

图4.9 "三角形的分类"概念图[①]

概念教学要帮助学生建立起知识与经验世界的联系,要尽量让学生从整个知识的结构体系中俯视概念,要让学生清楚地知道,概念从何处来、向何处去,让学生看到"庐山真面目"、看到"柳暗花明又一村"。

三、巩固拓展,在具体情境中感受价值

在小学数学的学习中,概念学习是很重要的部分。学生认识一些新事物是从它的概念开始的。数学概念是在学习的过程中经过探索发现并认知的,而不是一开始就有的。一开始学生学习数学、接触数学知识,是从数学概念学起[②]。由此可以看出,概念教学在这部分教学中起到举足轻重的作用,它不仅是构建了整个数学知识体系的基础,更是之后的学习中的基本单位。

以"质数与合数"的教学为例。在教学时,学生认识到:质数(也称素数)的本质内涵是只有1和它本身两个因数的数。但是,要想进一步深化学生对概念本质的认知,可以将"质数与合数"与"因数与倍数"联系起来,帮助学生建立"质因数"的概念。向学生拓展质数的意义和价值、质数在数学中的广泛应用、质数和其他数学概念之间的关联等。由此可见,对质数的认知可以远不止于教材上的内容,还可以往更深、更广的方向拓展,从而引导学生初步认识到质数的实际应用价值。当学生在学习"求两个数的公因数",但不能凭直

---

① 王亚玲.基于概念图的小学数学教学[D].上海:上海师范大学,2018:28.
② 杨召朋."产生式"对数学概念定义理解教学的启示[J].中国数学教育,2016(23):35-36.

觉判断两个数是否有公因数时，可以先让学生分别对两个数分解质因数，看看这两个数是否有公共的质因数，从而迅速判断两个数是否有公因数，也就是判断这两个数是否互质，学生就能深刻感受到质数的意义和价值。在后续学习约分、分数的加减法、乘除法中，学生运用这种方法可以判定一个分数是不是最简分数，学生更能体会到质数在数学学习中的广泛的应用价值。

综合实践应用应该是围绕教学目标设计的，旨在帮助学生巩固、拓展学到的数学概念。概念是一种抽象化的认知结果，但是对于学生来说，掌握概念并不是认识抽象化、形式化的概念结果，并不是背概念、记概念，也不是表征概念，而是能积极迁移概念、灵活运用概念。比如，在"比的认识"的教学中，有的老师就简单地把比等同于除法，从而出现把除法算式改写成比，忽略了比是表示两个量关系的本质。再如，简单方程的教学中，有的老师直接告知学生"含有未知数的等式叫作方程"，忽略了方程形成过程中丰富而又深刻的内涵。意义因人而异，这就意味着学习是每个学生自己的事，其他任何人都无法代替。对学生而言，需要完成自我建构，就要获得自我的意义、自我的需要。

获得的概念可用于重新识别本质和非本质属性，以及解决各类实际问题。例如，在掌握了圆的相关特征的基础上，通过将圆的本质去语境化的过程，将抽象的本质体现在实际的语境中，有助于学生对圆本质理解的进一步加深。知觉水平上的运用——举一反三，能够丰富概念的内涵。在小学阶段，由于受小学生认知水平的限制，概念大多仍然是描述性的定义，因此有必要通过应用来帮助学生明确圆概念的含义与其他概念的联系。思维层面的应用——加深概念的含义。将学到的概念应用于感知层面，可以起到识别和分类的作用。然而，在探究、发现学习的过程中，我们可以通过重新排列概念的组合，来解决更复杂的问题。

例如，在认识圆的课程之后，教师可以引导学生进入以下的问题情境：

（1）展示表演座位图：人们在观看表演的时候，总是不由自主地围成圆形，想想这是为什么？

（2）一群人一起吃饭的时候，围成圆形。这样的餐桌设置有什么好处？

（3）为什么所有的车轮都是圆的？做成五边形、三角形……可以吗？

教师不应该纯粹为了学习而教授概念。概念的教授应该是人类对文化创造、文化教学的不断探索和发现之旅。学生正是在学习概念中不断探索和交流，逐渐接触和体悟了这种数学的历史积淀。如果概念教学能启迪学生的智慧和人文感性的方面，数学在学生心中的本来形象就将不再可怕，那些"刻板"的、"无聊"的符号、定理、概念就不会再阻碍学生学习数学了。

第五章　多元表征:理解之神入

　　真理永远无法抵达,我们只是在追求真理的路上离真理越来越近。多

一种表征,就多一种认识真理的视角或可能性[①]。

——席爱勇

　　何为表征?《辞海》对"表征"解释为"揭示;阐明"。表,即"外显的"或"表面的";征,即"现象"或"特征";表征,即"显示出来的现象""显露于外的征象"或"表现出来的特征"。表征(representation)是知识在个体心理活动中的反映形式,是外部事物反射在内部心理的体现。因此,它既基于客观,反映客观事物,又是经过主观心理加工的产物。通俗地讲,表征就是用一个事物甲描述另一个相关事物乙。表征的表现形式多种多样,既包括具体客观的形象或物体,也包含抽象的符号和词句。通过表征,可以建立表达某些信息或实体的综合系统,并理解该系统运转的基本规则。因此,表征可以看作信息记载或表达的方式,或是理解为可以指代某类信息的符号或标志,当某一事物缺席时,它可以代表该事物[②]。表征有双重解释,通常它作为名词,以表示事物表现出的表层现象;同时也可以理解作动词,用来指"对事物本质的剖析和揭示"。另外,在认知心理学中,表征还代表客观对象在认知活动中的表现和记述方式。作为认知心理学的核心概念,表征一方面指认知活动的过程,另一方面也代表认知活动的结果。"表征"一词也被应用在认知科学、教育心理学等学科中,用来指通过某些物理方式或心理方式,表达某一种事物、想法或知识。表征可以看作对知识或问题的理解,是对信息的记载或表达方式。

　　在学术概念中,表征一般分为内在表征和外在表征两种。内在表征,指学习者进行某些想象、推测、演绎等内部思想活动;外在表征,指学习者表达出自己的想法,与外界进行互动、沟通与合作。内在表征(internal representation)是指头脑里的思想观念,这类将"信息在大脑中记录和呈现的方式"被称为"心理表征"。希尔伯特和卡彭特提出,内在表

---

①　席爱勇.数学多元表征学习的理论和实践[M].南京:南京师范大学出版社,2018:35.
②　杨盛春.知识表征研究述评[J].图书情报导刊,2012,22(19):145-147.

征是指学习者头脑中存在但无法直接观察的心智表征,以及学习者独特的心智结构。内在表征包括学习者个人的符号建构,既包含学习者的自然语言、逻辑建构、结构想象等,也指抽象符号的意义构建、解题策略等。内在表征也就是学习者在头脑中拥有的认知结构或者心智结构。希尔伯特(Hieberrt)和卡彭特(Carpenter)认为,外在表征(external representation)是指问题情境的成分和结构,其形态多种多样,包含语音、字符、数字、客观事物、内部心理活动以及实际情境等。其含义涵盖客观物体、数学符号、外部规则,事物的维度、抽象要求和边际条件等。外在表征作为一种信息记载的表现形式,以文字、符号、抽象图案、图片、具体事物、心理活动等形式存在,可以看作思想或者概念的具体体现①。

何为多元表征?多元表征(multiple representation)指同一个事物的不同表征形式。简威尔(Janvier)提出,在数学概念中,一个数学对象好比星形的冰山,每一个尖端代表一种表征形式,中心则表示该对象的核心概念。多元表征是指同一数学对象的不同表示形式,而代表整个对象的就是那座表征结构的星形冰山。欧比金(Erbilgin)认为,多元表征是指同时提供关于一个概念的信息的外部表征(多于一种形式)。一个概念的多元外部表征通常是观察者通过不同的角度、根据不同目的得到的。例如,为了能直观地感知到平行四边形的概念,需要画出它的图形,这属于图形表征;为了明确其本质与属性,则需要通过语言来表述,如"两组对边分别平行的四边形叫作平行四边形"或"一组对边平行且相等的四边形叫作平行四边形"等,这属于语言表征。这些不同的表征形式反映了概念的不同侧面,将两种及以上的表征方式结合到一起,使关于同一概念的不同信息有机融合,可达到对概念的全面、深刻理解。思法德(Sfard)提出,数学概念的标准既可以是一个静止结构性的内容,又可以看作"动态的、即时的和详细的概念"。例如,在学生眼中,"函数""导数"等概念的表征并非静止的、固定的,而是作为一种"过程——对象"的动态概念存在。这样的概念必然会有不同的表征。如函数概念主要的表征方式有解析法、列表法、图像法。

数学多元表征存在内外之分,即外在表征和内在表征。外在表征通常指的是符号,主要包括文字符号或图形符号。文字符号的表征被称为"叙述性表征",这种表征信息能够从任何一种知觉形式中获得,因而更加抽象;图形符号的表征也叫"视觉化表征"或"描绘性表征",这类相对前者更加具体,且与视觉的关联性较强(也能从任何知觉形式中取得)。内在表征是指存在于内部且无法直接观察的心理表征,内在表征也可以分为不同的类型。有些形式以深层的方式进行表征,组合规则更加宽松,相对而言更加抽象;有些形式以具体的方式进行表征,组合规则更加严格,是较为具体的形式。有些是个别的、外显的;有些则不是个别的,更加内隐。

---

① 唐剑岚.数学多元表征学习的认知模型及教学研究[D].南京:南京师范大学,2008:8-16.

根据学生的认知规律，数学多元表征学习被认为是引导学生深度学习的重要方式。该方式从根本来说，是根据心理多元认知对数学学习对象编码，在建立对应联系、建构逻辑体系的基础上，充分利用学生的认知规律，组织引导学生进行科学的学习。其是通过建构"内化—联系—外化"的生态系统，实现数学的深度学习，建立科学的认知机制（图5.1）。

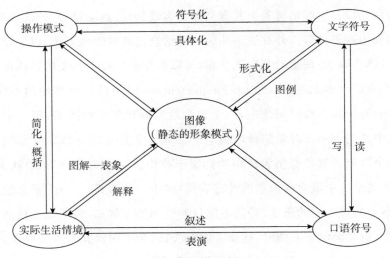

图5.1　多元表征

多元表征理论促使学生更明确地了解概念本质，多元表征的出现加强了概念之间的转换，将抽象的数学概念简化，丰富了数学概念的内涵与外延。在数学教学中，教师要以帮助学生实现深度学习为教学目标，在教学中有意识地促进学生数学知识的多元建构和数学表征的转换。为了提升学生数学的整体核心素养，教师也应该在学习对象的多样化呈现和数学内在表征的多元联系上多下功夫，重视数学表征可视化的重要性，为学生提供可视可感的数学思维。

第一节　动作表征：于手指间触感思维

英文单词"representation"一词，原是一个心理学概念，翻译成中文，字面意义为"表现、陈述"。在教学领域，"representation"的含义有了更多的延伸：它既包括学习者的内部活动，又包括学习者外在的思维形式；它是思维活动表达的过程，也是思维活动呈现的形式。可以说，"representation"涵盖了学习、交流与内容的多重形式。为了更好地体现它的丰富性，在教学领域，最终把它翻译为"表征"。

一些数学概念的定义需要通过动作来描述表征，这类通过动作反应对知识进行表征的形式被称为动作表征。例如,一年级学生在认识"位置与顺序"时,关于认识"左和右",需要教师提供动作表征的情境:请举起你的左手,用你的左手摸摸你的左耳朵等。在五年级学习"因数与倍数"时,用12个同样大的小正方形拼成一个长方形,问每排摆几个? 摆了几排? 用乘法算式表示自己的摆法或想法。著名心理学家皮亚杰指出:"儿童的思维是从动作开始的,切断动作与思维的联系,思维就不能得到发展。"通过组织操作活动,建立动作表征,可挖掘数学本质,理解数学概念。在动作表征中,学生的思维必须借助于实物或具体的物体的实际操作活动才能达成。小学生直观形象思维占主导,这也是在小学数学学习中要借助学具、教具、直观实物或模型进行教学的依据。诸如对图形的周长、面积等知识的概念理解和计算探索,多借助动作表征,让学生亲自动手实践操作,学生在触中感、感中想,从而形成并理解概念或公式。

研究表明,学生很难通过简单的具体实践,理解或发现某一个数学概念。作为成人的教师经常受自己视角的限制,高估了操作具体材料的价值。教师能够明白所呈现的数学概念或过程中体现的数学概念,但是学生很难理解。因此,在教学过程中教师应该时刻意识到这一点,主动地引导学生注意潜在的数学逻辑,帮助学生构建从实物到数学符号的逻辑飞跃。

数学教学的一个目标是:"体会数学知识之间、数学与其他学科之间、数学与生活之间的联系,运用数学的思维方式进行思考,增强发现和提出问题、分析问题、解决问题的能力。"[①]在学习数学的过程中提升数学思维,培养具备处理实际问题能力的学生,是数学教育的目标,体现了数学教育的价值。

全美数学教师理事会确定的《学校数学教育的原则和标准》中,将表征确定为五大过程性标准之一(其余四个为问题解决、推理与证明、交流、关联)。该文件将表征作为极其重要的一环,指出"表征既指过程也指结果",也对美国学前期到十二年级学生表征学习提出了具体要求,如"创造和利用各种数学表征组织、记录和交流数学观念""选择、应用和互换各种数学表征解决问题""应用表征模拟并解释数学中的现象"。小学生与教师之间交流学习,关注点集中在"这节课准备用怎样的表征方式,帮助学生理解概念""课堂上学生用什么方式进行表征""对这个问题,你是如何表征的?""理解他的表征方法吗?"教学中,非常重视数学表征的应用。上课前,教师会准备大量实验材料,以方便学生表征。其中,占比最多的是被涂上不同颜色的小积木,也有形状各异的卡片。教学中,教师首先会明确地告诉学生本次需要掌握的表征方法,在教授加法的课堂中,教师用小积木表征算式的过程和结果。同时,教师还会鼓励学生用个性化的创新方式进行表征,如个性化的动作、形状、符号等。比如在分配律的课堂上,通过摆正方形帮助学生理解分配律的概念,鼓励学生用小组合作、讲故事等方式，对学习内容有更切身、深刻的理解。

第二节 图像表征：用直观去解释抽象

布鲁纳说，教学是帮助人形成理智生长的一种努力[①]。图像表征包括读图、画图、动口表达、动手解决等理解活动，是符合青少年学生心智的，能有效地提高他们对数学学习对象的理解能力。借助图像表征能理解概念、算理，探索规律，获得策略，教学中可以设计图像表征促进小学生理解数学。

数学课堂应以理解学习对象为教学目标，为学生的已有知识与数学课程之间建立连接的桥梁。通过读图、体验、画图、互译等表征活动，促进学生的学习思维从单一的记忆学习向自主参与的探究性学习转变。图像表征是一种很重要的思维方式，能够帮助小学生进行学习知识的意义建构。

图像语言作为一种通过图像和色彩直观地交流信息、传达具体内容的视觉语言，可以使抽象信息和学习对象具体化。借助图像表征的教学，能够为学生提供支撑数学形式化和逻辑推理的具体情境和概念表象。图像表征包含图形、图像、符号以及文字等，这些多样的数学表示语言能够推动学习的相互转化，为学生启迪思路，创造一个自己主动思考的机会。在教学中加入图像语言，鼓励学生运用已有经验，将脑海中的逻辑推理用示意图、绘画、文字等形式表现出来，通过自主探索、发现与创造，体验和感受数学发现的过程。这是对现有的教学方式的创新、深化和再创作，是对数学理解有意义的心智活动。

一、借助图像表征理解概念

小学数学的概念教学中，想要学生理解和掌握所学概念，借助图像表征有重要作用。通过图像表征，可以建立抽象的数学概念与具体可见的图形之间的桥梁，丰富学生的感性材料，令理解更加简单。通过将数学概念中最本质的属性用恰当的图形进行表征，从而促进学生的数学思维发生"基于动作—基于形象—基于符号与逻辑"的转变，最终引导学生尝试用数学语言表征，为建构数学概念奠定基础。

例如，在教授"100以内数的认识"时，教师结合问题情境提出问题：74元钱可以怎么付？引导学生自主地用不同颜色的积木或纸片等代替不同面额的纸币，想一想有什么好办法可以让大家最快看出是74？在学生探索的过程中，先借助儿童熟悉的货币单位感受

① 马骥雄.认识心理学派看教学：浅谈杰罗姆·S.布鲁纳的教学思想[J].外国教育资料，1980(8)：29-35.

计数单位"十"；再让学生通过自己的探索看看有没有更好的办法，引导学生发现 10 根捆成 1 捆的必要性，帮助学生建立"以一代十"的概念；最后再通过写数、认识数位、说数的组成等，导出最终的知识点。从有形的实践过程渐进到无形的数学知识，积极地运用图像表征的优势，实现生活语言向数学语言的转化。

二、借助图像表征理解算理

小学低学段有相当部分的内容是数的运算，各种数的运算教学需要引导学生理解算理。有效运用图像表征的最终目标是学生学会自主学习，实现过程性目标。例如，在教授"8 加几的进位加法"时，激发学生从图像中发现问题，列出算式；再引导学生根据 9 加几的进位加法的学习经验，让他们将小棒图想象出来。之后让学生将他们脑海中的"示意图"画出来，最后展示算理图（图 5.2），引导学生思考：哪个图和哪种算法彼此匹配？"8，7，15"在图中是指哪一部分？"8，7，2，5，10"分别是小棒图中的哪一部分？"8，7，5，3，10"分别是小棒图中的哪一部分？

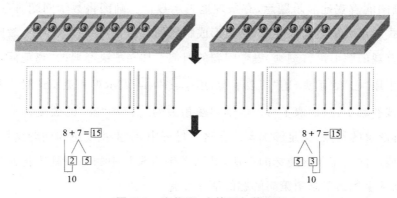

图 5.2 实物图、小棒图与算理图

三、借助图像表征探索规律

学生应该被鼓励自主探索数学规律，而图像表征正是引导他们创造性探索数学规律、树立起形和数辩证关系的有效方式。例如，在"9 的乘法口诀的规律"的教学中，引导学生观察百数表，仔细观察 9 的乘法的各个积（图 5.3），在讨论中发现：1 个 9 是 9，比 10 少 1；2 个 9 是 18，比 20 少 2……通过梳理概括出"9 与几相乘，就与几十相差几"这一规律。学生很难主动发现"9 乘几等于几十减几"这一规律，但学生在这样的情境下，通过图表观察数字，渐渐学会探索数学规律、发现本质。

1	2	3	4	5	6	7	8	9	10
11	12	13	14	15	16	17	18	19	20
21	22	23	24	25	26	27	28	29	30
31	32	33	34	35	36	37	38	39	40
41	42	43	44	45	46	47	48	49	50
51	52	53	54	55	56	57	58	59	60
61	62	63	64	65	66	67	68	69	70
71	72	73	74	75	76	77	78	79	80
81	82	83	84	85	86	87	88	89	90
91	92	93	94	95	96	97	98	99	100

图 5.3　探索 9 的乘法口诀

四、借助图像表征获得策略

画图是简单化数学问题的有效方法。在数学学习时，恰当选用线段图、示意图、集合图等，通过画图能直观地显示题意，有条理地表示数量。画图将数学问题具象化，以一种更形象的方式展示数量之间的关系，从而形成解题的思路。在数学教学中，教师应该培养学生形成用直观的图形语言刻画、思考问题的习惯。如在解决经典的"鸡兔同笼"问题时，可以引导学生用"○"表示头，用"∣"表示腿，用 🐔 和 🐰 表示鸡和兔。这时鸡和兔的其他一切属性都被忽略了，只抽取了与该数学问题相关的"头"和"腿"的数量特征，画出的"形象画"既具有形象的特点，又足够抽象。在这一过程中，学生主动感知问题情境，激发了学生的思维潜能。同时用包含趣味的手法，鼓励学生将头脑中的想象具体化并自主创造抽象表征，帮助学生积累了画图策略解题的活动经验。

第三节　符号表征：于抽象中凝练简洁

美国教育心理学家布鲁纳认为学习存在三种表征方式：动作表征、形象表征、符号表征，这三者之间存在一种严格的递进关系。"数"作为一种符号远远比"图"更抽象、更"高级"。比如在"小数乘整数"的教学中，创设生活情境提出问题：

（1）一种橡皮每块 0.8 元，买 3 块要多少元？

（2）一种橡皮筋每根 0.08 元，买 3 根要多少元？

利用学生熟悉的购物场景唤醒他们的生活经验和学习经验，对于 0.8×3 为什么等于 2.4 这个问题的理解，教师可创造机会让学生进行多元表征。

第一种基于加法意义:0.8+0.8+0.8=2.4(元);

第二种换成整角考虑:0.8元=8角,8×3=24角,24角=2.4元;

第三种利用图形和小数计数单位来表征(图5.4):

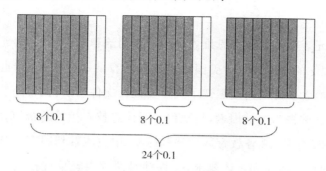

图5.4　小数乘整数

对于第二问的0.08×3,教师设问:

①你喜欢用加法计算吗?

②你喜欢换算成角分之后再计算吗?

这样,学生在多重表征的基础上进行比较、选择,从而对小数乘整数的算法进行优化,指向利用小数计算单位来思考更为简便。可见,计算的方法来源于多元表征的基础,计算的灵活性来源于数学理解。教学中要帮助学生建立多元表征之间的相互支持和彼此联系,促进数学理解的生成,这实际上是数学理解学习的一种持续动力。

现代心理学认为,陈述性知识主要是以概念、命题来表征的,而程序性知识主要以产生式来进行表征。表征的多元性有两层含义:一是不同类型的知识,表征的方式是不同的;二是同一个知识能用多种方式去表征。小学数学的学习中,具有多种表征方式:实物表征、动作表征、图形表征、言语表征、符号表征等。

皮亚杰认为,符号表征是认知发展的核心。从根本上看,符号表征是指个体用来代表其他事物的东西。符号本身就是在理解的基础上抽象产生出来的,理解的程度越深,符号表征越简洁、清晰。比如:在学习完长方形的周长之后,给出一个边长为5厘米的正方形图形,求其周长。学生的解法有三种:

(1)各边依次相加:5+5+5+5=20(厘米)。这说明学生理解了周长的概念,但没有真正理解正方形作为一种特殊图形所独有的周长的特征。

(2)利用长方形的周长来计算:(5+5)×2=20(厘米)。这说明学生对知识进行了迁移,但并没有真正内化进而找到知识之间的联系。

(3)由正方形的四条边都相等的特征直接简便计算:5×4=20(厘米)。这说明学生读懂了周长的意义,也看懂了图形的特征,根据乘法的意义一步到位。

第四节　语言表征：用感性去触摸理性

研究发现，多元表征能够促进思维力和创造力的培养。近年来，多元表征也逐渐成为西方数学教育心理学的研究热点，《美国学校数学教育的原则和标准》也将其纳为对学生的培养目标，并从概念学习的角度强调了其重要性。文件指出：在帮助学生理解数学概念及关系时，表征应该被视为关键因素，与现代电子信息技术相关的新的表征方式在教学中要重点使用[1]。2022年版《义务教育数学课程标准》中也能看到国家现阶段对于数学多元表征的应用提出的目标指向和具体要求，文件针对课程内容呈现指出："注重数学知识与方法的层次性和多样性。"相关教育政策文件多次强调多元表征进入小学数学教学的重要性，体现出多元表征的视角在进行数学概念教学和研究时的重要地位。

多元表征具体体现为信息或知识的多元外在表征，即对某一对象的信息有两种及以上的不同外在的表征方式。表征从不同的角度出发，可以分为许多类别。施诺茨（Schnotz）[2]根据表征符号的本质差异，将表征分为叙述性和描绘性表征两类。叙述性表征具体以口语、书面语言、符号语言等语言为主，有更强的逻辑性、概括性，相较之下更有助于学生逻辑思维的培养。描绘性表征则以照片、图画、图形等形式为主，这类表征更具直观性、具体性，倾向于培养学生的创新性思维。语言表征属于叙述性表征，在教学中更多体现为口语表征。教师教学语言指向诸如数学概念等数学知识的讲解时，其口语表征应符合小学生的知识基础、年龄特点，更应该促进学生对数学知识本质特征的深入理解和准确表达。

表征是客观事物在大脑中呈现的方式。语言是指人们用结构化的声音、书写、手势等方式与人们进行交流，也是一种思想性的表达，有表面的也有深刻的。语言表征是指语言在大脑中储存的方式，是学生思维条理化、概念内化的一个明显的体现，储存的方式可以分为形式和语义两类。

在课堂教学中，教师的语言很多就涉及语言表征，对概念的描述、公式的理解、法则的运用、情境的创设，都是需要教师通过语言来与学生交流的，甚至其他形式的表征都无可避免地需要语言表征的辅助。

小学数学概念多以描述性、定义性呈现，教学中教师也更多倾向于使用语言表征来讲

---

①　全美数学教师理事会.美国学校数学教育的原则和标准[M].蔡金法,吴放,李建化,等译.北京：人民教育出版社,2004,25.

②　SCHNOTZ W. Construction and interference in learning from multiple representation[J]. Learning and Instruction, 2003,13(2):141-156.

解数学知识,因为这种表征是最省事、最省时的方式,尤其是片面追求学生学习成绩的理念下的教学。但无论是只有语言表征的数学课堂,还是在语言表征基础上辅之以多元表征的课堂,不可否认的是教师语言表征应具备科学、准确、到位、通俗易懂等基本要求,教师教学语言的魅力也在于此。小学数学教师的语言表征应更追求精准、简洁、深入浅出。语言是思维的外衣、思维是语言的内涵,数学教学语言更应该引导学生用感性去触摸理性。

在"加法交换律"中,教师的教学目标是通过"猜想—质疑—验证—归纳"的方法,指导学生进入对加法交换率的探究,进而理解并掌握这个运算律。很多小学数学教师对这节课的演绎基本遵循这种教学思路,先是通过对具体问题的两种解答方法,指引学生观察结果发现:交换加数的位置结果不变,接着再引导学生举例验证阐明加法交换律的概念。在这个教学过程中,对于四年级的学生来讲,"交换加数的位置,和不变"其实早已不是"发现",也不能说是学生独立的"猜想",因为在此之前,学生已经了解该规律,并在加法计算和验算训练中,对加法交换律有了深刻感性的理解。像这样的教学活动,有的时候就是教师的自娱自乐,是教师一个人的独角戏。在举例验证中,学生的思维几乎缺失,在写例子时,早已认定"交换两个加数,和不变",所以对于像 $1+2=2+1$,还是 $40+56=56+40$,再有 $6\,789+123=123+6\,789$ 等,学生并没有去认真计算,他们大多只是在机械地学习,照搬知识,举例也漫无目的,甚至没有理解教师的本意是让他们通过计算进行实际验证。这样的教学过程,徒具其形、未具其神。

鉴于对以上教学现状的思考,"加法交换律"这节课究竟要教什么?对于"交换两个加数,和不变"的规律需要学生进行数学证明吗?还是只要求明白为什么"交换两个加数,和不变"的道理就可以了?在重读教材、重构课堂之后,渐渐形成了新的教学思路:将"验证"转变为"解释"。

1. 唤起经验、初步感知

首先呈现两组算式:

$5+8=13$	$8+5=$ _____ ;
$31+26=57$	$26+31=$ _____ ;
$306+139=445$	$139+306=$ _____ ;
$7\,189+811=8\,000$	$811+7\,189=$ _____ ;
$50\,780+13\,658=64\,438$	$13\,658+50\,780=$ _____ ;

师:你能快速算出第二组式子的得数吗?怎么算得这么快?

生:不用算,直接抄前面的得数就行!

师:为什么不用算,抄得数就行呢?

生:这两组题只是交换了加数的位置,得数是一样的!

这样设计,会唤醒学生已有的计算经验,进一步丰富和强化学生对"交换两个加数,和不变"的感性认识,为下一步深入研究和理性思考提供基础。

2.理性思考、领悟本质

(1)提出问题、理性思考

师:"交换两个加数的位置,和不变",这是我们平时常用的一个结论,那么为什么交换两个加数的位置,和不变呢?

(2)联系生活、建立模型

师:能不能用生活中的实际问题来解释说明呢?

生1:我有5个苹果,你有4个苹果,我们合在一起一共9个苹果;反过来,你有4个苹果,我有5个苹果,我们合在一起还是9个苹果。所以5+4=4+5。

生2:我们班有男生26人,女生24人,一共有50人;反过来,我们班有女生24人,男生26人,一共还是有50人。所以26+24=24+26。

学生讨论后举出很多实际的例子,在表述中学生的语言表征本质都指向两个加数交换位置后,和不变。

(3)形成结论、个性解读

师:从同学们举的例子来看,两个加数相加就相当于把两个部分合起来,不管是用这个部分加那个部分,还是用那个部分加这个部分,求的都是总数,所以和都是相等的。

师:如果这个部分是a,那个部分是b,那么我们就可以得到——

生:$a+b=b+a$。

这样设计,通过教师精准的语言表征,逐步引导学生在亲身体验的过程中,把学生的思维引入理性思考。教师在教学中层层深入追问"为什么交换两个加数的位置,和不变?""大家能想到什么现实生活中的例子,能够体现这个理论?"学生在举例的过程中发现:每一个加法算式都来自一个实际的问题,很多实际问题都能抽象为相应的数学问题。这两个算式中只是加数的位置不同,所表示的意思是相同的;两个不同的算式解决的是同一个问题,结果是相同的。在这样的引导下,学生在加法的意义层面上真正领悟了加法交换律的本质。这样学生经历了从现象到本质的探究过程,更获得了思维的发展,也为学习其他运算律打下基础。

简短的"加法交换律"的教学片段中,我们感受到了不同教学设计的前提是教师教学理念之下的"教什么"的深度思考,而"教什么"的课堂教学呈现是通过教师的精准语言表征展开的。所以,教师语言表征的准确性、导向性、效果性,是学生学习数学的直接引领者。教师语言的精准和实效，是非常重要的，是需要在教学实践中不断磨炼的。

第五节 数学表征：在自洽中转换转译

数学本身是一门抽象的学科，一元表征很难完全显示学习对象的内在和外在属性。多元表征理论对小学数学教学的设计具有重要价值。除了分析课程标准和教科书之外，基于多重表征理论的教学设计更加强调对学习情况的正确分析。多重表征的设计，能够帮助学生全面地、完整地掌握数学知识，建立完整清晰的知识结构，并促进深度学习的产生和数学素养的发展。小学的数学概念主要与小学生的生活经验有关，教科书中对数学概念的表述可以用各种方法来补充，如口头描述、图形展示或用一般语言来描述概念的基本属性。然而，数学概念的简单性使得学生或多或少依靠机械记忆来理解概念的语言描述。教学中或许强调了概念在解决问题中的应用，但却忽视了对概念来龙去脉的详细了解和对相应基本属性的探索。

表征是研究数学教学和学习心理的一种有力工具。研究数学学习、数学教学和问题解决的心理过程的问题，主要是研究数学表征的问题。表征不仅仅是一种过程，同时也是一种结果。含有相同信息的不同表征对学习者的认知能力要求也是不同的，不同的表征方式带给学习者的理解程度也是相异的。但学习者一旦对特定的知识获取了具体的表征经验，对知识的理解就变得具体而有效，当然这种具体性和有效性也与具体的知识相关联。但问题是，知识的原有表征并非以学习者的偏好而呈现，陌生的表征会给学习者带来一定的困难。所以，不同的表征是需要进行相互转换的，用适宜的表征去转换知识呈现的面貌，用简洁的表征去转译知识的深度理解，在各种不同表征中进行自洽衔接。

一、揭示数学：通过表征来学习

多元表征下的数学知识应该是丰富而全面的、深刻而通透的，是经纬交织而融会贯通的；多元表征下的数学课堂应该是居高临下而又深入浅出的；多元表征下的数学学习应该不像"拾麦穗"般的星星点点，而应像"滚雪球"样的越滚越多、越滚越坚实；多元表征下的数学教师应该是高屋建瓴地研究教材，探寻数学知识的本质，丰富数学知识的内涵，思考知识呈现的多元形态，加强知识间的联系，建构完善的知识体系。

多元表征，不是突出哪一种表征而抑制其他的表征，而是要在多种表征方式中沟通它们之间的联系，进行多种表征方式之间的转换。多元表征的真正目的和意义，是促进知识的深度理解。学生年级不同，知识内容不同，各种表征呈现的顺序和侧重点也就不同。此外，对于同一个知识点的学习，不同的学生会根据自己学习的习惯，倾向于不同的表征方式。所以，前期是对知识进行多元表征，后期应紧跟上在多元表征之间找联系。数学强调文字语言、图形语言与符号语言三者之间的转化。

数学多元表征来自两个重要的根源：数学本身和表征本身。基于数学本身，对于数学研究抑或数学学习，多元表征都是必要的。自从法国数学家笛卡尔引进了直角坐标系之后，代数与几何联姻，促使数学研究走进变量数学研究的时代。正如法国数学家拉格朗日曾说过："只要代数同几何分道扬镳，它们的进展就缓慢，它们的应用就狭窄。但是，当这两门科学结合成伴侣时，它们就互相吸取新鲜的活力。"对于数学学习而言，在教学实践中最能体现多元表征应用的就是数形结合的思想方法。数学家华罗庚曾说："数与形，本是相倚依，焉能分作两边飞。数缺形时少直观，形少数时难入微。数形结合百般好，割裂分家万事非。切莫忘，几何代数统一体，永远联系，切莫分离。"基于表征本身，数学表征是对数学学习对象的一个替代或一种表示。实际上，一种表征很难替代数学对象本身，也很难反映数学对象的本质特征。一种表征仅仅在适当的方式下才能反映被表征对象的某一方面的信息。比如，在小学数学中，经常运用实物、模型、图片、几何图形等视觉化表征来凸显具有数量关系的数学问题，但有些表征能把数量关系最清晰、最直接地表示出来。表征本身具有丰富的形式、互补的特点、变式的需求。比如，动作表征，可以是"用眼睛看"，可以是"用耳朵听"，可以是"用手摸或画"等，在表征"圆"的形状时，可以"比着实物画圆"，也可以"用图钉细线法画圆"，也可以"用圆规画圆"，如此种种。学生可以从动作上得到体验。

二、理解数学：通过表征来转换

1. 表征的流畅性

要想在多种表征之间自由转换转译，首先需要每一种方式的"表征流畅"。"为了将数学信息从一种表征方式向另一种进行转换，学生必须理解这两种表征方式。比如，为了将应用题成功地翻译成方程，学生必须对应用题有足够的理解力，以抓住其中表达的数量关系，他们还必须能够用代数的符号系统生成方程式，用来表达出这些数学关系"[1]。事实上，一个事物能够被多元表征，说明不同形式的表征之间都共用了一套"数学关系"，对此深刻理解就意味着在数与形、数与符号之间的转换是非常流畅的，这属于高水平数学的表现。这种数学能力需要教师在日常教学中注重表征的多样性。请看下面的例子。

例 修一条水渠，每天修 16 米，18 天修完，第一天修了 24 米，照第一天的进度，几天

---

① 罗伯特·西格勒.儿童思维发展[M].刘电芝,等译.上海:世界图书出版公司,2006:9.

能修完?

这属于工程速度问题。采用多种表征可让学生逐渐理解抽象化的表征方式。首先,可采取"矩形图",通过数形结合的方式来呈现题目中两对数量关系:每天修 16 米,18 天修完;每天修 24 米,几天修完? 这实际上是一个乘法结构,此消彼长。(图 5.5)其次,还可以建立二维图表,呈现对应关系,强调速度公式中两个因数之间的反比例关系,而这一步是可以对照刚才的图式看出这种关系的变化的。最后可以让学生用比例法来表示,并解释比例的含义,进而解决问题。

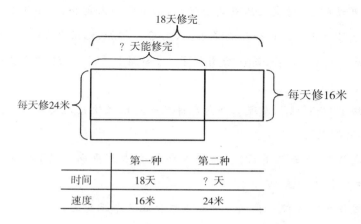

	第一种	第二种
时间	18天	? 天
速度	16米	24米

图 5.5 工程速度问题的矩形法和二维图表征

可以看出,画图是一种表征方式,并非为画图而画图,画图的出发点和归宿点都是分析数量关系,这才是核心。 所以只要能分析清楚数量关系,表征的方式可以是多种多样的,不同的表征方式,体现的是学生数学学习的高阶思维能力。但需要说明的是,让低年级的学生为解决一个题目画出多种图形或表征方式,是没有必要的,因为低年级学生还没有掌握抽象思维的精髓,对于如何寻找数学关系也还不熟练,教师应该尽可能地引领学生寻找简洁易懂的表征方式,如果直接给学生"高大上"的抽象代数式表征,这是不科学不合理的。

从学科知识结构走向学生认知结构,不是自然发生的,而是需要一个载体,这个载体就是多元表征。不断变换表征形式,就是对数学知识进行多元理解、多元编码、转换转译,建立数学认知结构的过程[①]。如"乘法分配律"的学习:

第一,根据实际问题,列出算式,比较不同方法之间的关系,这是实物表征;

第二,画图理解发现规律,这是图形表征;

第三,与同学说一说发现的规律,这是言语表征;

① 席爱勇,李宾.数学多元表征学习的理论与实践[M].南京:南京大学出版社,2018:10.

第四，选择一种合适的方法将规律表示出来，这是符号表征。

2.表征的迁移性

数学学习中有很多表征是可以迁移的，比如在"多边形的内角和"的探索中，"三角形面积"的探究方法就起到了正向迁移和负向迁移的双向作用。请看"多边形的内角和"的教学片段[①]：

师：请同学们回忆，我们是怎样研究三角形的内角和的？

生：用量、撕、折的方法。（学生逐一简述）

师：请大家开动脑筋，对桌上的五边形纸片，求出它的内角和，并小组交流。

生1：将五边形的五个内角分别测量出来，然后再相加，结果是540°。但是经过讨论，这种测量的方法一是烦琐，二是有时会有误差。［如图 5.6(1)］（这种方法是三角形内角和的正向迁移。）

生2：我们用了"撕拼法"，发现三个内角拼在一起已经快接近周角了，还有两个角，不容易拼。［如图 5.6(2)］

生3：我们发现折叠法也不行。（撕拼法和折叠法是负向迁移，但负向迁移会在受"堵"之后探索生成新的方法。）

生4：这些方法都不方便。我们是将五边形分成 3 个三角形，把 3 个三角形的内角和相加，就得到五边形的内角和了，就是 $3 \times 180° = 540°$。［如图 5.6(3)］

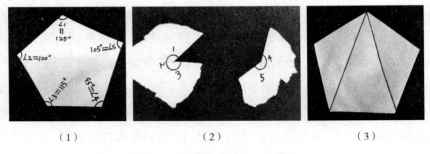

（1）   （2）   （3）

图 5.6 五边形内角和的探索

师：想一想，为什么要分成三角形呢？

生：把未知转化成已知，才能解决问题。

师：但 3 个三角形一共有 9 个内角，五边形不是 5 个内角吗？

生：那是因为三角形有的内角拼在一起就是五边形的内角，3 个三角形的内角合在一起就是五边形的 5 个内角。

师：看来，这个"分"很重要。他们是怎么分的呢？

---

① 王小波.高观点,让数学教学更多元:以"多边形的内角和"一课为例[J].小学教学参考,2019(8):7-8.

生 5:从五边形的一个顶点出发来分的。

生 6:我们发现,也可以从五边形的内部任找一点,将五边形分成 5 个三角形。而中间的多余的角正好是一个周角,这样就是 $5×180°-360°=540°$。

生 7:我们尝试从五边形一边上的任意一点来分,发现也是可以的。这样分成 4 个三角形,但多余出来一个平角,就是 $4×180°-180°=540°$。

从教学片段中可以看出,知识的表征具有迁移性,包括正向迁移和负向迁移,当然,负向迁移有时也会逐渐转向积极的正向作用。将五边形分成三角形,方法是多元的。

3.表征的归一性

多元表征趋向于知识表征的多元性,指向于知识的深度理解性,更应体现多元性基础之上融会贯通的归一性。仍以上面的"多边形的内角和"为例,学生探索将五边形分成三角形的多种方法如下:

(1)以任一个顶点来分,得到 3 个三角形;这 3 个三角形的所有内角都是五边形的内角,所以五边形的内角和是 $3×180°=540°$。

(2)以任一边上的点来分,得到 4 个三角形;这 4 个三角形的所有内角之和再减去这一边上的一个平角才是五边形的内角和,所以 $4×180°-180°=3×180°$。

(3)以五边形内部任一点来分,得到 5 个三角形;这 5 个三角形的所有内角之和再减去中间的周角才是五边形的内角和,所以 $5×180°-360°=3×180°$。

综上,无论是怎样分,最终五边形的内角和都是 $3×180°$,再探索六边形、七边形,以及 n 边形的内角和,就会发现并归纳得到 n 边形的内角和为 $(n-2)×180°$。从将 n 边形分成三角形的多元方法,到多种方法的融会贯通之后的归一。

4.表征的多元性与理解的层次性

数学多元表征是指将同一个数学学习对象用叙述性(言语化表征)和描绘性(视觉化表征)两种本质不同的多种形式表征。数学多元表征是数学学习的内容和载体,甚至是数学学习的方法;通过多元表征,不但能获得数学内容和方法,而且数学素养也会得到提升和发展。

数形结合是数学多元表征的典范。从表征的视角来看,数学中的"数"主要指言语表征,如文字、数字、式子、概念、性质、定理等;数学中的"形"主要指视觉化的表征,如实物、模型、图像、图形等。因此在数学学习中,对同一个数学对象,至少可以运用"数"和"形"的多种形式表征出来,这实际上就是数学的多元表征。数学表征的多元性与数学理解的层次性密不可分。美国全国数学教师委员会(NCTM)在 2000 年的《学校数学课程标准与原则》中指出,"不同的表征将导致不同的思维方式",它建议学生不仅应该学会在问题解决过程中选择、使用与转化各种数学表征,而且能够在不同的表征之间建立广泛的联系。近年来,包括莱什等人都建议,在课程设计和教材编写时,为了实现学生的多角度、多层次理解的发展,应该重视多元表征的概念。一个学生在具备下列条件后才算理解一个概念:

(1)必须能将此概念放入各种不同的表征系统之中;

(2)在给定的表征系统内,必须能很有弹性地处理这个概念;

(3)必须很精确地将此概念从一个表征系统迁移、转换到另一个表征系统。

第六章　数形结合:理解之密匙

数形本是相倚依,焉能分作两边飞。

数无形时少直觉,形少数时难入微。

数形结合百般好,隔离分家万事非。

几何代数统一体,永远联系莫分离。①

——华罗庚

数与形是数学中最古老、最基本的研究对象,是数学的两大永恒主题。数与形结合的历史源远流长,从毕达哥拉斯的"万物皆数"开始,到笛卡尔解析几何的创立,数形结合作为一种思想和方法越来越被重视。恩格斯曾说:"数学是研究数量关系与空间形式的一门科学。"在数学的发展中,"数"和"形"这两个概念充当了主干的角色。可以说,整个数学就是围绕"数形"这两个概念进行提炼、转化、融合和发展而形成的。

数与形一直在数学的发展史上并行前进,仿佛两条平行的路线。一条是算术和代数路线,侧重于计算的发展;另一条是几何路线,侧重于图形的发展。前者可以看作中国数学的独立发展,以《九章算术》为代表;后者的来源则是以巴比伦为代表的西方数学,包括著名的《几何原本》等。在古希腊的亚历山大时代,"数"的路线才在欧洲得到了进一步发展,并在中国、印度和阿拉伯国家得到了继承。一直到17世纪,完整的初级代数才在欧洲得以形成。"几何"路线以埃及数学的基本几何学为基础,在古希腊得到了辉煌的发展。在17世纪的欧洲,这两条平行线的融合引发了数学的巨大跨越——解析几何应运而生,从而也产生了变量数学。再后来,随着微积分的出现,数学界掀起了一场重大革命,数学分析这一广泛领域随之产生。数学渐渐演变出三个趋势:代数、几何和分析。在18和19世纪,数学的不断分化与细化,导致代数、几何和分析这三个趋势也逐渐形成了自己的独特研究领域。随着数学研究对象的演变和扩展,数和形的概念也不断扩大,向更加抽象的方向发展。例如,代数所研究的对象发展为"向量、矩阵、张量、超复数和群"等概念,成为

---

① 华罗庚.谈谈与蜂房结构有关的数学问题[M].北京:科学出版社,2002:50.

更普遍的"量"：几何学研究物质世界的空间和其他形式以及类似的关系，各种"新空间"也被开发出来，如罗巴切夫斯基空间、黎曼空间和射影空间等。以上表现出的各个学科的相互渗透，反映了数学中数和形这两个基本概念密切相关的辩证关系。各学科之间相互渗透，是数学中数和形两大基本概念紧密联系在一起的辩证法的反映。不管数学各个分支经历了怎样的分、合、变、革，也不管数学内部怎样的此消彼长，数学王国的疆土虽然在不断扩张之中，但始终都由数与形两大基本概念所掌控。①

"数"与"形"各有所长，"数"抽象，"形"直观。数形结合正是把这样抽象的数学语言、数量关系与直观的几何图形、位置关系结合起来思考，通过将抽象思维与形象思维结合，而使复杂问题简单化，抽象问题具体化。数形结合是一种重要的数学思想，也是一种智慧的数学方法。数形结合具有双向性：第一，在研究抽象的"数"时，往往要借助于生动直观的"形"，以形助数；第二，在利用"数"的精细入微来探索"形"的属性时，又常常离不开"数"，用数解形。通过数形结合，可以使我们对事物或规律的认识既容易又细微，对知识的学习和把握既简单又全面。

第一节　数以形意：形象直观显真意

数学中充满数与形的学问。数形结合的思想方法是数学教学内容的主线之一，数学的许多教学内容、概念都具有"数""形"两方面的本质特征，数形结合是认识数学的基本方法，也是数学学习的基本要求。解析几何本身就是数形结合的最好典范。微积分看似属于"数"的形式，我们却时时想到它的几何意义。"向量"本身是一种量，但它却具有"形"的属性。借助图像研究函数的性质是一种常用的方法，函数图像的几何特征与数量特征紧密结合，体现了数形结合的特征与方法。比如，见到方程"$x+y=1$"，我们自然会想到"直线 $y=-x+1$"；看到"$x^2+y^2=1$"，我们很快会联想到"以原点为圆心、以1为半径的圆"等。初中学习的勾股定理，本身是一个数量关系的表达式，但针对的却是图形的关系，更可以使用多种代数的或几何的方法去求证。小学数学虽不像中学和大学那样系统化，但作为数学学习的启蒙和基础阶段，数形结合的思想也早已"遍地开花"了。小学阶段，虽不能使用更高更深的数学语言，但却可以将蕴意深刻的数形结合挖掘得"数意盎然"。数以形意，以形助数，往往于形象直观中可以找寻理解知识的样子，抑或发现解决问题的捷径。

代数与几何各有一套语言系统，要想数形结合运用自如，就需要熟练掌握两套语言体

① 卢介景.数学史海揽胜［M］.北京：煤炭工业出版社，1989：42.

系，并能建立两者之间的联系和转化，也就是要在两种语言体系中进行翻译，相当于在代数语言和几何语言之间进行互译。相对而言，几何语言翻译成代数语言的难度要略低于把代数语言翻译成几何语言。考虑到小学生的年龄因素，他们的思维虽然仍然处于形象思维为主的时期，但教师应该逐渐引导他们向抽象思维发展。形象思维是指从不舍弃具体形象的思维方式；这类思维的理性认知活动是通过形象和图片展示的。在数学中，形象思维的作用在直观的形象图中表现得显而易见。运用形象思维，不仅有助于学生接受和理解他们以前从未思考过的知识和概念，更重要的是能激发学生发现问题并提出问题。有调查显示，如果仅仅依靠听觉，一般只能记住所见内容的 15% 左右；如果靠视觉，从图像中获得知识，一般能记住 25% 左右的内容；但假如把视觉和听觉结合到一起时，大约 60% 可以被记住。这也是所谓的"看到的比听到的，印象要深"。这也正是数学课堂中既要语言讲解，又要有板书辅助，既要写、又要画的道理。形象思维培养了人们对问题的良好思维品质，鼓励人们勤于思考，勇于创新。

2022 年版《义务教育数学课程标准》在"课程内容"中提出"几何直观"的核心概念，几何直观，指几何图形的直观性，指向利用几何图形描述和分析问题。"数形结合"与"几何直观"这两个概念都以图形作为对象，凸显几何图形在数学课程以及数学学习中的重要价值。但"几何直观"是以图形为研究问题的载体，更多指向"直观"；而数形结合的"形"只是研究问题的一个方面，可能是"以形助数"，也可能是"以数解形"，更突出的是二者的"结合"。但"结合"的目的最终也是为了形成数学直观能力。从形形色色的物体外形中抽象出来的各种图形统称为几何图形。在数学上，点无大小，线无粗细，面无厚薄，点是线的界，线是面的界，线和面可直可曲，点、线、面、体经过不同方式的运动，组合成各不相同、多姿多彩的几何图形，其中点是最基本的元素，点动则成线，线动则成面，面动则成体。在几何中，重点研究图形的形状、大小和位置关系，而无关图形的材料、颜色和质量。几何图形的直观主要包括实物直观、图形直观、简约符号直观、替代物直观。几何直观不仅在图形与几何中用到，在数与代数、统计与概率、综合与实践中都有体现。遇到一个比较复杂、比较抽象的问题，若能用直观的方式、用图形表达，把它描述刻画出来，会使这个问题变得更容易理解和解决，这是一种重要的数学能力。现代社会需要培养学生应用几何直观的能力。在小学数学中，最常用的是实物直观和图形直观。

一、利用几何直观，理解概念

数学概念是对现实世界的数量关系和空间形式的概括反映，是用数学语言和符号解释事物本质属性的思维形式，因而更具有抽象性。数学概念是数学的逻辑起点，是学生认知数学的基础，更是学生思维中最活跃的成分，在学生进行数学思考时起到核心作用。然而，数学教科书中的概念都是高度浓缩的知识点，是由感性认知到理性认知、多层次抽象的最终表达，很多相应的结论是以文字形式给出的，省略了原有的概念背后存在的逻辑体系和推导方式。恰恰是这种高度抽象的数学逻辑处理结构，常常让人产生错觉，认为数学是单调、乏味、枯燥、难懂的。事实上，几何学占了数学的"半壁江山"。数学中的每一个概念都有自己的直观模型，教师在教学中，应该先让学生进行感性知识的体验，然后进入理性知识，以一种完整而有趣的方式理解概念。在这个阶段，就可以用到"数形结合"。数字和形状的结合是抽象和形象思维之间的桥梁，一些抽象的概念以图形和直观的方式呈现，可以提高学生的感性认识，从而强化他们对概念的理解。利用数形结合的思想，就是对概念的数与形两种形式进行表述，揭示知识的本质，沟通数学知识的内在联系，使学生真正理解概念的本质属性，而不是仅仅对概念的表面文字表述的记忆。

众所周知，有些数字、概念和数学规律只能从抽象的、模糊的符号中得到。例如"时、分、秒的转换""角""对称轴""圆"和"圆锥的体积如何计算"等。理论上的解释无论多么准确、全面、详细，都不能给学生留下深刻的印象。事实上，学生的感知并不能通过一些简单的理论和理解就凭空出现，从而建立起数感。只有当数字和符号与具体的形象密切相关时，与特定的生活形象相联系时，特定的数字才能被赋予生命，"数"具有的特定意义和价值才被理解。如果教师能够将"数"转化为"形"，并将"数"的知识整合到特定的"形"中，才能找到解决问题的最佳方法。

1.图形直观，理解概念引入

概念引入，在学生对概念的理解和接受方面具有重要的意义。在概念引入的过程中，学生必须首先通过理解和分析所感知的材料来建立一个明确的印象。由于形象思维是小学生的主要认知特征，因此，小学生需要丰富的感性材料来帮助自己理解抽象的概念，所以图形演示是向小学生介绍数学概念的有效方法。在小学数学概念教学中，教师应该试图建立抽象数学概念与具象图形之间的关系，通过适当的图形、图片等形象来展示数学概念的最基本属性，并将数字和图形结合起来，增强学生对数学的理解。

比如在教学"倍的认识"时，"倍"的概念是抽象的、陌生的，建立"倍"的表象有一定难度，如何把"倍"的概念深入浅出地教授给学生，最简单最有效的方法就是图形演示。在引入"一个数的几倍"的含义时，可以利用图形来演示：拼一个正方形需要用4根小棒，拼2个正方形需要用2个4根小棒，拼3个正方形需要用3个4根小棒，其实，表示几个4根还有另外一种说法：3个4根可以说成4的3倍，也就是3个4就可以说成4的3倍。把4根小棒看作一份，有3个4根，就有这样的3份，就是4的3倍。从而从"几个4就是4的几倍"中找到"倍"的概念的本质理解。这样，通过图形的直观演示，感知"几个几"和"倍"之间的联系，帮助学生在直观图形中充实对"倍"的感性认识，再在认识"1份"和"几份"的基础上引出"倍"，将"几个几""几份"和"几倍"联系起来，逐步形成"一个数的几倍"的概念。

　　学生熟悉的直观图形无疑是最容易让学生接受的素材，借助图形的性质，可以使抽象的概念直观化、形象化、简单化，同时使概念中最本质的属性用适当的图形演示出来，这样学生就会建立清晰的表象，丰富感性材料的同时，为构建数学概念奠定扎实的基础。正方形纸是学生常见的物品之一，也是小学数学学习中常用的学具之一。在"小数的认识"中也常常选用图形进行演示理解：用一张正方形纸来表示"1"，请分一分、涂一涂表示"0.1"和"0.01"。在学生直观表示并理解一位小数表示十分之几，两位小数表示百分之几的基础上，教师借助于电脑动态演示：把一个立方体看成"1"，来表示 0.001。借助正方形（或正方体）分割成条（或块）的形式，让学生通过动手操作把小数最本质的属性用恰当的图形演示出来，从而促进对小数含义的理解和意义的建构。同时，利用直观模型从线、面、体把小数计数单位之间的十进制关系展现得淋漓尽致，使学生能系统地、联系地理解小数。

　　思维需要凭借一定的知识，知识经验越丰富，思维领域也就越广阔。教师需要引导学生突破思维障碍，给学生提供必要的有效的直观材料，以让学生观察、分析、比较，使学生在获得感性认识的基础上为数学抽象降低难度。但直观材料仅仅是一种客观存在，它本身并不能自动呈现概念的本质属性，需要在教师的引导下对直观材料进行主动的数学抽象。基于这个角度，直观材料的作用是让学生借助这些材料，进行思维活动，从而揭示概念的本质属性。因此，直观材料本身必须具有潜在的弹性和创造性。创造性体现在直观材料本身具有启发性、过程性，而不是僵化的、孤立的。这种创造性还体现在应该使得学生在接受这些材料刺激或参与这样的活动后，能够归纳、概括、抽象出概念的本质属性，进而建立概念的意义理解。例如，在"分数的初步认识"中，教师往往会提供大量的直观背景材料（如实物、图形等），然后引导学生对这些材料之间的关系特点进行分类：是不是平均分？在辨析比较材料的基础上逐步提炼出分数的本质属性，然后归纳概括命名，让学生经历分数概念形成的过程，也完成了分数概念的再创造过程。在这样的感性直观材料中，就蕴含着抽象分数本质属性所需要的元素，材料本身具有启发性、变化性、过程性、联系性，易于学生理解分数的内在含义，同时也有利于学生进行探索性的学习。在是否能够"平均分"的基础上，再进行"是平均分"的继续分类，在分类过程中，不仅可以培养学生材料处理和辨析比较的能力，而且可以培养学生形成相同材料中隐藏着各自不同特点的数学眼光，更为重要的是，可以培养学生透过现象发现其中本质属性的抽象能力。

　　2.实物直观，理解概念形成

　　数学概念都有它的形成过程，概念的形成往往也伴随着环环相扣、层层递进的问题。"形"就可以作为问题中的背景，使用学生看得见、摸得着的图形作为引入问题的工具，增加了问题的可见性，培养了学生的数学思维，使学生通过观察、比较、分析、抽象和概括，逐步形成数学知识。2022年版《义务教育数学课程标准》指出：动手实践、自主探索、合作交流等是学习数学的重要方式。在教学中，仅靠看、听、说几何图形的概念是绝对不够的，学生很难理解其本质属性。因此，要遵循学生的认知规律、结合实例、与已有的知识经验联系起来，采用直观操作和其他形式的实践活动，帮助学生理解概念。例如：教科书中的体积是一个非常抽象的概念。首先，空间是看不见的，是无形的，使学生难以理解。其次，学生很难想象一个抽象的物体是如何占据空间的。

教学时必须通过直观操作，促进学生理解概念。可以借助形象的物体进行设问：橡皮和黑板擦哪个大？边长分别为4厘米和6厘米的两个正方体，哪个大？在学生对物体的大小有了初步感知的基础上，呈现实物实验，在半杯水的杯子里慢慢放入一些小石子，杯中水面不断上升，适时提出问题：水面为什么会上升？从这个具体实物实验中学生获得物体占有空间的表象。在讨论交流中，学生慢慢迈向"物体所占空间的大小叫体积"的概念形成。如果实验继续，继续放入小石子，观察得到：水会溢出。再问：水为什么会溢出？观察实验现象，发现了什么问题？对于"杯子里溢出的水的体积就等于放入的小石子的体积"的结论的发现，不仅仅让学生理解了体积概念的形成，还进一步对概念进行了应用性理解。这样利用实物创设问题情境，借助问题引导学生观察，在对实物的"形"的观察思考中感受"数"的概念的形成和理解，这个过程中实物的形象感知材料，帮助学生形成鲜明的表象，进而学生在问题的诱导、启发、质疑中提高了提出问题、分析问题、解决问题的意识和能力。

建构主义理论认为，学生学习活动的本质是学生以自身已有的知识和经验为基础，主动建构知识的过程。数学概念的意义是人们公认的事物的性质、规律以及事物之间的内在联系。对于学生来讲，这些都是未知的、抽象的，在概念的形成中借助"数形结合"帮助学生逐步建构对抽象概念的深刻理解，这需要教师在教学实践中不断思考和探索。

二、利用几何直观，理解算理

"数"的教学中，数的认识、数的运算、常见的量、探索规律等都蕴含着图形直观。贯穿整个小学数学学段的教学重点是计算教学，掌握算法、理解算理是计算教学的主要目标。算理是算法的理论依据，算法是算理的提炼和概括，它们是相辅相成的。利用图形的直观性，可以建立清晰的表象，使思维清楚，算理理解透彻。例如，低年级加减法的学习中，点子图、数轴、表格无不是帮助学生理解"数"的不可或缺的一部分；分数的学习中，没有图形，就无法厘清所谓的整体与部分，也无法把控所谓的"整体"与"若干份"；小学数学中有很多题目是"看图列算式"，都是利用数形结合思想的直观、形象、生动的特点来展现"数"

的计算的初始状态及由来。加强图和式的对应理解,无形中降低了"数"的抽象性,提升了"数"的形象直观性。

1.实物直观,理解算理

实物直观,是通过与研究对象相关的现实世界中的实际存在,来进行简单、生动的思考和判断。实物直观可以是实际存在的,也可以用图片等学习工具来支持真实物体。对小学低年级的学生来说,具体形象思维是他们的主要思维形式,他们更频繁地使用行为表征,用实物直观来感知数的运算,从而理解算理。例如在"20 以内的进位加法"中,学生用小棒、圆片等实物操作来感知"凑十"的过程和方法,进而理解"凑十"的算理。在"9 加几"的教学中,让学生通过摆小圆片来"凑"成 10 个圆片,在"凑"之前需要将"几"进行拆分,在实物直观操作的基础上,再用语言来描述"拆分、凑十、合成"的加法过程,这样学生才能较好地理解"凑十"的含义,从而掌握"凑十法"的加法运算。在举一反三中,20 以内的退位减法"破十法""连减法"的道理也相同。利用实物直观,突出"凑""破"的过程演示,把复杂的凑十、破十、连减变得直观、简单,容易理解。

2.图形直观,理解算理

图形直观是借助明确的几何图形来描述和分析数学知识。在理解计算的算理时常采用图形直观,如分数四则运算的意义和算理比较抽象,学生理解难度较大,用图形直观可以使抽象的算理直观化、简单化。分数是小学阶段遇到的最复杂的数,分数除法被认为是最复杂、最难的运算。自打分数出现之后,很多事物的数量不再那么清晰了,分数有时表示两个数之间的关系,有时又表示为具体的数量,它的双重身份搞得学生"雾里看花,越看越花",而数形结合就是"拨开云雾"的一把利器。

在"分数的加减法"中,无论是同分母的加减法还是异分母的加减法都需要利用图形,在整数加减法类比的基础上对相同分数单位进行加减。在"分数乘除法"的教学中,如果单纯就乘除法来讲分数乘除法,只在"数"的范围进行探索,显然抽象至极。比如,对于"分数除以整数"的算理:一个分数除以一个整数,就是把这个分数平均分成整数份,这相当于求这个分数的几分之一是多少。以 $\frac{4}{5} \div 2$ 为例,对分数除以整数算理的理解,分为两个层次:

一是初次理解。我们可以通过长方形的直观模型进行"图—数—式"的数形结合,以逐步理解分数除以整数的计算法则:首先,利用长方形,根据分数的意义,表示出它的 $\frac{4}{5}$,这个操作相当于确定了被除数;然后根据整数除法的意义将这个被除数(也就是长方形的 $\frac{4}{5}$)除以 2,并将结果在长方形中表示出来,这个操作过程相当于将被除数 $\frac{4}{5}$ 平均分成 2

份,表示出其中的一份(图6.1)。在画一画、涂一涂的操作活动中,学生对分数除以整数有了隐性的认识和理解。

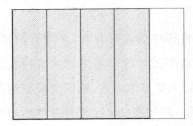 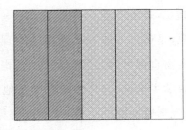

图 6.1　分数除以整数的直观模型

二是再次理解。将"几分之几"赋予图示,将"除以几"用图表示,再将画一画、涂一涂的过程用算式描述,在操作活动中充分发挥了数与形、形与式的完美结合,在探索算法的过程中"有图可依",在理解算理的过程中由"动作思维"过渡到"形象思维",再到"抽象思维"。在理解分数除以整数的算理时,充分顺应了学生已有的知识基础:分数的意义、除法运算的意义、除法是乘法的逆运算、分数乘法的计算法则、倒数的意义等。在理解"为什么要把除法转化成乘法来计算?""怎样把除法转化成乘法来计算?"的基础上,将新旧知识融会贯通,从而为下一步学习"分数除以分数"奠定基础。

3. 简约符号直观,理解算理

小学低年级学生主要以实物直观为主,随着年龄的增长,学生的知觉和观察发展趋势慢慢从无意性、情绪性、不精确性向有意性、目的性、精确性和有组织性方向发展,想象慢慢趋于完善,有意想象的成分有所增加,具有直观性和具体性。基于这样的特点,在小学三、四年级的计算教学的理解算理,就可以发挥简约符号直观的作用和价值。例如,"除数是一位数的除法",这是在表内乘除法、一位数乘多位数的基础上进行学习的,整数除法又是小数除法的依据,所以"除数是一位数的除法"是笔算除法的奠基石,是计算教学的重头戏。"除数是一位数的除法"中新知识点较多,有商的定位、两次试商、竖式的书写、算理的理解等。利用简约符号直观,可以探究计算顺序和竖式的书写为线索,以理解算理为核心。

简约符号直观,是在实物直观的基础上选择合适的时机使用的。如在"除数是一位数的除法"中,分为以下几个环节:

(1)动手操作。让学生把42根、52根小棒平均分成两份。学生根据经验,对42根小棒的分法都一致,而对52根的分法主要有不同的三种:第一种,直接每份26根;第二种,每份是2捆(每捆10根)、5根、1根;第三种,每份有2捆、6根。

(2)比较优化。52根小棒的分法有什么不同?后面两种分法一样吗?你喜欢哪一种?为什么拿出4捆来分?而不是5捆?3捆?2捆?与42根的分法有什么异同?这一连串的"是什么""为什么"不断引领学生的思维碰撞。拿出4捆,每份2捆,学生理解试商的雏形。这个环节,利用实物展示操作的过程,进而优化,理解计算顺序,算理的理解和竖式的书写格式也水到渠成。

(3)建构简约符号直观。实物直观仅仅是基础、是手段,终究不是目的。适时脱离实物,走向符号;脱离具体,走向抽象。将60平均分成4份,在脑中分一分,并尝试竖式计算。商1怎么得到的?为什么写在十位上?6下面的4表示什么?4后面的0为什么可以不写,而2后面的0要写呢?又是一连串的"是什么""为什么",这一环节及时沟通了刚才的实物操作直观和现在的简约符号直观,可以增进学生对计算的顺序、竖式的商、积、余数的深刻理解,实现从具体形象向简约符号的过渡。

教材一般都以数学知识的发生、发展、运用为主线,知识内容是显而易见的,计算方法也是明确可知的,但计算的道理却蕴藏其中,学生不易察觉,甚至不能准确概括或理解,数形结合的思想可以帮助学生理解算理,但这需要教师发掘"数"与"形"的本质联系,借助数形结合的"慧眼"来观察思考,从数学发展的全局着眼,在具体的过程中着手,有目的、有计划、适时适度地进行数形结合思想的渗透。此外,需要强调的是,直观是一种手段和途径,直观帮助理解才是目的。到达一定程度之后,要走出直观,建立图式表象,走向简约符号直观,进而最终走向数的计算道理的理解。

三、利用几何直观,解决问题

问题解决,是近年来国际上提出的数学教育的研究热点,也是21世纪公民必备的技能[①]。在问题解决中应用数学知识与技能,才能彰显数学的价值和作用,也更能培养提升学生的数学素养。"解决问题的策略"在小学数学教材中占有一席之地,比如"假设的策略"等,如果没有实物图形帮助学生理解问题中的数量关系,只凭借教师的语言描述,是很难让学生理解题意并展开思维的,而利用几何图示做一些替换直观,用数形结合的方法来表示题目中的数量关系,可以达到化繁为简、化难为易的目的。借助简单的图形的示意图,可以促进学生形象思维与抽象思维的协调发展,沟通数学知识之间的联系,从复杂的数量关系中凸显最本质的特征。

在小学数学中,乘法分配律是乘法与加减法的混合运算的一种规律,它的本来面貌是代数形式的:$a \times (b+c) = a \times b + a \times c$,但很多教师都会引导学生以图形的角度来直观理解(图 6.2)。等式左端表示图中最大的长方形的面积,等式右端表示长方形①和②的面积之和。

① OECD. PISA2021 mathematics framework draft. [EB/OL]. (2019-06-15)[2022-11-15]https://pisa. e-wd. org/files/PISA%202021%20Mathematics%20Framework%20Draft. pdf.

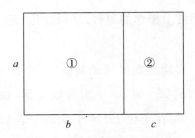

图 6.2　乘法分配律的图形示意

其实,通过构建矩形来表达乘法分配律是一种数学模型。这种模型的建立对于解决问题是非常有帮助的。请看下面的题目。

题目:有两个整数,其和与积相加等于 35,这两个整数都是个位数,请问它们分别是多少?

解法一:方程法

设这两个整数分别为 x,y 则根据题意列方程得

$$x+y+xy=35,$$

变形得

$$y=\frac{35-x}{x+1}=\frac{36-1-x}{x+1}=\frac{36-(x+1)}{x+1}=\frac{36}{x+1}-1,$$

因为 x,y 都是个位数的整数,且 36 应该是 $x+1$ 的倍数,所以,$x+1$ 的取值可能为 $4,6,9$,则 x 的取值可能为 $3,5,8$,把 $x=3,5,8$ 分别代入 $y=\frac{36}{x+1}-1$,可得 y 的值分别为 $8,5,3$。

答:这两个整数是 3 和 8,或者都是 5。

我们见到这样的问题,习惯性地想到方程的解法。方程法是我们解决两个以上的变量常用的代数方法,但这是一个二元二次方程,对于小学生来讲,不简单,显然有点"高大上"了。这种方程的思路不太适合小学生。

解法二:矩形面积法

看到题目中有两数之积,就容易联想到矩形的面积,把这两个数分别看作矩形的长和宽,来构造矩形(图 6.3)。

由图所示,xy 表示长方形①的面积,在长方形①的上边再画长为 x、宽为 1 的长方形②,在长方形①的右边再画长为 y、宽为 1 的长方形③。很容易看到三个长方形的面积分别为

$$S_①=xy,S_②=x\times1,S_③=y\times1,$$

也就看出题目条件 $x+y+xy=35$ 相当于图中长方形①+②+③的面积之和是 35。利用间接法,$x+y+xy=35$ 也可以看作最大的长方形的面积减去右上角的灰色正方形的面积

之差等于 35。即

$$(x+1) \times (y+1) = 35 + 1 = 36,$$

根据 x,y 都是个位数的整数,可以推理$(x+1)$与$(y+1)$都是整数,只能取 4×9 或 6×6,最后得出 $x=3, y=8$ 或 $x=5, y=5$ 或 $x=8, y=3$。

　　矩形面积法与方程法的对比非常鲜明,面积法运用的数形结合的方法是小学生能够接受并理解的,数形结合法不仅巧妙地解决了问题,而且使小学生唤起对乘法分配律的面积表示法的记忆和理解关联,并将乘法分配律的数形结合模型应用到新问题的解决中,这对于学生问题解决能力的提升大有裨益。教师如果能在教学中一以贯之地重视数形结合的思想,做一个善于思考、深度学习的人,会发现数形结合的思想方法对于学生数学素养的提升至关重要。小学阶段虽没有中学或大学那么多的数形结合的内容,但小学数学中的数形结合往往更有意思,也更有意义。

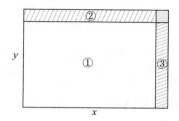

图 6.3　矩形面积法的图示

解法三:数轴区间法

　　我们用 a,b 来表示这两个个位数的整数,根据题意,可得 $a \times b + a + b = 35$,将乘法分配律逆向思考,可得 $a(b+1) + b = 35$,因为 b 是个位数,所以 $35 - b = a(b+1)$ 一定是两位数。由 b 的取值可能是从 1 到 9 的整数的取值范围,可以推出 $a(b+1)$ 的取值范围是 26 到 34 的整数。再逐一尝试推理,可得这两个整数是 3 和 8 或两个都是 5。当然,此种解法给小学生呈现的辅助图形可以如图 6.4 所示。

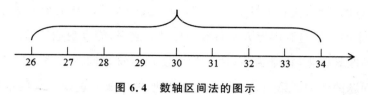

图 6.4　数轴区间法的图示

　　数轴区间法可不必向学生提及"区间"的概念和名称,只针对数的范围进行思考即可,这种方式学生之前在解答不等式中诸如"最大填几""最小填几"时,基本上用数轴的思想就能让学生理解区间范围的意思,从而提升学生的数感。

　　矩形面积法的应用在一些乘法计算题目中也较为常见。

　　题目:$M = 54\ 322 \times 12\ 344$,$N = 54\ 321 \times 12\ 345$,比较 M 和 N 的大小关系。

利用矩形面积法,先画一个长方形来表示 54 321×12 344 作为比较的中间量,如图 6.5中的①,再来画表示 M 的长方形②和表示 N 的长方形③,显然③比①多出来的面积要比②比①多出来的面积要大,所以 M<N。

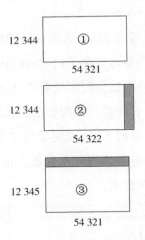

图 6.5　M 和 N 的大小比较的矩形面积法示图

几何直观,既是一个过程又是一个结果,既是一种思维又是一种方法,具有动态性和模型性,需要教师不断思考实践。美国数学家斯蒂恩曾说:"如果一个特定的问题可以转化为一个图形,那么,思想就整体地把握了问题,并且能创造性地思索问题的解法。"以形助数的图形可以是几何图形、线段图、数轴、方格纸、坐标、方向标、示意图等。在小学数学中,我们用直线上的点来表示数,可以明确地表示出数的有序性、无穷性等。计算教学中摆小棒、画图形等方式可以帮助学生直观理解数和计算。解决问题中的画线段图的方式、统计图的形式等,可以用图形的直观形象来帮助学生理解数的特征或关系。

数形结合思想方法的运用重点在于:第一,理解数量关系的本质以及运算背后的含义,利用数形结合可以使数量之间的内在联系变得直观。第二,通过模型的构建,把数的运算转化为直观的图形,核心仍然是"关系",即从数的关系转化成形的关系,这是从运算结构中体现出来的。通过画图等方法将数与形结合起来,能直观地显示题意,使复杂问题简单化,抽象问题具体化,化难为易,便于学生发现数量之间的关系,形成正确的解题思路,提高解决问题的能力。第三,数学推理,数与形中都非常重视算术的推理能力。小学阶段的数学推理,将在今后的代数运算中起到决定性作用。

小学数学教材中有大量的辅助性图形,其目的是让学生以"数"化"形",就是通过"形"来认识"数"、感受"数"、挖掘"数"、解析"数",从而更好地解决数学问题。或许,图形的具体内容并不是唯一重要的。在此过程中,学生空间概念的形成、数感意识的提高、分析能力的蜕变、数学思想的浸润,才是数学学习中更加重要的境界。为此,我们应该重构数学课堂的整体框架和实施路径,通过形象的图形等方式方法开拓学生的数学思维。

第二节　形以数示:精细入微见真谛

著名数学家阿蒂亚说过:"几何是数学中这样的一个部分,其中视觉思维占主导位置……几何直觉仍是增进数学理解力的有效途径,而且它可以使人增加勇气、提高修养。"几何是视觉思维,通过视觉建立表象,基于表象进行空间想象。但图形的直观、形象、简洁的"一目了然"也可理解为是"从大处着眼"的视角,认识任何一个事物或学习任何一个知识,还需要"精益求精"地"从小处着手",这种"从小处着手"的精细入微则需要利用"数"来履行职责并完成使命。

图形中往往也蕴含着数量关系,特别是复杂的几何形体如果能用简单的数量关系表示出来,那图形的性质就可以在细致入微处见分晓。数形结合的另一个方面,也可以借助数及数量关系或代数运算,将几何图形化难为易、化粗糙为精细,表示成简单的数量关系,这就是以数解形。形以数示,往往借助于数的精确性来阐明图形的某些属性,表示形的特征、形的求和计算等。

一、由形而数,以数解形

由"形"而"数"的数学历史最早可以追溯到"无理数的产生"。数学发展史上的第一次危机,是"不可公度"问题。初等几何中第一个重要的定理是勾股定理,在西方称之为毕达哥拉斯定理,指的是直角三角形的两条直角边的平方和等于斜边的平方,即 $a^2+b^2=c^2$。如果是等腰直角三角形,有 $a=b$,则 $2a^2=c^2$;再如果 $a=b=1$,则 $c=$? 当时人们认为只有有理数就足够进行实际测量,而且认为有理数充满了整个数轴,也就是这个斜边 c 是可以用有理数来度量的。可是无论如何,以单位长度为直角边的等腰直角三角形的斜边也不能表示成两个互质的整数之比(即有理数)。这与"直角三角形的斜边可以在数轴上得到表示"相矛盾。我们现在知道 $c=\sqrt{2}$ 是无理数,但在约公元前 550 年,$\sqrt{2}$ 与 1 找不到可以公度的几何实体,这就是数学史上的第一次危机——不可公度问题,与古希腊人的"直观"公度信念相悖。约公元前 370 年,第一次数学危机得以解决,是毕达哥拉斯的学生阿契塔和柏拉图对 $\sqrt{2}$ 是无理数的引入和证明。可见,无理数的发现解决了第一次数学危机,可谓是数形结合的典范。

在小学数学教学内容中,有很多图形知识都蕴藏着重要的"数"的结论,如很多平面图形的大小要涉及周长、面积，立体图形要涉及棱长、表面积、体积，这些图形是"形"，其长度、面积、体积都是"数"。小学数学教材和题目中有很多"看图说话""看图写数""看图列式"的内容，这些都属于"见形思数"的数形结合范畴。如图 6.6，用分数或小数表示图中的阴影部分。右侧上下的两个图形显示的是 $\frac{1}{2} = \frac{1}{4}$。

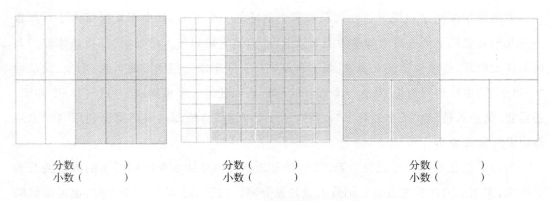

分数（　　　　）　　　　分数（　　　　）　　　　分数（　　　　）
小数（　　　　）　　　　小数（　　　　）　　　　小数（　　　　）

图 6.6　看图写数

此外，从图形的认识、测量、图形的运动、图形与位置等四个维度刻画图形，包括图形的形状、大小、运动和位置，其中图形的测量、运动、位置都不可缺席"数"的作用。在"负数"的学习中，就需要以"形"变"数"：如何把图形中的地上一楼和地下一楼用恰当的数字表示出来；如何把温度计零下和零上的具体刻度用数字表述出来；如何把图形中的地面以下的台湾海峡的最深处海拔和地面以上的珠穆朗玛峰最高峰海拔表述出来。这一切都需要以"形"变"数"，需要通过图形中的"0"作为一个分界线来变成具体的数字。小学数学中的"形"并非随意为之，而是为了以形助数。通过"形"的变化、对比和演变来理解"数"，可以通过"形"的表面到核心深入来理解"数"，以此达到"数形结合"的最优化。

在图形的认识中，对于平面图形和立体图形的形状的认识，很多时候我们都是将它们的构成要素点、线、面等数量化，比如长方体的特征中，点、线、面的数量分别为 8,12,6，这种形中见数的思维方式和表达方式都能帮助学生准确地把握图形的特征。从具体的事物中抽象出数，体会数表示物体个数的含义和作用，让学生体会数字所包含的图形特征，再借助数的运算解决有关几何问题。让学生在"见形"过程中有目的地去"思数"，在"思数"的过程中利用"数"来解释"形"。

二、形中见数，数见分晓

题目1：有 n 个边长为 1 的正方形，你能用它们拼出一个长方形吗？你拼的长方形是什么样的？还有不同的拼法吗？（其中 $n = 2,3,4,5,6,7,8,9,12$）

解决这样的图形问题,学生往往会拼会摆,但经常会不放心地提出"还有不同的拼法吗?"正如华罗庚所说:形少数时难入微。如果用"数"的精致入微来回答这个不放心的问题,就能迎刃而解。首先,来看一下这些题目拼成的图形(如图 6.7)。

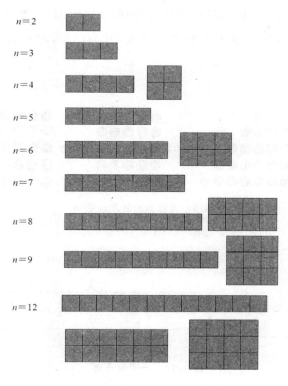

$n=2$

$n=3$

$n=4$

$n=5$

$n=6$

$n=7$

$n=8$

$n=9$

$n=12$

图 6.7 用小正方形拼长方形

图形的形象直观是看得见摸得着的,那么还有其他拼法吗? 好像图形本身并不容易回答,这就需要用"数"的精细入微来回答。其实这个图形的操作中蕴含着的是"质数与合数"的概念,当 n 取质数时,质数的因数只有 1 和它本身,所以拼法只有一种;当 n 是合数时,有几种分解质因数的方法就有几种不同的拼法。可见,看到图形时,能够去思考数,利用数的精确性蕴含的道理去解释图形的不同拼法,在质数与合数的概念中见分晓,这仍然是数形结合的思想方法。

题目 2:计算下图中一共有多少个圆(图 6.8)?

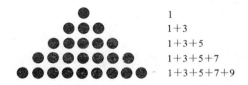

1
1+3
1+3+5
1+3+5+7
1+3+5+7+9

图 6.8 奇数相加的图形示意

看到有规律的图形,自然会想到其中蕴藏着数字。求一共有多少个小圆,也就是求 1

＋3＋5＋7＋9＝? 如果由图到数,就只看见数的加法计算,忽视了图形的直观形象,那其中的韵味就打了折扣。从图形中来,再回到图形中去,研究会发现,图形中轴左侧的小圆可以"搬"到中轴右侧,进而把原有的"三角形"形状拼成了"正方形",在原来"三角形"中体现的1＋3＋5＋7＋9,现在"正方形"中依然能看到,所以由图6.9可得1＋3＋5＋7＋9＝5^2＝25。这种数形结合中体现出来的相辅相成,互为印证,使得数学变得有意思且有意义。

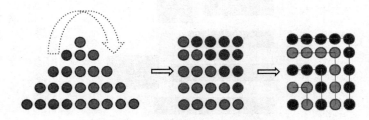

图 6.9　奇数相加的图形变换

题目3:计算下图中的阴影部分面积(图6.10)。

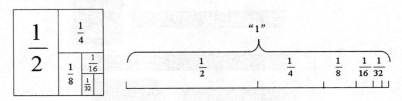

图 6.10　一图胜千言

一"图"了然! 可以看出题目3中$\frac{1}{2}+\frac{1}{4}+\frac{1}{8}+\frac{1}{16}+\frac{1}{32}=1-\frac{1}{32}=\frac{31}{32}$。如果这个题目给高中生来做,可能很多同学的第一直觉会想到等比数列的求和公式,但对于小学生和初中生,还没有学习等比数列的知识,所以数形结合的方法应该是比较简单并效果显著的。几何直观是利用图形描述和分析问题,借助几何直观可以把复杂的数学问题变得简明、形象,有助于探索解决问题的思路,预测结果。直观让我们从图形中感知性质、析出关系。在以图形为主的小学生的数学学习中,培养学生的经验的、直观的、朴素的几何直观思维和直觉,是至关重要的。缺少直观,就相当于扼杀了几何。几何直观与逻辑推理是分不开的,这本身就是数形结合的本质体现。

第三节　数形联姻:数学理解高境界

数学的研究对象是客观世界中的各类事物的"量"。事物的"量"的表达方式则主要是指其"数量"和"形"。由此可以看出，为了完全研究一个事物的数量，它的数量和形必须结合起来。"形"总是直观的，"数"总是抽象的。但从矛盾的共性可以看出，数学直觉总是离不开"形"作为基础，而数学抽象也不能没有"数"作为支撑。通常，现实世界中的数量或图形关系可以通过语言逻辑或视觉空间的几何形式来表示。数字表征和模式表征是数学问题的两种基本表征，数形结合则是这两种表征之间的交流和转化的结晶。依据数形结合表征方式的转换，可将数形结合分为两种类型：一类是对应型数形结合，即数式表征与图式表征之间有明显的对应关系。比如解析几何、函数、三角函数、向量等具有明显的几何表征，数与形的沟通转换是较明显的、容易的，相对来说有点程序化的特征。这种数形结合需要的是模式识别和模式匹配基础上的逻辑推理。另一类是构造型数形结合，即数式表征与图式表征之间没有明显的对应关系。比如构造图形解决代数问题的数形结合，需要根据问题结构构造另外一种新的表征形式，是较难的数形结合。这种数形结合需要的是构造、出新，要利用经验，在代数结构和几何结构之间进行类比沟通，通常由数构形往往比由形思数要更难一些。这种构造是从特殊到特殊的过程，其思维过程不是逻辑思维，也不是归纳思维，可以说是一种直觉顿悟。

数式表征具有时序性，更讲究逻辑性；而图式表征则具有整体性、直观性。"数"能更加精准地表达事物，但不够形象直观；"形"能更直观地表达事物，但不能准确地、精细化地表示结果。法国数学家拉格朗日曾说过："只要代数和几何分道扬镳，它们的进展就缓慢，它们的应用就狭窄。但是，当这两门科学结合成伴侣时，它们就互相吸取新鲜的活力。"根源于数学本身，自从法国数学家笛卡尔引进了直角坐标系以来，联姻了代数与几何的关系，数与形就相辅相成，数以形意、形以数示，数形结合更重要的是"数学关系"，并非仅仅是具体事物的外表。看"形"思"数"、见"数"想"形"，数形联姻，才是数学理解的至高境界。

一、数形结合，相生相伴

通过数形结合，能将抽象的数量关系具体化，把无形的解题思路形象化，使复杂问题简单化。仍然以"负数的初步认识"为例，教师可以引领学生以"形"变"数"。形：一个有各种刻度的温度计；数：1月会是什么数字，7月会是什么数字。也可以引领学生以"数"化"形"：前天温度不高不低，昨天温度上升8摄氏度，今天却下降6摄氏度，以此画一个曲线图，加深学生对有关负数的概念的深刻理解。通过温度计的"零下与零上"、东西与南北的"方位"、事物发展的"进退"等"形"（即数轴）来帮助小学生理解"负数表示相反意义的量"。再如"确定物体的位置"中的"数对"的学习，用行与列的序数来确定位置，帮助小学生理解二维平面上点的位置。实践证明，当学生能够在"数"与"形"之间随意切换时，对数学概念的把握更加深刻，算法理解更加透彻，其思维逻辑性、严密性、综合性的提高也就在水到渠成之中。

历史上就有绝佳的数形结合的趣题——柳卡问题。在 19 世纪的一次国际数学会议期间，有一天，正当来自世界各国的许多著名数学家晨宴快要结束的时候，法国数学家柳卡向在场的数学家提出困扰他很久、自认"最困难"的题目："某轮船公司每天中午都有一艘轮船从哈佛开往纽约，并且每天的同一时刻也有一艘轮船从纽约开往哈佛。轮船在途中所花的时间来去都是七昼夜，而且都是匀速航行在同一条航线上。问今天中午从哈佛开出的轮船，在开往纽约的航行过程中，将会遇到几艘同一公司的轮船从对面开来？"问题提出后，果然一时难住了与会的数学家们。尽管为此问题大家进行过广泛的探讨与激烈的争论，但直到会议结束竟还没有人真正解决这个问题。这个有趣的数学问题，被数学界称为"柳卡趣题"。

如图 6.11，如果我们用两条平行线分别表示哈佛和纽约这两座城市，0 点代表从哈佛出发的轮船出发的那一天（假设是 15 号），0 点的右侧数代表出发后的日期，0 点的左侧数代表出发前的日期。将每艘轮船的出发日期与它到达日期之间用线段相连，这些线段都是长度相同的平行线段，表示它们各自的航行路程图线。最后将这艘从哈佛出发的轮船的出发时间与它的到达时间也用线段相连，不难发现这根线段的长度与上面的平行线段是等长的，这与条件"轮船都在同一航线上航行"相吻合。可以看出，这条线段与从纽约出发的轮船的路程图线产生了 15 个交点，这 15 个交点的位置就是它们相遇的具体地点，因此"柳卡问题"的解应为 15 艘轮船。

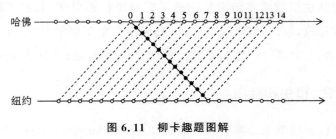

图 6.11　柳卡趣题图解

所谓"一图抵百语"，一张图，没有一个字，就很好地解答了柳卡问题。这不禁让人感叹数形结合之美妙，惊叹此思维想法之绝妙。当然，柳卡问题还有很多其他的解法，算术法、图表法、游戏法、转化法等，但单就数形结合的美妙方法就足以让它成为具有历史感的著名趣题。生活中不乏精彩的"形"与"数"互变的例子，很多"形"无处不在、就在身边，抓住生活中的"形"理解教材中的"数"，凭借教材中的"数"印证生活中的"形"，这不仅仅是数学理论上的由此及彼，也是数学实践上的由此及彼。教师应该在数形结合上做精、做细、做实，真正实现"数学来源于生活而用于生活"的教学效果。当前的信息技术迅猛发展无疑给数形结合的课堂教学注入了多彩的活力，让数与形的结合变得更加收放自如、动静相宜,有了现代教育技术的高效介入和保驾护航,数形结合的种子必将开花结果。但并非时时处处都要数形结合,"需要之时才是好""该出手时才出手",在思维受阻时、产生分歧时、思维临界时、思维爬坡时,让"数"与"形"恰到好处地结合,才能为教学助力、为课堂增值,才是"数形结合"的应然之态。

二、数形结合,理解为重

数形结合百般好,适时适度才为好。对于小学生,没必要大谈特谈很多形而上的名词,重要的是和学生在实践中、在问题解决中亲自体会、感悟。数形结合是一种方法、一种思想,也可以看作一种模型、一种关系,但当所有好的东西在学生眼里是"高大上"乃至"使劲跳也够不着"时,那也只能是"空中楼阁""海市蜃楼",但如果"接学生的地气",真正触动学生心灵的数形结合定会让思维开花的。

比如前面我们提到的矩形图式就是很好的表现乘法结构的图式,图 6.12 是乘法分配律进阶版的图。数轴也是一种经典的几何模型,它本身就是数形结合的最佳典范,对于小学生可以是很好用的数形结合工具,但教师深入浅出的引导很重要。

4×7	4×4
3×7	3×4

图 6.12　(4+3)×(7+4)的矩形图式

数形结合可以把复杂的问题简单化,能把看似小学生不懂的知识给小学生讲明白。比如,两个人见面要握手,照这样的规定,6 个人见面要握手几次?高中生解决这个题目瞬间就会想到乘法原理,但有的也会漏掉"握手"是个特殊情境,会忘记除以 2。如果说,让学生画图来解决问题,但是当人数很多的情况下,画图的方法又很不科学。无论是公式还是画图,都不能单独使用,而应当把画图、模型、公式有机地结合起来。

6 人握手画图法[如图 6.13(1)],一共 15 条线,说明需要握手 15 次。从看似"乱花渐欲迷人眼"的图形中去理解握手的规律,会发现每个人都要与其他的 5 个人握手,而握手具有"对称性",所以 $5×6÷2=15$(次)。另外,可以这样理解[如图 6.13(2)]:A 只需与后面的 5 个握手,B 只需与后面的 4 人握手,C 只需与后面的 3 人握手,D 只需与后面的 2 人握手,E 只需与 F 握手,这样握手的总次数就是 $5+4+3+2+1=15$(次)。对于小学生,淡化数与形的形式、注重数与形的理解很重要,不用追求形式上的高深术语或严谨公式,却需要基于理解的视角去寻求适当的方法。因为,数学是思维的学科,数学在很多时候最关键的不是外在的形式,更重要的是"看不见、摸不着"的脑袋里如何"想"的问题。对"数"

的整体把控离不开"形",对"形"的深刻认识同样离不开"数",但数与形的结合一定要建立在学生的思考和理解基础之上,数融于形、形显于数,数形联姻才能体现数学理解的至高境界。

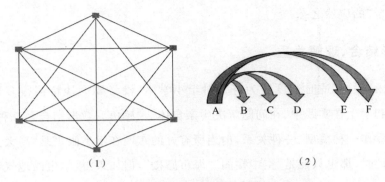

（1）   （2）

图 6.13　6 人握手画图法

第七章 法理相融:理解之自明

计算和推理是相通的,计算要有方法,这方法里就体现了推理,即寓理于算的思想:计算是具体的推理,推理是抽象的计算。[①]

——张景中

数学运算是数学学科核心素养之一,可见计算之于数学的重要性。运算能力是新课程标准下重要的数学核心素养,是数学课程目标实现的重要保障。计算在数学教学中占有较大比重,是数学教学的重要组成部分。

计算教学的两大核心是算理和算法。算理是指计算过程中的思维方式,即"为什么这样算"。计算法则是在理解算理的基础上,归纳得出的计算的方法和规则,主要解决"怎样计算"的问题。算理一般由数学概念、运算规律、运算性质等构成。算法通常是算理指导下的人为规定的操作步骤,解决如何算得准确、算得方便的问题。如在整数加法的计算中,要计算 23+46,因为 23 是由 2 个十和 3 个一组成的,46 是由 4 个十和 6 个一组成的,2 个十与 4 个十合起来就是 6 个十,3 个一与 6 个一合起来就是 9 个一,而 6 个十和 9 个一就组成 69,所以 23+46=69。这就是整数加法的算理。在解决一般的整数加法的问题中,在算理的指导下,人们逐渐归纳出更为直接简捷的计算方法:把相同数位对齐列出竖式,再从个位加起,满十向前一位进一,这就是整数加法的算法。因此,算理是客观存在的规律,算法却是人为规定的操作方法,算理为计算提供了正确的思维方式,保证了计算的合理性和正确性,而算法是为计算提供快捷的操作方法,提高计算速度的。算理是算法的理论依据,算法是算理的提炼和概括,算法必须以算理为前提,算理必须经过算法实现优化,二者相辅相成、相得益彰。

在计算教学中,如何将计算的方法与计算的道理相互融通,做到法理相融;在知其然并知其所以然的过程中,如何架设从算法抽象到算理直观的桥梁,使学生对数的运算的理解达到自明的境界,这需要教师在教学实践中不断地深度思考和精心设计。

---

① 张景中.感受小学数学思想方法的力量[J].人民教育,2007(18):32-35.

第一节　法中有理:追寻存在的意义

弗赖登塔尔在《作为教育任务的数学》一书中,将数学知识分为程序性知识与思辨性知识两类。小学数学中计算类的知识大多都属于程序性知识,即"行易知难",做起来容易,知道其道理却困难。例如小学数学中的许多计算规则:先乘除后加减、分数除法的颠倒相乘、有理数乘法的负负得正等。算法相对于算理而言较为简单,算法是操作层面的,算理是理解层面的,往往理解东西是不容易的。不可否认,很多学生即使计算熟练,结果也正确,但也未必理解计算中的道理,即知其然却不知其所以然。而知其然更知其所以然,方能促进对数学知识宏观认知和微观逻辑的深刻理解。

小学阶段学习的数主要包括整数、小数、分数,其运算主要涉及加减乘除。"算理"包括数和运算的意义、运算的规律和性质。只有对算理具有深层理解,才能对具体算法的产生、发展、应用形成综合的认识。小学数学计算内容的重难点主要集中在乘除法上,包括多位数乘除法、小数乘除法、分数乘除法。其中多位数乘法的重难点在于两位数乘两位数,多位数除法的重难点在于多位数除以一位数。计算的难点都在于对算理的理解。每一种计算的方法,背后都存在着算理的依据,有了算理的支撑和保障,算法才具有合理存在的意义。小学数学计算教学追求的是具有核心素养的计算技能和正确率,包括掌握算法、理解算理、会用类比和转化的思想等。

一、重视算理理解的应然之势

计算是依据数和运算的意义以及运算的定律进行逻辑推理的过程。就计算的种类来讲,包括口算、笔算和估算。比较简单的计算通过心算就可以得出结果的就是口算;当数较大不能很快算出结果,就需要把计算过程书写出来,就是笔算,笔算一般需要列竖式进行计算;估算就是大致推算,一般将数进行"凑整"以快速得出相近的结果。无论是哪种类型的计算都离不开对算理的理解,重视算理的理解,是计算教学的根本,也是计算教学的应然之态。

算理是运算的基础,算法是运算的建构,算理是隐性的,算法是显性的。有研究表明,学生对计算法则背后的道理并未真正理解[①]。抽样调查针对三年级学生是否掌握两位数乘两位数的计算,出示了两道题目。

---

① 张丹.小学数学教学策略[M].北京:北京师范大学出版社,2010:72.

(1)42×25。

(2)在 34×12 的竖式计算中,箭头所指(34×12 的第二层的积 34)
的这一步表示的是(　　)。

$$
\begin{array}{r}
34 \\
\times 12 \\
\hline
68 \\
34 \quad \longleftarrow ? \\
\hline
408
\end{array}
$$

A.10 个 34 的和　　　　　　B.12 个 34 的和

C.1 个 34 的和　　　　　　D.2 个 34 的和

题目 1 考查学生是否掌握了两位数乘两位数的计算方法。题目 2 考查学生是否理解
两位数乘两位数竖式计算中每一步的含义。调查结果显示,三年级学生对题目 1 和题目
2 的得分率分别是 0.701 0 和 0.430 9,二者存在显著性差异。可见,学生也许会计算,但
并未真正理解计算法则的意义。在实际的小学数学教学中,教师若对计算过程探索的重
视程度不足,对乘法意义的挖掘不够,而对列竖式的格式强调越位,使竖式与横式的联系
割裂,势必造成学生对计算竖式的"规矩"的表面不可逾越,而深层不达理解的状况。开始
时,学生可能对 34×12 的意义理解还比较到位,它表示 12 个 34 的和或者 34 个 12 的和。
甚至在此基础上,学生也探索得到将一个因数拆分之后的乘法分配律的横式计算方法:

$$
34 \times 12 = 34 \times (10+2) = 34 \times 10 + 34 \times 2 = 340 + 68 = 408,
$$

而且大多数学生也会理解这种计算方法的道理。但若老师匆忙引导学生进入竖式的格式
时,尤其是在对竖式还未真正内化的情况下,教师又开始急于引导学生对竖式进行"简
化",也就是上图竖式中箭头所指的这一步强调可以把 340 末尾的 0 去掉、省略不写的时
候,很多学生就会在"匆忙之中""强调之下"而"记住法则",认为会算就行了。

张景中院士认为,计算是具体的推理。也就是说,计算原本就是一种推理,是一种基
于"数"与"运算"的意义的推理。它的本质就是一种数学思维的推理,推理是要"讲道理"
的! 如果计算不讲道理、只讲算法,或者学生只会算法、不懂算理,在计算时只是"依葫芦
画瓢",思维程序固化,只知按程序去做、去算,而不去探寻计算方法蕴含的"为什么这样
算",长此以往,计算之于我们是不是就相当于机器? 在当今计算机人工智能时代,程序化
的事情越来越倾向于机器替代,而意义理解的事情终究是无法替代的,所以"想明白"的事
情仍需要人类来做,数学的思维功能是机器替代不了的。

二、厘清算理理解的释然之体

小学数学教学中的计算主要涉及加、减、乘、除运算及四则混合运算。数的运算的算
理主要体现在以下三个方面。

从算理的呈现方式上看,低年级侧重借助实物图、主题图、数学工具(如小棒、计数器
等),借助学生生活经验或简单的数学活动经验,经历操作活动,直观理解算理。比如通过
操作小棒的"合并""拆分""重组""平均分"等来理解整数的加减乘除法;通过计数器来理

解十进位值制。中年级侧重借助以学生原有的计算经验,借助概念、运算律等,通过"优化""重构"来认识并理解算理。比如两位数乘两位数的竖式计算的算理理解。高年级则侧重数形结合,以数量关系为突破口,引导学生运用简单抽象、归纳、类比等思想方法来理解算理。比如分数乘法和分数除法的算理理解。

从算理的理解方式上看,低年级整数加减法主要借助于学生生活经验的再现和应用,重在引导学生将生活化的经验提炼成数学化的表达与应用,帮助学生在建立"位值制"原则基础上发现算理,这个阶段比较注重基于自我经验的数学化理解方式。中年级对整数乘除法的学习主要以具体的简单的实际问题为载体,引导学生将"位值制"原则进行整合与重构,注重的是基于自我"再创造"基础上的理解。高年级针对"小数、分数"的计算则侧重于借助知识的有效迁移与类比,注重"算理"的"形式"与"本质"的沟通理解。随着年级的升高,整个算理的理解方式,是从具体形象思维逐步过渡到抽象逻辑思维的过程。

从算理理解和算法形成的结构关系上看,低年级算理以直观操作为主,结合数的意义和四则运算意义的概念学习,同步于具体的算法形成,也就是算理与算法相互融合在计算技能的形成过程之中,是相伴而生的(图 7.1)。中年级算理的认识是半抽象的过程,以"位值制"为基础,结合竖式计算的抽象产生过程,形成基于算理认识上的算法构造与应用,也就是算法是在算理的基础上形成的。高年级的算理理解则是围绕数学思想及基本原理的应用,体现算法建构中的知识迁移、类比发现,算理与算法呈现螺旋交互融合。

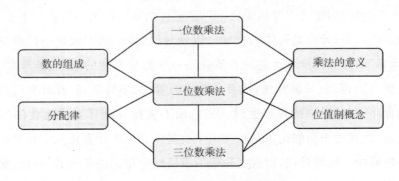

图 7.1 整数乘法结构图

数的运算的知识结构体例可以分为两条线:一条是横向的计算类型,另一条是纵向的计算拓展。计算类型有口算、笔算、估算,无论哪一种类型的计算,在算理理解的过程中,数学概念、性质、定律都进行了有机结合,最终融于具体的算法操作过程中。从图 7.2 中可以看出,整数加、减、乘法中的"位值"概念与"运算意义"作为基础,支撑了整数加法、减法、乘法运算算理理解。纵向来看计算的拓展性,从整数运算,到小数、分数的运算,算理理解呈现结构化的特征。即算理的理解不是孤立的,而是与其他计算内容相联系、相融合的,并呈现出循环向上的结构特征,从结构的视角来看计算的算理理解,将有助于算理理解的深化。

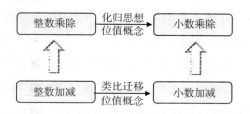

图 7.2 小数四则运算结构图

三、铺设算理理解的实然之路

算理是客观存在的规律,是计算的本质。算理是四则运算的理论依据,算法是四则运算的基本程序。运算是基于法则进行的,法则应具有合理性和可操作性,要满足一定的计算道理,使得算理可操作化。教师在教学中要设计必要的教学活动,引导学生探索计算蕴含的深刻道理。

计算的横式与竖式,本质意义是一致的,只是书写形式上不同(图 7.3)。所以过程中的每一个乘积表示的意义完全可以联系类比。通过横式与竖式的联系比较就会理解竖式计算中每一步的意义,及其书写位置的道理,保证相同数位上的数能够相加。因此,用横式解析竖式的算理,在联系比较中,算理也通了,算法也明了。

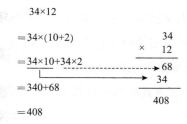

图 7.3 横式与竖式比较

算理理解了,内在本质的规律就显然了,在此基础上的算法呈现虽然方式较多,但"万变不离其宗",形式的"变"都离不开道理的"宗"。时下各种琳琅满目的培训机构以各种速算为招牌吸引学生,其实本质上都离不开各种计算的本质道理。以两位数乘两位数为例,有人给出了十三字口诀的"万能计算公式":"头乘头,尾乘尾,尾乘头加头乘尾"。以 23×47 为例,头乘头是 $2 \times 4 = 8$,尾乘尾是 $3 \times 7 = 21$,尾乘头是 $3 \times 4 = 12$,头乘尾是 $2 \times 7 = 14$,尾乘头加头乘尾就是 $12 + 14 = 26$。把头乘头的 8 写前面,尾乘尾的 21 写后面,就是 821;然后加上尾乘头加头乘尾的 26,但 26 要与 82 对齐相加,最后得到 1 081,即是 $23 \times 47 = 1\ 081$。这个看似"万能"的公式,其实就是将两位数乘两位数的本质更换了另外一种非常规竖式的计算方式。头乘头 $2 \times 4 = 8$ 表示 $20 \times 40 = 800$,尾乘尾 $3 \times 7 = 21$ 就表示 21,尾乘头加头乘尾表示的是 $3\times40+20\times7=260$,最后将这三个积加起来得 $800+21+260=1\,081$。算法是依据本质的算理人为给出的,为了计算的方便、简捷而创造的各种操作方式,理解算理之后,算法就是外显的一种形式。

再如,下面的所谓印度乘法速算,是关于"20 以内数的乘法"。比如 12×17 只需计算 $1\times1=1,1\times7=7,2\times1=2$,将后两个积加起来得到 9,然后 1 写前面,9 写后面,表示 190,再加上 $2\times7=14$,最后得到 204。其实,透过速算的现象,可以看到这个道理依然是两位数乘两位数的本质:

$$12\times17=(10+2)\times(10+7)=10\times10+10\times7+2\times10+2\times7=204。$$

与上面的十三字口诀是一致的。理解了两位数乘两位数的本质道理后,十三字口诀也就变得灵活起来,先算谁,后算谁,乘积写在哪里,正所谓心里明白了,怎么写就是其次的了,只是算法上的一种熟练表现。这些速算的算法和写法与竖式的算法和写法本质相同,只是形式相异而已。算理是算法的基础,只有算理理解了,算法才有了生长的土壤。所以,计算教学必须从算理开始,要立足于学生的已有认知,打开新旧知识之间的通道,在多样化算法"趋同"的归纳过程中领悟计算的道理。

四、着力算理理解的使然之举

数学本身或许是独立于物理宇宙、人文社会存在的,但数学的发展历程则不是。同样地,探讨数学习惯也不能脱离人类社会对数学的应用。实际上,数的运算和运用运算解决问题是具有天然联系的,数的运算包括以下四个方面的内容:

第一,数的运算的意义、四则运算之间的关系;

第二,获得运算的结果(包括估算和精确计算);

第三,运算律及运算性质;

第四,运用运算解决实际问题。

基于数学建模的视角,数的运算可以分为四个过程:现实感知、提出问题—探究感悟、理解算理—聚类抽象、形成算法—问题解决、意义内化。每一种运算都是基于实际问题的解决背景中提出的,都是在问题解决中应运而生的。数学来源于生活,又应用于生活。计算很多是纯粹的数学计算,但更多的是要用来解决现实生活中的实际问题的。从哪里来,到哪里去,算理有时可以回归到实际问题解决的过程中去寻求理解。数是有意义的,数的运算也是有意义的,在问题解决的情境中理解数的运算的道理,就是对计算本质内涵的理解,本身就是意义的体现。

比如"四则混合运算"运算顺序的法则是"先乘除、后加减,有括号要先算括号"。为什么数学上会规定这样的运算顺序呢?如果你要告诉小学生:因为加减法是数量变化的低级形式,乘除法是高一级的形式,乘除法优先等级比加减法高;与其把这样的答案给小学生,不如不回答,大多数小学生听到这样的回答会变得更加"雾里看花"。生活中处处有数学,从生活中的数学作为切入点,就使得运算变得有情有境、有滋有味。来看一个例子:一支钢笔的价格是 20 元,一支铅笔的价格是 2 元,买 2 支钢笔和 6 支铅笔一共需要多少钱? 对于这个问题,可以分步计算,也可以综合列式计算:

分步计算:买钢笔需要 $2\times20=40$(元),买铅笔需要 $6\times2=12$(元),买 2 支钢笔和 6 支铅笔一共需要 $40+12=52$(元)。

综合列式计算: $2\times20+6\times2=40+12=52$(元)。

在分步计算中,学生是理解每一步的计算道理的。在综合计算中,学生往往就会出现错误,或者只单纯记住"先乘除后加减"的计算法则而不求法则的道理所在。其实给小学生解释法则的道理只需紧密结合算式的实际背景意义就很清楚。首先,综合算式的列式 $2\times20+6\times2$ 本身表示的意义就是 $(2\times20)+(6\times2)$。 $2\times20+6\times2$ 只是减少了括号的使用,是 $(2\times20)+(6\times2)$ 的简洁表示,本质表示的意义没有发生变化。结合所列算式表示实际问题的具体意义,在进行计算时应该是先算买钢笔的钱数,再算买铅笔的钱数,然后将两者加起来。所以,规定"先乘除后加减"的运算顺序,一是在实际计算中减少了使用括号的麻烦,使形式简洁。二是从数学发展史来看,乘法是诞生于加法之后的,来源于加法而高于加法的存在,是递加同一数的简便运算;同样,除法是递减同一数的简便运算,因而乘除法比加减法要简便、迅速、计算效率高。从实践中来,到实践中去,紧密结合算式的意义来解释算式的计算方法,在"理"中着力,在"法"中见"理",这才是理解算理的使然之举。

诚然,计算本身具有较强的抽象性,但其反映的内容却是现实的。数的运算是人们认识客观世界和周围事物的重要工具之一。数学来源于生活又应用于生活的理念在小学数学计算教学中应"广为用之",应注重计算的现实意义,加强计算与日常生活的联系,应通过实际情境使学生体验、感受和理解运算的意义、来源、现实情境和本质。数的运算教学不能"就计算而讲计算",而应结合实际问题的意义来着力理解算理。这就是指计算教学的算理理解也要有模型思想的建立。这一点在小学数学的教材中就有很好的体现。从问题中来,到问题中去,应该是数的运算的出发点和归宿点。所以,问题解决应该是算理理解的重要的有效的着力点。

第二节 理中得法:构建通幽的路径

计算是学生数学素养中最基本的技能和素质,在学生的数学学习中占据着重要地位。

具体的计算技能是所有公民都应该具备的基本素养。德国教育家赫伯特指出:"所有相对安全的知识都必须从计算开始。"因此,计算一直是小学数学教育的一个基本组成部分,而培养小学生的计算能力也一直是小学数学教育的主要目标。学校的计算教育直接关系到学生基本数学知识和技能的掌握,关系到学生的观察、记忆、思维等数学能力的培养,关系到学生的学习习惯、情感、意志等非智力因素的培养。另外,数字运算的过程本身就是逻辑推理的过程,是培养学生的逻辑思维能力的有效途径。数字运算的概念、属性、规律和公式等都有着紧密的内在联系,遵循着严格的数学逻辑。如加法和减法、乘法和除法、因子和倍数、整数和分数等。

当今世界,所有学科的发展和应用都需要面对数字的操作,以解决与数学公式有关的问题。在小学阶段,计算能力的形成主要体现在三个层面:理解算术—建立算法—解决问题,这体现在整数、小数和分数的口头和书面计算。

算理与算法从来都是一个不可分割的整体,很难想象纯算理的课如何演绎,纯算法的课又该怎样落实。计算教学应该是在分析算理的同时突破算法,在理解算理的过程中构建算法。算理的明晰与算法的掌握是相辅相成、相伴相生的。如何在理解"理"的基础上掌握"法"? 怎样使"理"与"法"相得益彰而不割裂分离?

一、注重运算意义,循"理"入"法"

学生的运算能力分为三个层次:一是计算精准化,二是计算快捷化,三是计算灵活化。小学数学中运算的具体内容和表现形式为口算、笔算、估算、验算,其中口算是基础、笔算是核心、估算是预测、验算是保证。要想对"数"进行"运算",首先要对"数的概念"和"运算的意义"有清晰准确的认识。数的运算需要"数的概念"和"运算的意义"作基础支撑,运算技能的形成依赖于对"数的概念"和"运算的意义"的认识和理解。"数的概念"涉及整数、小数和分数,"运算的意义"包括加、减、乘、除四种运算的意义。

在"分数乘法"的运算中,教材编排了两部分内容:分数乘整数、分数乘分数(图7.4)。这里是对"分数"做"乘法"运算,首先要知道分数的意义。分数具有双重身份:一种是"数"的身份,此时它与整数、小数一样,表示的是"数",可以带单位;另一种是"分率"的身份,此时它表示几分之几的分率,不能带单位。其次要理解乘法运算的意义。乘法是指将相同的数加起来的快捷方式。乘法的意义在小学阶段经历了三个不同的认识过程:首先是初步认识阶段,也就是整数乘法阶段,是乘法的最初意义阶段;其次是拓展阶段,推广到小数乘整数或分数乘整数的阶段;最后是变形叙述阶段,是指整数乘小数或整数乘分数的表述阶段。无论哪个阶段,都没有脱离乘法的本原意义。

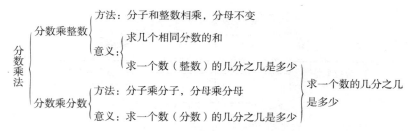

图 7.4 分数乘法知识结构图一

思考"分数乘法"的定义，只要乘法的因数中有分数的都可以归类为分数乘法，按照定义可以对分数乘法分成三种类型：

（1）分数乘整数；

（2）整数乘分数；

（3）分数乘分数。

与整数乘法的意义相同，分数乘整数的意义就是"求这个分数的整数倍是多少"，也就是"求几个相同分数的和"，当理解分数乘整数的意义之后，可以循"理"入"法"，之后的计算方法也就水到渠成了。比如，

$$\frac{2}{3} \times 5 = \frac{2}{3} + \frac{2}{3} + \frac{2}{3} + \frac{2}{3} + \frac{2}{3} = \frac{2+2+2+2+2}{3} = \frac{2 \times 5}{3} = \frac{10}{3},$$

也即分数乘整数的计算法则就是"分子和整数相乘，分母不变"。因为乘法具有交换律，就有"分数乘整数"等于"整数乘分数"，所以整数乘分数就可以按照分数乘整数来计算，法则就是"整数和分子相乘，分母不变"。可是教材上并没有给"整数乘分数"的这种意义留有"一席之地"，而是转向更深刻的意义：整数乘分数表示求这个整数的几分之几是多少。比如："1 桶水是 12 升，$\frac{1}{2}$ 桶是多少升？"有了之前"1 桶水是 12 升，3 桶是多少升？"的铺垫和类比，顺势列出算式为 $12 \times \frac{1}{2}$，它表示"求 12 升的 $\frac{1}{2}$ 是多少"。该如何计算这个整数乘分数呢？利用乘法交换律，有 $12 \times \frac{1}{2} = \frac{1}{2} \times 12$，然后按照分数乘整数的法则计算即可。问题来了：为什么要赋予"整数乘分数"这样的深刻意义呢？这个"曲径"难道是为了"通幽"吗？确实如此！这个"幽"就是后面即将登场的"分数乘分数"，它的意义与"整数乘分数"的意义相同，表示"求一个数（分数）的几分之几是多少"。有了这个可循之"理"，才有了利用数形结合的方法构建分数乘分数的算法的路径。可见（如图 7.5），表面上看分数乘法的两部分内容，其实中间架设着一座"若隐若现"的桥梁——"整数乘分数"，这座桥梁左边连接的是"分数乘整数"的算法（乘法交换律是保障），右边连接的是"分数乘分数"的算理（求一个数的几分之几），真可谓"曲径通幽""理中得法"啊！

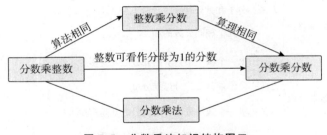

图 7.5　分数乘法知识结构图二

二、利用经验迁移,依"理"得"法"

　　小学生数学知识、数学技能与数学经验的积累是循序渐进、螺旋上升的,学生的运算能力形成也是如此,先前的计算技能与经验是后续计算学习的基础,所以利用已有的知识经验,依据新计算的算理理解建构新计算的方法,才能使得新旧知识在发生、发展与联系的基础上得以多角度、多侧面的通达融合。比如,笔算是在口算的基础上演化形成的,复杂笔算是在简单笔算的基础上延伸与发展的,分数加减法来源于整数加减法的类推,分数乘除法的法则来源于分数乘除法的意义。因此,应从计算教学的整体结构上把握每一种计算的节点,基于整体发展的视角,将前后联系、新旧贯通,形成一个计算教学的整体内循环结构,在结构中迁移推进,在迁移中有理可依、有法可循。表 7.1 呈现的是人教版小学数学教材中的数的运算的内容。找准新旧知识的切入点就是找到了走进新知的桥梁,更找到了新知所含算理算法的源头活水。

表 7.1　人教版小学数学"数的运算"内容分布

学段	年级	册数	内容		
第一学段	一年级	一上	1～5 的认识和加减法	6～10 的认识和加减法	20 以内进位加法
		一下	20 以内退位减法	100 以内的加减法	
	二年级	二上	100 以内的加减法	表内乘法(一)	表内乘法(二)
		二下	表内除法(一)	表内除法(二)	万以内加减法(一)
	三年级	三上	万以内的加减法(二)	有余数的除法	多位数乘一位数
		三下	除数是一位数的除法	两位数乘两位数	简单的小数加减法
第二学段	四年级	四上	三位数乘两位数	除数是两位数的除法	
		四下	四则运算	运算定律与简便计算	小数的加减法
	五年级	五上	小数乘法	小数除法	
		五下	分数的加法和减法		
	六年级	六上	分数乘法	分数除法	
		六下			

　　数学学习是一个连续的、前后往复的过程,前面的知识经验会支持新知识的学习和理

解,新知识也会加强和深化旧知识。分数除法是在整数、小数、分数的四则运算中最后的运算内容。学生在计算中的困难和错误往往与其对数和运算的意义理解不够到位有着密切的关系。"分数除法"运算是建立在"整数乘法""整数除法""逆运算的概念""加法的意义""分数的概念""分数乘法"等多个知识的基础上的,而"分数乘法"是知识链中最关键的知识点。现仍以"分数乘法"中的"分数乘分数"为例,在遵循"求一个数的几分之几"的算理指导下,利用数形结合的方法可以探究得到算法。若考虑先前的知识经验,利用分数与除法的关系,分数乘分数的算法也可以这样构建:

$$\frac{2}{3} \times \frac{4}{5} = 2 \div 3 \times 4 \div 5 = 2 \times 4 \div 3 \div 5 = 2 \times 4 \div (3 \times 5) = \frac{2 \times 4}{3 \times 5} = \frac{8}{15}。$$

可见,先把分数乘法转化为整数乘除法,再根据整数乘除法的性质进行变形,变成分子相乘除以分母相乘,然后变成分子相乘做分子、分母相乘做分母,最后变成分子相乘的积做分子,分母相乘的积做分母。这与几何直观的算法探究过程本质是相同的,用长方形表示单位"1",就是把单位"1"先平均分成 3 份,取 2 份,再平均分成 5 份,又取 4 份。概括来说,就是分了再分,取了再取。

同样地,分数除法的计算法则也可以从经验迁移中得来。利用分数与整数乘除法的关系,比如,

$$\frac{2}{3} \div \frac{5}{7} = 2 \div 3 \div (5 \div 7) = 2 \div 3 \div 5 \times 7 = 2 \times 7 \div (3 \times 5)$$

$$= \frac{2 \times 7}{3 \times 5} = \frac{2}{3} \times \frac{7}{5} = \frac{14}{15}。$$

可以看到,"分数线可以看作除法""整数乘除法的结合律""整数乘除法的交换率""整数乘除法的去括号"都是知识经验的基础,其中"分数线可以看作除法"和"除法去括号"是最重要的。当然,分数除法也可以利用除法是乘法的逆运算的角度来推导。

设 $\frac{2}{3} \div \frac{5}{7} = x$,则

$$\frac{5}{7} x = \frac{2}{3},$$

两端同时乘 $\frac{7}{5}$,即

$$\frac{7}{5} \times \frac{5}{7} x = \frac{2}{3} \times \frac{7}{5},$$

得 $x = \frac{2}{3} \times \frac{7}{5} = \frac{14}{15}$。

同样地,分数除以分数也可以建立在"分数除以整数"以及"整数除以分数"的旧知迁移上。

所谓依"理"得"法"，可以依据纯粹计算的道理，每一步的推理都"有理有据"；也可以依据运算的意义以几何直观的数形结合形式探索，每一个图形都"有情有义"。建构主义认为，知识并不能简单地传授，学生应根据自己的知识经验，主动建构知识。计算内容之间存在着紧密的联系，一般因数的位数的增加、进位或退位等，会逐渐增加计算的复杂度，但最基本的算理和算法却是可以由数位较少的计算迁移到数位较多的计算，由不进位、不退位的计算迁移到需要进位、需要退位的计算中的。如果把握好教材关于计算内容的循序渐进的结构序列，找准新旧计算内容的关联点和发展点，有效促进学生已有计算经验的迁移，就可以构建发展性的算法。

三、突出聚类抽象，以"理"驭"法"

所谓聚类，就是将相似的事物聚集在一起，而将不相似的事物划分到不同的类别的过程。聚类是数据分析中常用的一种手段，在数学计算中注重分门别类地归纳概括每一类运算的计算方法也是行之有效的方法。在小学数学教材中也的确是按照类别编排呈现了数的运算的多个种类，有整数的四则运算、小数的四则运算、分数的四则运算。每一类计算都有各自的运算法则，或相似或不同，但却都是聚类抽象之后的明确算法。

算法是一种经过压缩的、一般化的计算程序，在最初形成时，与算理的距离是最近的，基础性的算法是在算理直观中形成的最本原的计算方法。基础性的算法也许是粗糙的、不简洁的，但却是对算理最近的解释。小学生形象直观思维占主导，随着年级的升高，形象思维逐渐迈向形象思维与抽象思维相结合。所以要在现实生活模型中理解算理并构建基础性算法。

随着科学技术的发展，尤其是计算机和计算器的普及，"数的运算"也受到了时代发展的挑战，计算机本身就擅长算法，这就需要我们重新审视数的计算的教学目标，以更好地培养适应21世纪发展的当代公民的数学素养。课程标准中指出，应重视口算，加强估算，提倡算法多样化；应避免繁杂的运算，避免将运算与应用割裂开来，避免程式化训练。

小学阶段的乘法分为整数乘法、小数乘法和分数乘法。首先学生接触整数乘法是在二年级上学期，九九乘法表是学生最早接触的乘法。比如 $2 \times 3 = 6$，算理是它表示 2 个 3 相加或 3 个 2 相加，即乘法是几个相同加数的递加的简便运算。学生要做到横背、竖背、挑着背，背到脱口而出的熟练程度，这也是进一步学习乘法的基础，同时也是学习除法的基础。三年级上学期学习了口算乘法：一位数乘整十数或整百数，如 10×3，算理是因数和积的变化规律，一个因数不变，另一个因数扩大几倍，积也扩大几倍。算法是先用 0 前面的数和 3 相乘，再在积的末尾填一个零。有了这个基础紧接着就学习了一位数乘多位数的笔算乘法，有不进位和进位之分。

不进位的比如,一盒彩笔 12 元,求买 3 盒需要的钱数。列式是 12×3＝? 算理是乘法分配律,分别用 10×3 和 2×3,再把两次的积相加。算法是在进行乘法的竖式计算中,把数位较多的因数写在上面,数位较少的因数写在下面并与第一个因数的个位对齐,先用第二个因数的个位与第一个因数的个位相乘,积写在个位上,再与十位上的数相乘,积写在十位上。

进位乘法算理同样是乘法分配律,如每箱有 24 瓶矿泉水,9 箱一共有多少瓶? 列式 24×9＝? 分别计算 20 与 4 乘 9 的积,再相加。算法是用一位数依次去乘多位数的每一位上的数,哪位上数满几十就向前面一位进几。

小数乘整数是学生第一次接触小数乘法方面的计算,关键要掌握把小数乘整数转化成整数乘整数来进行计算,再看因数中一共有几位小数,就从积的右边往左数出几位小数。小数乘法的算理是积的变化规律。在进行"小数乘整数"的竖式计算以及确定小数点的位数时,计算方法由"直观理解""程序理解"发展为"抽象理解""形式理解",需要对这四种理解进行融合。以"0.8×3"为例,直观理解就是用直观图形或最直接的生活经验来说明运算结果的合理性。有学生将三个相同的长方形都各自平均分成 10 份,分别涂出表示每个 0.8 的部分,然后将 3 个 0.8 合并在一起,从图形中直观就可以看出 3 个 0.8 就是 2 个完整的长方形再多出来 0.4,也即是"0.3×3＝2.4"。此外,也有学生将问题情境中的 0.8 元转化成了 8 角,然后 3 个 8 角是 24 角也就是 2.4 元。这都属于直观理解的范畴。利用问题情境的现实性和学生已有的生活经验来解决新的问题,把数学与生活实际建立联系,这是数学学习非常好的方法,应该加以鼓励。但也应该看到,这种算法的思维水平还是停留在比较浅显的层次,数学抽象的程度并不高。应该将数学问题从具体情境中逐步抽象出来,加强对数学本质的理解。程序理解通俗地说就是按照程序会计算,比如,把小数乘整数转化成整数乘整数来进行计算,再看因数中一共有几位小数,就从积的右边往左数出几位小数。其实,程序性的理解更指向"操作性的表征"。抽象理解就是用语言、算式说明结果的合理性,比如列竖式进行的小数乘整数的计算过程。形式理解是用已知规则、规律基于逻辑推理证实运算结果的合理性,就是指学生对于小数乘整数的竖式计算过程有充分深刻的理解,8 个十分之一的 3 倍,就是 24 个十分之一,就表示为 2.4,进而能从"类"的视角上指出小数乘整数的这一类乘法计算的算法就是"将小数乘整数转化为整数乘整数,然后因数有几位小数,乘积就有几位小数"的道理和规律。

分数乘法是在整数乘法、分数的意义和性质以及分数加减法的基础上进行学习的。分数乘法的意义是在整数乘法的意义上扩展而来的,分为两种情况:

第一种,求几个相同分数相加的和是多少,这与求几个相同整数之和的意义是完全相同的,这是整数乘法意义的延续。

第二种，求一个数的几分之几是多少，可以用乘法计算，这是整数乘法意义的扩展。

例如，一桶水是 12 升，求这桶水的 $\frac{1}{2}$ 是多少升与求半桶（$\frac{1}{2}$ 桶）水是多少升，意义是完全相同的，列式都是 $12 \times \frac{1}{2}$。因此，求一个数的几分之几是多少，也就是求几分之几个单位"1"是多少，它们的意义是相同的，只不过我们更习惯于前一种表述。

综合来看，分数乘法的意义与整数乘法的意义本质是相同的，都是求几个相同数之和，这里的"几"既可以是整数，也可以是分数，"相同数"既可以是整数，也可以是分数。事实上，学生在此之前已经学习过"求一个数是另一个数的几倍"和"求一个数的几倍是多少"等这样的数量关系，知道"求一个数的几倍是多少"要用乘法计算。其实，这里的"几倍"可以是"整数倍"，也可以是"小数倍"，但一般是指倍数大于 1 的情况。当一个量与另一个量的倍数小于 1 时，一般就不说"几倍"，而说成"几分之几"。例如，"甲是乙的 3 倍"，我们一般就说"乙是甲的 $\frac{1}{3}$"，而不说"乙是甲的 $\frac{1}{3}$ 倍"。但两者的数量关系在本质上是一致的。所以，"求一个数的几分之几是多少"实际上是"求一个数的几倍是多少"的一种延续而已。一个数乘分数与分数的意义是相同的，就是用更小的单位去度量。比如，$c \times \frac{b}{a}$ 就是把 c 平均分成 a 份，取其中的 b 份；当 $a = 1$ 时，就相当于整数乘法。

四、解构多元理解，据"理"优"法"

"算"是"思"的外衣，"思"是"算"的源泉，计算教学要引导学生拨开外衣、探寻实质。从计算的层次来讲，计算常有三境界："要会算"—"也要会少算"—"更要会不算"。计算教学不能仅停留于"会算"的阶段，按照算法规则进行逻辑推理而获得正确的计算结果仅仅是计算的一个方面。换句话来说，在计算教学中更重要的是，对算法的构造、设计、选择，包括对算法多样化的比较分析上的算法优化，进而不断地发展算法、创造算法。因此，根据算理的合理性需要对算法渐进式"解剖"和"深挖"，实现个性化理解的多元解构。

算法的掌握属于基本技能的范畴，任何一项基本技能的达成都需要一定量的积累，需要练习以达熟能生巧。计算教学中，往往要经历从"算法多样化"到"算法优化"，再到"算法内化"的过程。从产生到熟练应用，算法一般经历四个发展阶段：基础性算法——一般性算法—发展性算法—创造性算法。在"分数除以整数"中，以"$\frac{6}{7} \div 2$"为例，来看算法多样化的情况：

（1）一段长 $\frac{6}{7}$ 米的绳子，对折之后，长就是 $\frac{3}{7}$ 米；

(2)因为 $\frac{3}{7} \times 2 = \frac{6}{7}$,所以 $\frac{6}{7} \div 2 = \frac{3}{7}$;

(3)因为 $\frac{6}{7} \div 2$ 表示的是将 $\frac{6}{7}$ 平均分成两份,求其中的一份是多少,也就是 $\frac{3}{7}$;

(4)因为 $\frac{6}{7} \div 2$ 表示的是将 $\frac{6}{7}$ 平均分成两份,求其中的一份是多少,也就相当于求 $\frac{6}{7}$ 的 $\frac{1}{2}$ 是多少,也就可以写成 $\frac{6}{7} \div 2 = \frac{6}{7} \times \frac{1}{2} = \frac{3}{7}$;

(5) $\frac{6}{7} \div 2 = \left(\frac{6}{7} \times 7\right) \div (2 \times 7) = 6 \div 14 = \frac{6}{14} = \frac{3}{7}$;

……

不同生活背景的学生会有不同的思考角度,不同智力水平的学生也会有不同的思维层次,这必然会产生不同的算法。教材上出现了一种方法,而学生积极思考会产生多种不同的方法,跳出教材,甚至超越教材,富有理解性和创造性,这才是将教材知识和生活经验与数学思考密切联系的结果。没有思考的课堂不是数学课堂,没有算法多样化的计算教学是不完整的,具有推理的计算,才显得数学理解是厚重、丰实、饱满的。在算法多样化基础上的比较,就趋向于算法的优化,优化的算法是择优的,但不一定是唯一的。当引导学生发散思维产生多样化的方法之后,不要让有的算法刚"诞生",就"灭亡",哪怕有一丝一毫存在的合理性,就应该相信"星星之火可以燎原",在保护好学生的积极思考和创新思维的基础上,再进行算法合理的优化。

算法优化是算法多样化的重要组成部分,是算法多样化的延伸和收敛,目的是寻求算法的合理简捷。就像散文的"形散而神不散"一样,算法多样化看似"形散",但算法优化的目的就像"神不散",要将多样化的算法收敛于"神",也就是合理、简约、普适。基于算理理解,算法多样化就是"呼之欲出"的,算法优化就是"水到渠成"的。算法多样化提倡的是一种探索,是一种思维的创新,而算法优化是对多样化算法进行的比较、提炼、选择。算法优化的标准是建立在比较基础上的一种合理、一种简约。算法的优化是建立在算法多样化基础上的,也即要沟通多种算法的联系,再比较多种算法的优势以及局限性,以寻求通法。比如,将分数除以整数转化成小数除以整数,当分数不能转化成有限小数时,这种算法就不方便了;再如,用分数的分子直接除以整数,也就是把分数单位的个数平均分成整数份,当分数的分子不是这个整数的整数倍时,这种算法也不方便;而将除以一个整数转化成乘这个整数的倒数,这种算法就适用于所有情况,这才是寻求到的算法的通法。

在比较、分析中寻求通法的过程,实际上是对理解算理、提炼算法的优化和内化过程。当然,若分数的分子正好是这个整数的整数倍时,直接用分数的分子除以整数,而分母不变,也是很简捷的方法,应该保留,要培养学生计算的灵活性,这本身就是对整数除法的迁移与应用,也是直观地将分子平均分的最基础的除法意义的应用,这种算法可以看作基础性算法。因为学习分数除法之前,学生已经学习了小数除法,考虑新旧知识的联系与迁移,将分数除以整数转化为小数除法的迁移与应用,可看作发展性算法。在多种算法的比较和选择之后得到的一般性的算法的普及性和适用性更好。虽然推导分数除以整数的计算方法有多种,可以利用商不变的规律、等式的基本性质、逆运算的关系、分数的基本性质等进行推导,但推导过程对分数除法计算过程的实际意义的揭示都略显不足,这对分数除法应用于实际问题的解决多有不利,所以创造性算法的探索也应不脱离问题解决的实际情境,比如以折纸实验为载体,提出问题:把一张纸的 $\frac{4}{5}$ 平均分成 3 份,每份是这张纸的几分之几? 在学生折一折、涂一涂的操作中逐步发现分数除法的计算方法,这也是让学生经历由特殊到一般的探索感悟过程:把一个数平均分成几份,就是求这个数的几分之几是多少。

　　算理与算法是统一整体,形式上可分、实质上不可分,据"理"优"法"要考虑数的意义和运算的意义,也要考虑学生的已有认知经验。小学阶段运算能力的形成,是知识、技能的习得过程,更是思维发展的动态过程。具体教学中应重视用多种方式发现、探究、类比、归纳,在理解算理的基础上深化、拓展,构建算法的合理化、多样化、优化,为数学化的思维方式形成提供基础性的核心引领。小学数学中的计算具有基础性和工具性。计算教学的理想目标是:算理明确、算法娴熟,经历构建算法的过程,实现算理和算法的内在统一。算理直观与算法抽象是计算教学的根本点和出发点。计算教学需要在直观中理解算理,也需要在抽象中掌握算法,算理为算法提供依据,算法使算理可操作化。算理与算法相互融合,才能达到对算理的深层理解和对算法的切实把握。

第三节　法外开恩:读懂错误化资源

　　黑格尔说:"错误本身乃是达到真理的一个必然环节。"怀特黑德说:"畏惧错误就是毁灭进步。"可见,错误可以促进成长,不然怎么会有"失败是成功之母"的良训? 在数学学习中,学生更是会经历各种错误,数学教师除了上课、批改作业之外,更多的工作就是指导学生改错。学生在数学学习中所犯的错误无疑是数学学习的重要资源,如若教师能珍视这些"错误资源",借助这些资源来读懂学生的思维、读懂学生的数学认知,进而构建纠错策略,更好地帮助学生完善认知、发展思维,这才是以生为本、把数学学习置于真实的情境中的有意义的教学。

皮亚杰认为，学习是一种通过反复思考导致错误的缘由，逐渐消除错误的过程。错误会引起学生顺应自己的知识结构，并把所观察到的结果同化到修正过了的错误结构中去。罗增儒教授也曾提出："学生在解题中出错是学习活动的必然现象。对于解题中出现的错误与疏忽，我们不仅要看到其消极的方面，而且更要看到这是提高解题能力、完善认知结构的一个极好的机会。"[①]下面是学生做的一道减法竖式计算题：

$$
\begin{array}{r}
4\ 3\ 7 \\
-\ 2\ 8\ 4 \\
\hline
2\ 5\ 3
\end{array}
$$

显然，计算有误。但不同学生错误的原因可能不同，大致分为两种：

其一，学生在用被减数十位上的"3"减去减数十位上的"8"时，需要向百位借"1"，但是在计算百位上的两个数之差时却忘记"4"已经被借走了"1"，所以计算时仍用"4－2"，得2。因此，得到错误的计算结果253。犯这种错误的学生较多。

其二，学生在计算每个数位上的数字之差时，总是采用"以大减小"的方法，即在进行减法竖式运算时，每一列总是用较大的数字减去较小的数字。犯这种错误的学生不多，几乎是班级很少的学生，但却是数学基础很薄弱的学生，其中的原因主要是由于学生在学习多位数减法之前，很可能曾大量接触这样的问题："7与4的差是多少？""3和8的呢？"等，在此学生就全然不顾哪个数是被减数，哪个数是减数，这就是在教师语言强调不精准的前置性学习中形成的"历史遗留问题"。

在小学数学教学中，计算教学占了大部分内容，主要包括整数、小数、分数的四则混合运算，计算的形式包括口算、笔算、估算等。同时，在一些几何知识和应用问题的解答过程中，也涉及大量的四则混合运算。在小学数学计算的内容中，以多位数的笔算为主，这是学生学习小数运算的基础。教学的重点是乘除法，主要是两位数的乘除法，由于它是小数计算的基础，因此这部分内容是整个小学数学教学的重点，也是中年级小学生计算出错比较多的知识点。学生的困难主要表现在乘数的十位数字与被乘数相乘时，不能正确书写积的位置。而小数加减法计算的法则与整数加减法的法则基本相同，都是相同计算单位的数才能相加减。学生的计算困难主要表现在列竖式进行计算时，总是将小数的数位对错。同时，在小数除法的计算中，往往出现丢零或多零的错误。

对于学生，错误是走向完善的路标；对于教师，错误是反观教学的镜子。教学中宁要真实的错误，不要虚假的成功。当学生出现错误时，教师不要轻易给学生的错误解法判"死刑"，而要与学生一起思考，在帮助学生一起分析错误的思维过程中，挖掘错误背后的

① 罗增儒.解题分析：谈错例剖析[J].中学数学教学参考,1999(12):32-35.

创新因素,适时、适度地给予点拨和鼓励,保护学生的创新火花。

一、让错误"现形",算法得以飞扬

在哲学领域,真理的相对面是错误,即谬误。真理与谬误都属于认识范畴,但错误只有通过行为表现出来时才能被识别。学生在计算时的错误通常有这样两种情况:计算的思路是合理的,但答案整体上是错误的,其中的计算又有正确的部分;或者,所答非所问,计算的结果并非问题的本意。在这种情况下,若将计算中正确的部分进一步拓展修正,就会成为知识和思维的生长点。

例如:3 名工人 2 小时加工 120 个零件,某车间 12 名工人 8 小时加工多少个零件?

这道应用题大多数学生都根据归一应用题的解题思路列式解答为:

$$120 \div 3 \div 2 \times 12 \times 8 = 1\ 920(个)。$$

有一位学生却列式为:

$$120 \div 3 \times 8 \times (12 \div 3) = 1\ 280(个)$$

从结果来看,计算是错了,但学生一定对他所列的算式有自己独特的想法,他的方法中也一定蕴含着朴素的道理。学生表述自己的想法是:"这个车间的人数是条件中人数的(12÷3)倍,那么前两步表示的就是 3 名工人 8 小时加工的零件",此时再次循着他的想法进行深刻思考,发现他发现错误的根源,并及时将错误的算式调整成"120÷2×8×(12÷3)"。在这种方法的启发和影响下,其他同学也不再局限于归一法的常规思路,分别从不同的角度进行了重新思考,列出不同的算式:"120÷3×12×(8÷2)""120×(12÷3)×(8÷2)"等。

可以看出,学生计算结果与标准答案不同,但错误背后对问题理解的思维却"另辟蹊径",如果教师能适时、适度地给学生以充分"讲理"的机会,让学生的错误"现形",可以激起更多学生的思维火花,使算法得以飞扬。在语言文字和绘画创作中都讲究作者独特的"创意","创意"在"写""画"中是难能可贵的,同样,在数学计算中,教师要保护好学生的"创意"。若能善待、宽容学生的错误,让错误在"创意"中"现形",定会为学生开辟一片创新的新天地。

二、请错误"发声",算理得以扎根

英国心理学家贝恩布奇说过:"错误人皆有之,作为教师不利用是不可原谅的。"在数学学习中学生有错误是正常的、真实的,善待、宽容学生学习中的错误,是教师在情感态度价值观领域必须要面对的,而在知识与技能、过程与方法的领域内,教师若能有效地利用学生的错误,在究其根源中化错误为资源,在错误资源中改善学生的认知、提升数学技能、

发展数学思维才是教学应有的姿态。

案例：万以内的加减法

课堂进入练习，教师留了一段时间让学生质疑，有一位学生突然举手："老师，四位数的减法可不可以从高位减起？"这是大家都意想不到的事情，同学们都投去惊异的目光。在经过短暂的沉默之后，教师和学生进行了一番讨论。

师：这个同学提出的问题，很有研究的价值，现在就请大家来说说，笔算退位减法可不可以从高位减起？

生：不能，只能从个位减起……

师：那就让我们以黑板上大家做过的三道题为例，一起来研究一下，到底可不可以从高位减起。（擦去黑板上的答案，请原来板演的三位同学再上来按从高位减起进行演算，其余同学在下面独立练习。）结果经过反复演练之后，出现了如下的计算：

$$
\begin{array}{r}
2528 \\
-\ \ 395 \\
\hline
2233 \\
1
\end{array}
\qquad
\begin{array}{r}
1543 \\
-\ \ 718 \\
\hline
1835 \\
2
\end{array}
\qquad
\begin{array}{r}
4630 \\
-3845 \\
\hline
1895 \\
78
\end{array}
$$

师：同学们，经过以上的三个例子，谁说说看，从高位减起，遇到了什么麻烦？

生1：高位先算后，后面遇到需要退位时不好办。

生2：后面的计算向前一位退1以后，前面的差要改。

师：你是怎么改的？

生2：差比原来先写的数少1。

师：那么，我们能不能想一个办法，在经过退位减法以后，使差不做改动呢？

生3：我想，在从高位减起时，可不可以一次同时看两位，如果下一位需要退位，在写差的时候先留下一个1下来。

生3：比如1543－718，先看高位1。因为下一位5－7不够减，需要退位，千位上就先0，而不写1。减到十位4－1时，也要同时看十位和个位，因为个位是3－8不够减要退位，所以十位只能写上2，少写的1借给个位。

学生按以上方法又将以上三个题目做了一遍。

师：谁能完整地说一下，从高位减起该怎么减？

生4：从高位减起，一次看两位，不够减时，也要向前一位退1，不过要先退1，再写上差。

师：你真棒，说得很好！那么，我们教材为什么从个位减起？

生：从个位减起简便。

师:对了,我们做任何事情,要选择最简便、最好的方法,这样效率会更高。

……

这个教学案例让我们感触最深的是老师对学生的质疑不回避、没有置之不理,而是用极大的耐心为学生提供自主探究和释疑的机会,让学生通过实践,去经历和体验从高位减起的方法的可行性和局限性。在整个过程中,教师不断启发学生发表意见,让学生经历了"猜想-论证-实践-结论"的认知过程。通过"课本上为什么从个位减起"的问题,引导学生对这两种方法进行比较,使学生感悟到有些方法尽管可行,但操作烦琐,效率低下,是不可取的。我想,学生在这一段教学过程中收获的已经远远超过会算万以内的退位减法。

因想法和思维具有隐蔽性,为了读懂学生的想法,就要让学生把真实的想法"发出声",这样才能使错误"看得见、摸得着",才能进行合理的"诊断"并"对症治疗"。计算出错是出现频率最高的错误,特别是小学中高年级,较大数、小数、分数及运算律的出现,使学生计算的错误率与低年级相比则更高。对于运算中的错误,教师不能简单地归为"粗心",而是要深入了解"病源"。这些"病源"通常与其对数和运算的意义理解不透有关,或者与对运算法则的不理解有关。比如,整数加减的竖式运算的关键为"相同计数单位相加减",如果学生不理解位值制就容易在计算中出错;分数运算中,学生既要理解分数的"度量意义",又要理解分数的"运作意义";小数竖式计算是小学数学计算教学的重要内容之一。赫尔巴特认为小数概念涉及三种小数知识:记数系统知识、运算规则知识、数量表示知识。他认为学生学习小数感到困难的原因主要是这三种小数知识缺乏有效的联结。

三、给错误"化妆",法理得以相融

数学课程标准指出:"学生学习应当是一个生动活泼的、主动的和富有个性的过程。"而学生学习中出现的"错误",是一种来源于学习活动本身,直接反映学生学习情况的生成性教学资源。心理学家盖耶认为:"谁不考虑尝试错误,不允许学生犯错误,就将错过最富成效的学习时刻。"错误是正确的先导,错误是通向成功的阶梯,学生犯错的过程应看作一种再学习的有效资源。在教学中,教师应允许学生出错,理性看待"错误",若能紧密结合学生的错误进行适当的"化妆"以弥补、改善学生对知识的理解和领悟,不失为一种智慧之举。

例如,对于题目"学校有 523 人参加夏令营活动,如果 70 名学生分成一组,最多可以分成几组?"学生的典型错解为:

$$523 \div 70 = 7(组)……33(人),7 + 1 = 8(组)。$$

从学生反馈的信息中,诊断到"病源":

(1)思维定式。因为类似的题目对于还有余数的情况,一般都是采用"进一法",因此

学生就会形成思维定式，套用固有解题模型，不等看完题目，就武断做出判断。

（2）理解关键词有误，学生对本例中"最多可以分成"与"至少能够分成"两个逻辑关联词的理解上有偏差。审题中对关键字眼没有"嚼烂"，没有将易混淆的关联词专门进行对比辨析，导致学生凭经验直觉做题。根据学生的错误寻根究源，及时给错误"化妆"以改进教学：

（1）解决问题重在分析理解，在教学时，切忌铸造解题模板，让学生依葫芦画瓢，生搬硬套。

（2）关键词需要咬文嚼字，数学语言的严谨性体现在个别字眼中。"最多可以分"指按标准分配后的总份数，用"去尾法"取近似值；"至少需要"指平均分后，剩余的不够标准的独占一份，用"进一法"取近似值。

再如，对于"除数是整十数的笔算除法"，学生的典型错误主要有以下几类：

（1）商数占位不明［如图 7.6（1）］；

（2）格式错乱［如图 7.6（2）］；

（3）除法笔算算理错误［如图 7.6（3）］。

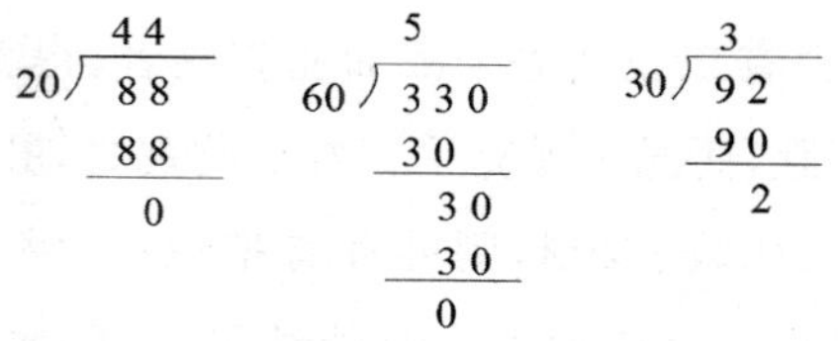

$$
\begin{array}{r}
44 \\
20\overline{)88} \\
88 \\
\hline
0
\end{array}
\qquad
\begin{array}{r}
5 \\
60\overline{)330} \\
30 \\
\hline
30 \\
30 \\
\hline
0
\end{array}
\qquad
\begin{array}{r}
3 \\
30\overline{)92} \\
90 \\
\hline
2
\end{array}
$$

图 7.6　笔算除法的几种错误

根据以上典型的计算错误，提出以下"化妆"的教学改进措施：

（1）计算课教学目标定位要精准，使课堂教学行为有的放矢。

（2）构建计算课的教学模式：复习旧知→自主探索→呈现错题→引导归纳→练习优化，教师要鼓动学生大胆地展示错误，自我揭短，并将探索出的成果拿来分享，能够从同伴的成果中汲取养分，正视错误，让纠错更有效。

（3）"干预式"措施，如果教师课前已经探知学生的易错点，就要设置防范环节，诱导学生自我觉醒，根除诱发错误的第一因素，使学生在"防疫"的情境中产生"抗体"。

老子说："反者道之动，弱者道之用。"所有事物都是对立统一的，差错中有错，也有对。教师要致力于彰显差错中的正确，通过学生评估自己的表现，思考改进方案，让学生在知错、纠错中领悟算法、感悟算理，把正确的因素不断放大，错着错着就对了，这就是由量变到质变的过程。错了还能坚持想下去，这要靠自信和毅力，这样教育出来的学生，才能不惧怕风雨，获得人生智慧。

第四节　情理之中：于法理中寻思辨

数学思辨是指用数学方法从数学角度进行的思考和辨析。它是一种综合的数学思维能力，涉及数学思考、分析、推理、判断、表述、交流等数学思维过程和活动。如数学模型、数学证明、函数的概念、方程的意义等，都属于数学思辨的知识。数学中讲究合情合理，数学计算中讲究法理相融。法理相融需要由内而外、内外一致。合情合理中需要数学思辨，法理相融中亦不可缺失数学思辨。缺乏思考的计算是没有意义的，没有思辨的计算也只能是一项技能操作活动。算法是外显的计算方法，算理是内隐的计算道理。外在的看得见、摸得着的是计算方法，需要"做"；内在的看不见、摸不着的是计算的道理，需要"想"。数学思辨就是联通"想"和"做"的桥梁，在"思"中想，在"辨"中做，思而深刻，辨而智慧，则在"思辨"中明晰算理、明确算法。

一、思辨：从操作引向思考

《孙子兵法·始计篇》中有记载："夫未战而庙算胜者，得算多也；未战而庙算不胜者，得算少也。多算胜，少算不胜，而况于无算乎？吾以此观之，胜负见矣。"它的意思是说，在未战之前，经过周密的分析、比较、谋划，则胜算有把握；如果在战前不做周密的分析、比较，那么获胜的可能性就很小。仅仅根据庙算的结果，不用实战，胜负就显而易见了。其实，典故中的"少算不胜"的道理，在数学计算中可以反向借鉴：多算不胜少算胜。这也符合计算的三重境界：第一境界是笔中有算、心中无算；第二境界是笔中有算、心中有算；第三境界是笔中无算、心中有算。这正好对应于计算的三个层次：要会算、也要会少算、更要会不算。

荷兰数学教育家弗赖登塔尔曾在《作为教育任务的数学》一书中举过这样一个例子：设有相同数量的红酒和白酒各一杯，取一勺白酒倒入红酒内，使之混合，再取同量的一勺混合酒倒入白酒内，然后来回调酒，最后问白酒中的红酒多还是红酒中的白酒多？很多人采取直接计算的方法，得出一样多的结论。少数人做了这样的分析：因为两个酒杯中所失的分量各由另一种酒代替，盛白酒的酒杯中的红酒与盛红酒酒杯中的白酒分量一样。弗赖登塔尔称第一种解法为"算法求解"，第二种解法为"思辨求解"。在"分数加减法"中也有类似的题目："一杯果汁，笑笑第一次喝了$\frac{1}{6}$，然后加满水；第二次，又喝了$\frac{1}{3}$，再加满水；第三次喝了$\frac{1}{2}$，再加满水。最后，一饮而尽。问笑笑喝的果汁和水哪种多？"用"思辨求解法"就是：笑笑三次喝的水等于$\frac{1}{6}+\frac{1}{3}+\frac{1}{2}=1$（杯）。如果遇题就算，就会陷入机械和盲目。再如，"异分母加减法"中学生常有这样的错误：$\frac{1}{2}+\frac{1}{3}=\frac{1}{5}$ 或 $\frac{1}{2}+\frac{1}{3}=\frac{1}{6}$。

当针对这样的错误让学生来指出为什么错时，一类方法是"证明"，按照先通分再相加的方法，即给出正确的算法和结果；另一类方法是"证伪"，如"5 不是 2 和 3 的公倍数""因为 $\frac{1}{2}$ 和 $\frac{1}{3}$ 都比 $\frac{1}{5}$ 或 $\frac{1}{6}$ 大，所以 $\frac{1}{2}+\frac{1}{3}$ 就应该比 $\frac{1}{5}$ 或 $\frac{1}{6}$ 大"。这些证伪的思路，其实就是一种数学思辨。

相对比而言，思辨性的数学知识比程序性的数学知识要困难，因为思维的力度更大更深。思辨能力强弱是数学素养水平高低的一个重要体现。苏步青在德国时，一个数学家给他出了一道题，想难一难苏步青。题目是这样的：

甲乙两个人同时从两地出发，相向而行，距离是 50 千米。甲每小时走 3 千米，乙每小时走 2 千米。甲还带着一条小狗，每小时跑 5 千米。这只小狗和甲一起出发，在碰到乙的时候就掉回头往甲的方向跑；碰到甲的时候又掉头往乙的方向跑，直到两个人碰头为止。问：这只狗一共将要跑多少千米？

苏步青听了以后，一开始也被小狗来回跑给绕糊涂了，但他马上意识到，解决距离的问题只需要时间和速度就行了，而根本不用管小狗采取什么样的路线或方式。而小狗的速度是已知的，至于跑了多长时间也很好算：甲每小时走 3 千米，乙每小时走 2 千米，所以他们每小时一共走 5 千米，那么碰头就需要 10 个小时。小狗不停地跑，也就同样跑了 10 个小时。既然小狗的速度是每小时 5 千米，所以它要跑 50 千米。于是，苏步青用了不到 10 秒钟便说出了答案，让老外数学家佩服得五体投地。

二、思辨：从事实导向价值

思辨就是思考辨析。所谓思考指的是分析、推理、判断等思维活动；所谓辨析指的是对事物的情况、类别、事理等的辨别分析。《礼记·中庸》有云："博学之，审问之，慎思之，明辨之，笃行之。"思辨离不开推理以及与之相关的一系列数学概念的准确理解和运用，推理的关键体现在对问题的分析方法上。比如"$1+2+3+\cdots+99+100$"这个简单而著名的计算问题，如果机械地用加法来处理，不但费时耗力，而且还容易计算出错，像高斯那样，经过敏锐的数学思辨，把它转化为"50×101"这样的乘法问题，计算起来就非常准确而迅速。

同样，计算是对"数"做运算，除了对运算的简捷方便要思辨之外，还要对"数"本身的现实含义做思辨。这样才会将数学计算从事实性转向价值性，"数"也不再是冰冷的，而是有血有肉的活生生的意义存在。比如，在"百分数的应用"中，会学习"利息、税率和个人所得税征收标准"的实际背景的知识，除了计算，我们是否也应该引导学生去思考：储蓄存款从征收 5% 的利息税到目前的免征利息税，会给人们的生活和工作带来怎样的变化？我们可以看到，个人所得税的起征标准不断地上调，可是为什么要这样调整呢？从调整的结果来看，你对这些产生了怎样的思考？还可以进一步引发学生的思辨：为什么个人所得税的征收不是对所有公民的收入所得都统一以一个相同的税率标准，而是根据个体的不同收入状况确定不同的税率，特别是收入很低的人免征个人所得税，而收入越高的人税率越高呢？通过引导学生对类似问题的思辨，可以让学生近距离体察社会公平的真实诉求，培育学生的家国情怀，产生对建设和谐社会的积极心向。这样的数学计算的深入思辨何尝不是一种适时、适度的价值观的引领呢？

三、思辨：从特殊转向一般

任何一门学科的发展都是在不断思辨中前行的，数学也不例外。数学基本概念的界定、数学方式的变革、数学思想的提炼、数学文化的传承以及对数学理性的追求……都是在不断思辨中发展起来的。但数学的主旨并非过于强调实用的价值或数学基本技能的过度娴熟，数学的本质追求是思维的发展。数学是思维的体操，它通过层层逻辑的推演使学生的思维得到缜密性的发展，它通过等量关系的代换使学生的思维得到拓展性的锻炼，它通过对具体事物的抽象与建模使学生的视角得以全面打开。为此，我们应找出有助于数学与思维共生的契合点，帮助学生学会基本的数学思想方法，形成数学计算意识与应用能力。由于受科技理性的长期影响与控制，数学教学过于强调工具性而表征出一种明显的致用倾向。事实上，数学是致用与思辨双重价值的存在。追寻理解和意义的数学教育不仅应体现数学的致用功能，更应努力探索与建构从致用走向思辨的转换通道和实践路径，从而彰显数学的思辨魅力。

比如，当下琳琅满目的各种数学培训班有着各种所谓的特色，其中以计算简捷快速为名头的就很多。如图 7.7 所示的"83×96"的快捷方式。这种速算的方法是将两个两位数均被 100 减，得到的两个差相加，和再被 100 减即得最终的积的前两位数，然后将两个两位数均被 100 减的两个差相乘的积作为最终的积的后两位数，这样最终的积就是一个四位数。

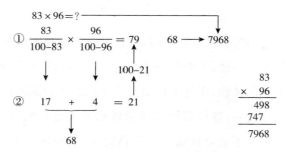

图 7.7 快捷速算的算理

其实，仔细想想，这所谓的"快捷速算"法，就是如下计算的方法：

$$83 \times 96 = (100 - 17) \times (100 - 4)$$
$$= 100 \times 100 - 100 \times 4 - 17 \times 100 + 17 \times 4$$
$$= 10\ 000 - 100 \times (4 + 17) + 68$$
$$= 10\ 000 - 100 \times 21 + 68$$
$$= (100 - 21) \times 100 + 68$$
$$= 79 \times 100 + 68$$
$$= 7\ 968$$

再如，任何一个两位数与 11 相乘，只要把这个两位数分拆开，中间插入这个两位数的十位数和个位数的和就可以。比如图 7.8 中这个例子：

$$27 \times 11 = ?$$
① $27 \to 2 + 7 = 9$
② $27 \times 11 = 2\ (2+7)\ 7 = 297$

图 7.8 推导思路

从这个特殊例子中可以思考一般的道理，从两位数乘两位数的竖式计算中就可以得到如上的计算道理。

四、思辨：从经验走向论证

在小学数学的"图形与几何"部分里，很多对操作结果的判断基准依然还是采取一种经验主义，按照经验直观的标准对操作结果做出判断。这样导致的结果就是，从数学的严密性角度出发的分析和论证少之又少，推理的过程缺少严谨性。也正因为如此，小学几何被称之为"经验几何"。显然，这种"经验几何"有悖于数学的严格性。"任何命题在经由逻辑论证得到严格证明以前都不能被看成在数学中已经得到了建立。"就像我们可以精确地测量成千上万个等腰三角形的两个底角，但这种工作永远也不能为"等腰三角形两底角相等"的定理提供证明①。

小学数学在学习"圆柱和圆锥的体积"时,教材上对于圆柱的体积的探索和推导是"就像圆形转化成近似的长方形一样,将圆柱分割转化成长方体",根据底面积乘高得到圆柱的体积公式。而对于圆锥的体积,则是通过倒沙或倒水的实验证明,圆锥的体积是和它等底等高的圆柱体积的三分之一,这样得到圆锥的体积公式是底面积乘高的三分之一。但实验操作得到的结论始终都不能算作数学上严格的证明,到底圆锥的体积公式是如何推导出来的呢? 我们总不能以"等大家上了高中就会推导了"这样一言蔽之吧。或者,也不能将如下的积分推导过程讲给学生吧。

设圆锥的高为 h,顶角为 α,S 是圆锥的底面积,则圆锥的体积

$$V = \int_0^h \pi(x\tan\alpha)\mathrm{d}x = \frac{1}{3}\pi\tan\alpha h = \frac{1}{3}Sh。$$

其实,循着圆的面积转化成长方形的面积、圆柱的体积转化成长方体的体积的思路,我们自然会思考:圆锥的体积是否可以通过分割拼成已知几何体呢? 如果转化行不通的话,那可否也尝试一下将圆锥的体积进行分割,分割之后的每个小部分都是可以求体积的呢? 请看图 7.9。以垂直于圆锥的高的横截面将圆锥进行十六等分,可将圆锥近似看作分割成十六个小圆柱体,这样圆锥的体积就近似等于这十六个小圆柱的体积之和:

$$V_{圆锥} = \pi\left(\frac{1}{16}r\right)^2 \frac{1}{16}h + \pi\left(\frac{2}{16}r\right)^2 \frac{1}{16}h + \cdots + \pi\left(\frac{16}{16}r\right)^2 \frac{1}{16}h$$

$$= \frac{1^2 + 2^2 + \cdots + 16^2}{16^3}\pi r^2 h$$

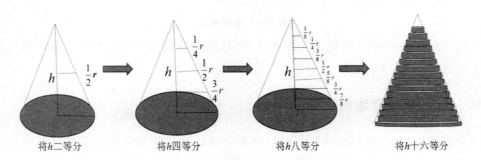

将 h 二等分 　　　　将 h 四等分 　　　　将 h 八等分 　　　　将 h 十六等分

图 7.9　圆锥体积推导思路

如果分割的份数越多,每一个小部分就越接近于圆柱体,这样分割求和之后的体积就越接近圆锥的体积,设分割成 n 等份之后,则有

$$V_{圆锥} = \frac{1^2 + 2^2 + \cdots + n^2}{n^3}\pi r^2 h$$

① 毕恩材.数学教学艺术论[M].桂林:广西教育出版社,2002:148.

$$= \frac{1}{6} \frac{n(n+1)(2n+1)}{n^3} \pi r^2 h$$

$$= \frac{\frac{1}{3}n^3 + \frac{1}{2}n^2 + \frac{1}{6}n}{n^3} \pi r^2 h$$

$$= \left(\frac{1}{3} + \frac{1}{2n} + \frac{1}{6n^2} \right) \pi r^2 h$$

从上式可以看出,当分割的份数 n 无限大时,$\frac{1}{2n} + \frac{1}{6n^2}$ 就会无限小,从而 $\frac{1}{3} + \frac{1}{2n} + \frac{1}{6n^2}$ 就会越来越接近 $\frac{1}{3}$,所以 $V_{圆锥} = \frac{1}{3}\pi r^2 h$。

也许这个推导过程中有部分计算是小学生所达不到的,但这种推理的思路学生是完全可以理解的,有前面圆柱体积的"分割—转化—拼成长方体"的思想铺垫,学生对圆锥体积的"分割—求和—无限细分"的思想也是可以理解的,这样的严格数学推导,是让人信服的。当然,这并非让老师们讲给小学生,而是小学教师首先自己要懂得所教的内容,从经验到论证的思辨是教师先要做到的。

在算法和算理之间,我们强调算法,首先要会利用计算法则计算;其次,要知道这样计算的道理何在,要理解算理。至于明晰算法和理解算理不论谁先谁后,更不论孰轻孰重,理应相互融合、相伴而生,毕竟"想明白"是需要一个过程和时间的,算理理解具有阶段性和长期性。只要"默默耕耘,就会静待花开"。

第八章 结构联系:理解之贯通

一门学科的课程应该决定于对能达到的给那门学科以结构的根本原理的最基本的理解。教专门的课题或技能而没有把他们在知识领域更广博的基本结构中的脉络弄清楚,这在几个深远的意义上,是不经济的。第一,这样的教学使学生要从已学得的知识推广到他后来将碰到的问题,就非常困难。第二,陷于缺乏掌握一般原理的学习,从激发智慧来说,不大有收获。使学生对一个学科有兴趣的最好办法,是使这个学科值得学习,也就是使获得的知识能在超越原来学习情境的思维中运用。第三,获得的知识,如果没有完满的结构把它连在一起,那是一种多半会被遗忘的知识。一串不连贯的论据在记忆中仅有短促得可怜的寿命。依据可借以推断出论据的那些原理和观念来组织论据,是降低人类记忆丧失的速率唯一的已知方法。[①]

——布鲁纳

系统论告诉我们,自然界、社会和人的思维各个领域的系统都存在一定的结构。"结构是指系统内部各组成要素之间在空间或时间方面的有机联系和相互作用的方式或顺序"[②]。系统结构是普遍存在的,从物质系统来说,从宏观的天体到微观的基本粒子的各个层次,都无一例外地存在一定的系统结构。从精神系统来说,也同样有各层次的系统结构,如思维结构、概念结构等。

知识是一个巨大的系统。一个学科、一本书乃至一节课都可以看作一个系统。知识是联系的,知识的内部联系是多层次、多方面的,知识的结构也是多种多样的,其中主要的有语言结构、逻辑结构、概念结构等。语言是我们说话的呈现方式,表达一个完整的意思。比如我们说的每一句话都是由词或词组按照一定语言规则构成的。我们掌握了一句话的语言结构之后,就会说出一套结构相同而内容不同的语句。语言结构也是知识联系最常

---

① 布鲁纳. 教育过程[M].邵瑞珍,译.北京:文化教育出版社,1982:47.
② 邹珊刚,黄麟雏,李继宗,等.系统科学[M].上海:上海人民出版社,1987:102.

用、最基本的方法。这看似是语文教学的范畴,实际却是每个人的大范畴知识。逻辑结构是指概念、判断、推理的结构形式。推理的基本形式有演绎推理和归纳推理,都是从一个或几个判断推出另一个判断的过程。推理是知识间的联系,是知识联系的一种方法。这在数学学科上体现得尤为显著。概念结构是指概念的本质属性在空间或时间之间的联系,形成的概念结构。概念结构揭示了概念内涵各组成要素知识间的联系,且存在层次性。比如"数的结构层次"(以复数为例),它包括实数和虚数,实数又分为有理数和无理数,有理数又分为整数和分数,整数又分为正整数、零和负整数。

知识结构是知识间相互联系的方式,是理解、运用知识时不可或缺的。美国心理学家布鲁纳最早提出学习知识结构,并且阐述学习知识结构的重要意义。他在《教育过程》中指出:"掌握事物的结构,就是以允许许多别的东西与它有意义地联系起来的方式去理解它。简单地说,学习结构就是学习事物是怎样相互联系的。"①其实,要理解一个知识,也就是要把它和已知有关的知识联系起来。当把一个具体的知识放在一张大的知识结构中时,理清关联知识的前因与后果,理顺相关知识的联系与脉络,理解相关知识的交叉与融合,才能在广博的知识学习中不断求索、形成结晶。所谓纲举才能目张、顺理方能成章,只有抓住知识的纲、依顺知识的理,才能高屋建瓴,贯通一类知识或一个领域,使知识理解走向深度。

小学数学教材编排有个显著的特点:内容丰富、螺旋上升,但每个单元不够完整或独立。也就是说,小学数学的单元不能构成独立的知识结构,知识的系统性和结构性都不及中学乃至大学的数学教材,这在一定程度上显示:小学数学的学习在深度学习和结构化的高度上都更需要教师的引领和培育。

第一节　单元结构:纵横联结彰显脉络

单元结构化的思想在单元整体教学设计中至关重要。一个教师若没有单元教学的全局观、整体观,教学效果可想而知。基于单元整体视角的分析教材、整合内容、通盘考虑的教学设计和教学实施,往往教学效果事半功倍。一个具有深度思维的教师,往往在结构观上也更胜一筹。比如,在教学"加法交换律和乘法交换律"之后,从结构上,教师自然应想到:减法具有交换律吗? 除法具有交换律吗? 为什么? 从整体上看,这样的教师也一定会让学生"窥一斑而知全豹,处一隅而观全局"。这样的思想方法和思维方式,才能使数学学

---

① 布鲁纳.教育过程[M].邵瑞珍,译.北京:文化教育出版社,1982:32.

习走向深度。

单元是指教材中的内容篇章，单元的知识结构一般是相对较为独立的，但也有的知识划分较细，被分成了几个单元。比如人教版数学教材二年级下册第七单元"万以内数的认识"就相对独立且完整，而表内除法被拆分成第二单元的"表内除法（一）"和第四单元的"表内除法（二）"两个单元。能够成为同一单元结构的知识无疑是具有相似性的，或内容相近或主题相同或前后有序，这些具有相似性的知识划归为一个单元，只是相当于放在了同一个知识包内，而其结构的凸显却需要教师基于结构的视角将知识有序化地收敛于高效的知识运用范畴。学科都是基于结构思想的，布鲁纳认为"不论我们选教什么学科，都务必使学生理解该学科的基本结构"①。数学学科也不例外，除了数学知识、技能等结构性元素之外，数学本身就是研究结构的学科。数学教师统领教材的整体性思维，以数学本原为线索，树立系统教学理念，有效整合单元知识，并进行结构化教学设计，从知识的整体性出发，培养学生的结构化思维。帮助学生掌握数学学科的知识结构，形成学生的结构化思维本就是数学教学的应有之义。基于单元整体开展数学结构化教学，有利于学生对数学本质的准确把握，从而促进数学学习的深度发生。鲍建生教授指出："教学要从以下三个方面形成结构化：基层是数学双基的掌握，中层是典型例题的教学策略，顶层是数学思想方法的培养。"②

一、知识结构化：全面"看"数学

结构主义认知理论认为知识具有整体性，整体对于部分来说具有逻辑上优先的重要性。因为任何事物都是一个复杂的统一整体，其中任何一个组成部分的性质都不可能孤立地被理解，而只能把它放在一个整体的关系网络中，即把它与其他部分联系起来才能被理解。数学知识都是存在联系的，甚至是环环相扣的，数学知识的理解更应基于整体性的视角、采用结构的观点来进行深刻理解。结构化学习是走向深度学习的有效方式。学习数学结构如同织网，先有知识点，再连知识链，再织知识网。"点"要牢固，"链"要畅通，"网"才结实。

由表及里，在知识探究处"结点"，在"点"处挖深。"点"是知识的根本和基础，"点"的牢固性直接影响结构的深刻性。数学知识多以点状分布，如在"三角形"这一单元的学习中，三角形的"边"和"角"就是重要的知识点。依据三角形的"边"和"角"的构成要素，分别展开结构梳理：三角形的边可以按照位置关系和长短进行研究。由边的位置关系可以延

① 布鲁纳.教育过程[M].邵瑞珍,译.北京:文化教育出版社,1982:31.
② 李旭.结构化教学助飞科学精神的翅膀:以四年级三角形单元的教学为例[J].小学教学参考,2018(35):40-41.

伸出底和高;由边的长短关系可以延伸出三角形三边的关系,以及按边对三角形分类。另一分支是三角形的"角",根据角的大小可以对三角形进行分类,还包括对三角形内角和的研究。此外,三角形的概念、边和角的特点决定了三角形的稳定性。这样,三角形单元的知识结构就形成了(图8.1),每一个知识点不再是学习每一节课中的孤立样或碎片状,如此全面地"看"数学,就会对数学形成整体性的理解和把握。

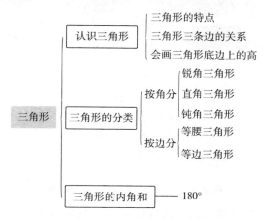

图 8.1 "三角形"单元知识结构

由前及后,在知识迁移中"构链",在"链"处拓宽。零散的点状知识大多迁移性欠佳,只有在前后联系、左右互通中构建知识链,知识才会得以延展和迁移。数学知识之间存在着多维的联系,甚至是环环相扣、承上启下的密切关联。每一条知识链都至少联结着两端的知识点,知识点 A 可以是知识点 B 的"原生形态",反过来,知识点 B 可以是知识点 A 的"发展形态"。如"三位数除以一位数"建立在"两位数除以一位数"的基础之上,"三位数乘两位数"建立在"三位数乘一位数"以及"两位数乘两位数"的基础之上。

由此及彼,在知识建构中"织网",在"网"上贯通。数学知识不仅有表里和前后的联系,更有知识之间的横向关联。数学知识是三维立体的,由表及里的知识探究多以深度挖掘为竖轴维度,由前及后的知识联系多以纵向迁移为纵轴维度,而由此及彼的知识链多以横向类比为横轴维度。如果能打通知识之间的横向类比,将在知识点和知识链上织成一张知识网,知识的整体性就会汇集成学生完整的认知结构。如"分数除法"的单元知识(图8.2),先是给出了"倒数的概念",这为解决分数除法转化成分数乘法提供了有利的基础概念和可行路径。接着将分数除法分为三类:第一类,分数在被除数的位置上,即"分数除以整数";第二类,分数在除数的位置上,即整数除以分数;第三类,被除数和除数都是分数,即分数除以分数。后两类也可以归结为"一个数除以分数"。进而在探索两种类型的分数除法算法的过程中,伴随学生对算理的理解,然后从特殊到一般归纳得到分数除法的一般算法,并迁移算法于问题解决的过程中。站在单元结构的清晰脉络上,对分数除法的整体结构就比较明晰，才能对具体的每一个知识点理解深刻。

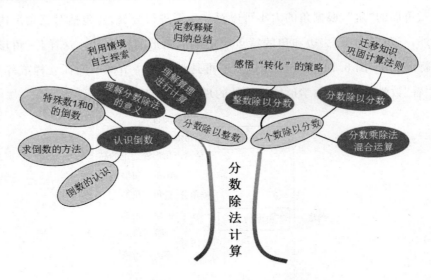

图 8.2 "分数除法"单元知识结构

再如，"比例"单元知识中（图 8.3），"比例的意义"是明显的基础概念知识，依据概念可推出比例的基本性质，依据性质可解比例，也就相当于解方程；同样依据概念基于量的变化的角度可给出正比例和反比例的概念；还是依据概念在实际中的应用有了比例尺的概念。所以，在"比例的意义"的知识点上挖深挖透，在"比例的意义"的基础上拓展关联，在"比例的意义"的应用上引申致用，使得知识贯通理解、浑然一体，全面观数学、全局想数学，才会全身心地理解和融入数学。注重单元知识结构，可以弄清知识的脉络关系，关注相关的各知识节点及节点内部逻辑关系，全方位建立联系，增加联结的数量，强化联结强度。注重知识结构，可以帮助学生建立知识网络结构，指导学生把书读厚再读薄，从而更深刻地理解知识。

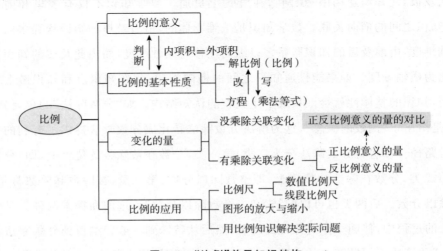

图 8.3 "比例"单元知识结构

二、方法结构化：关联"解"数学

知识的结构是天然存在的，而方法的结构才是应运而生的。方法结构化是指超越具体的知识内容，将同一单元不同的知识内容进行方法上的类比、贯通。比如在学习"运算律"时，大多遵循"猜想—验证—概括—拓展"的形式来完成计算教学，使得学生能够按照"材料感知—操作感悟—形成技能—运用巩固"的形式来完成学习。只有掌握数学方法形成过程的结构，在结构上形成技能，在结构上拓展迁移，学生才能成为方法的主动建构者。当然，有时方法结构化也不局限于同一单元，也可以是不同单元相关联的知识用相同的方法策略进行统整，从而生成方法结构，进而在更高层面上理解数学。比如，在学习"异分母分数加减法"时，不能直接相加减，而要先通分转化成同分母分数，然后才能相加减。在讨论交流中发现，分数单位不相同不能直接相加减，进而关联到以前学习过的整数加减法要求"末位对齐"，而小数加减法要求"小数点对齐"，其实都是在要求"数位对齐"，实质上就是要求"相同数位的数才能相加减"，换句话说，"只有相同计数单位的数才能合并或减少"。这样，分数加减法的计算方法与整数、小数的都是相通的。在方法上关联形成的结构，使得知识变整、变薄、变深刻、变通透了。比如，从小数除法的知识结构图（图 8.4）中可以全面看出有关小数除法的各种情形。

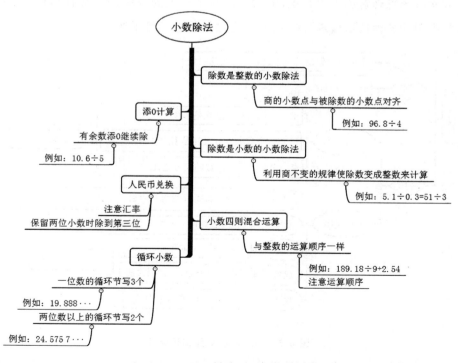

图 8.4　"小数除法"单元知识结构

方法结构化,并非指将同一类问题的解决方法归结为一种。结构化有"归一"的意思,也有"灵活多样、各归各类"的意味。如"异分母分数的大小比较",通分之后转化成同分母分数之后再比较大小固然是通法,这种通分方法是"通分母",但有时可以另辟蹊径:"通分子",将几个异分母分数转化成分子相同的分数,然后再比较大小;也可以都化为小数再比较大小;也可以都被 1 减,再比较大小;也可以"交叉相乘看分子",即第一个分数的分子与第二个分数的分母相乘的积作为第一个分数的分子,第二个分数的分子与第一个分数的分母相乘的积作为第二个分数的分子,然后比较两个积的大小,积大的原分数就大,积小的原分数就小。比如,比较 $\frac{4}{17}$ 与 $\frac{5}{18}$ 的大小,可以 $4\times18=72,5\times17=85$,也就相当于

$$\frac{4}{17}=\frac{4\times18}{17\times18}=\frac{72}{17\times18},\frac{5}{18}=\frac{5\times17}{18\times17}=\frac{85}{18\times17},$$

这样因为 $72<85$,所以 $\frac{4}{17}<\frac{5}{18}$。

这种方法本质上就是通分,只不过在通分母时将寻找最小公倍数的最简公分母用两个分数的分母直接相乘的积作为公分母即可,而分子扩大的倍数刚好是另一个分数的分母,这种方法的表象就是直接省去了找公分母的步骤,简化了步骤,降低了难度,提高了速度。可见,方法结构化的方法可以是多种多样的,结构可以是各归各类的。学习数学更多的是以数学解题来理解和内化知识,解题方法在结构上的规整是非常有利且必要的。比如百分数应用的各种情形梳理(图 8.5),在方法结构上一目了然。

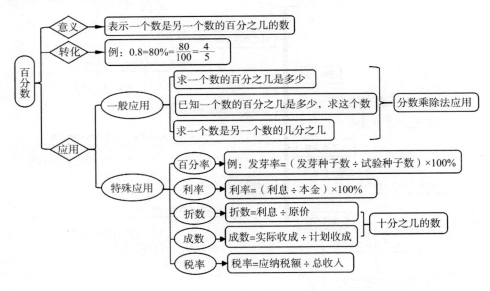

图 8.5 "百分数"单元知识结构

结构的关联使得数学知识和教学脉络清晰,再如,在"多边形的面积"的单元中,依次

探究平行四边形、三角形、梯形以及组合图形的面积,不同图形的面积公式推导虽然有区别,但关联之后就有共通之处。平行四边形的面积是通过剪、移、拼,把平行四边形转化成长方形推导的,而三角形和梯形的面积都是用两个完全相同的图形拼成一个平行四边形进行公式推导的。它们的相通之处都是把未知图形转化成已知图形,进而得到面积公式。有了这样的方法结构,再研究组合图形、不规则图形以及圆的面积公式时,都可以通过类似的转化方法得以解决。方法结构一旦形成,就会有很强的迁移和运用能力,为探究未知世界积累丰富的活动经验。比如圆柱的单元知识结构图(图 8.6),可以简洁清晰地看到圆柱的概念与特征、表面积与体积的公式推导过程,方法结构化使得数学知识精简、清晰。

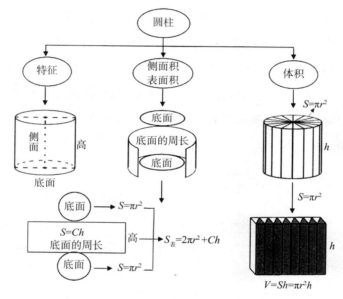

图 8.6 "圆柱"单元知识结构

希尔伯特说:"一个数学概念、方法或事实理解了,是它成了内部网络的一部分,更确切地说,是它表示成了网络的一部分,理解的程度由联系的数目和强度决定。"教师的数学理解,直接影响着其所从事的数学教学。为理解而教,就要关注知识的结构,找准理解的途径;关注学生的认知结构,找准理解的切入点;关注知识的整合,提高理解的效度,最终帮助学生获得经久不衰的数学理解。若学生头脑中的知识是处于无序的、混沌的状态,那么在解决问题时,就无法从记忆中提取所有与该问题有直接或间接联系的知识。知识是思维的基础,没有一定的条理化、系统化、网络化的知识积累,思维过程就无法顺利展开。皮亚杰强调教师的工作不是"教给"学生什么,而是努力建构学生的知识结构。

解决问题的能力是衡量一个人能力的重要标准,而解决问题的能力则依赖于学科的知识结构和建构的认知结构。知识结构会直接影响学生的认知结构,而认知结构又会影响到问题的解决及问题解决中策略的使用。为培养良好的认知结构,应注重"厚—薄—

厚"的策略结构:第一个"厚"指的是数学的基本概念、基本技能等要掌握得扎实牢固;由"厚"到"薄"指的是要善于把知识结构化,概括性要高、关联性要强、可用度要大;再从"薄"到"厚";指的是能把知识应用到实践中,把知识综合起来,在这个过程中提高解决问题的能力。

三、思维结构化:整体"想"数学

一件事情,如果没有结构化,是很难记住的,也很难弄明白。比如,这样一串数字:1491625364981100,你能记住多少? 但如果给它一个结构:1,4,9,16,25,36,49,81,100,我们就可以迅速联想到 1 到 10 的各数的平方数,这就是结构化的力量。结构,是知识的一种表征,也是学习知识的一种工具,更是掌握和建构知识的一种思维。数学知识纷繁复杂,从"繁"中需要理出规律、在"乱"中需要梳出条理,规律和条理就是结构。对事物或问题做全面完整的思考,就是思维结构化的特征和基础,反映的是思维的系统性和广度。图8.7是小学数学中除法运算的知识结构图(如图 8.7),这样的整理归纳、提纲挈领,使得"除法"知识系统化、纲领化。

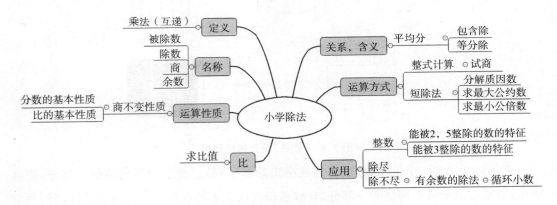

图 8.7 "除法"单元知识结构

知识体系的整体性是触类旁通的基础,只有整体地"想"数学,才能步入更高更深层次的数学世界。在学习"圆柱与圆锥"的几何体时,两者的名称中都有"圆",肯定都与圆有着密切的关联。圆柱可以想象成无数个大小完全相同的圆按照相同方向的"叠加"或"堆砌",比如一摞大小相同的饼,叠落在一起,就是圆柱体的形状。而圆锥体的形状从上到下可以想象成由最初的一个点,逐渐扩大成一个个越来越大的同心圆拉伸之后叠落在一起的样子。圆,就是绕一圈的感觉,当然,在小学阶段引导学生去想象,将一个长方形绕着它的一条边旋转一周形成的几何体是圆柱,将一个直角三角形绕着它的一条直角边旋转一周形成的几何体是圆锥,小学生也是可以理解的。无论怎样,让"静止"的平面图形,通过

"运动"形成空间几何体的想象,由静到动、由平面到立体、由二维到三维这种空间想象的思维体现的就是"点动成线、线动成面、面动成体"的运动几何思维。通过整体关联的"想",可以将相互关联的知识组成一个"大家庭",在这个大家庭中它们是存在一定的"亲戚关系"的(图 8.8)。

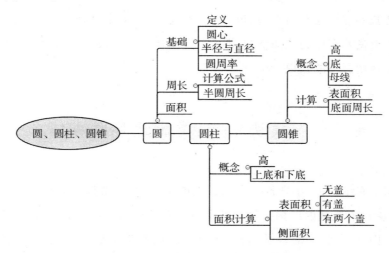

图 8.8 "圆、圆柱、圆锥"单元知识结构

思维结构化,是一种从无序到有序的过程,是在纵横之间的联结交织。知识常常具有一些基本结构形式,如并列式、递进式、对比式、总分式等,问题的研究也如此。其中并列式是典型的横向结构模式,即先提出总概念或总问题,然后并列地从几个方面分别对总问题加以认识和分析,子问题是平行并列的等同地位。如"分数的加减法"分为并列的两个子问题:同分母的分数加减法和异分母的分数加减法。"分数乘法"中,分数可以作为第一个因数也可以作为第二个因数,所以分为并列的三种情况:分数乘整数、整数乘分数、分数乘分数。同理,"分数除法"也根据分数作为被除数或除数,分为并列的三种情形:分数除以整数、整数除以分数、分数除以分数。横向的思维结构是清晰简明的,但知识总要向纵深发展,则要采用纵向的思维结构,需要层进式结构以使得知识层层深入、步步推进,各层的前后顺序也是严格有序的。如"表内乘法"单元,它是乘法学习的开始,也是以后学习表内除法和多位数乘除法的基础,首先学习的是乘法运算的意义,在理解的基础上学习 2～6 的乘法运算,然后是乘加、乘减的混合运算及其应用,最后是 7～9 的乘法运算及其应用。可见单元知识的层层递进、走向纵深,使得结构化的思维基于整体的视角从而对数学知识的理解更为全面、系统。

数学是一门培养学生思维方式的学科,同时也是一门抽象且逻辑严密的学科,面对繁杂抽象且具有严谨逻辑结构的数学知识,培养学生的结构性思维是非常必要的。在数学教学中,教会学生自主获取知识的方法和能力比知识本身更为重要。小学数学单元知识,往往基于整体的思维使学生得以认识和内化。在小学数学的知识结构中，强化"类"的认识和"序列化"的思想，可以很好地帮助学生顺应和内化繁多且联系密切的相关知识，从而将知识整理从"厚"变"薄"，从"零碎"到"系统"，进一步提高解决问题的能力，对培养创新思维大有裨益。可以做个简单的类比：如果我们整理衣物有序、有条理，那么在需要之时就会很容易地找到并迅速拿出来；在知识学习中也一样，如果将知识有理、有序、有结构地整理输入以形成良好有序的认知结构，那么在分析问题和解决问题时，就会根据需要恰到好处地提取和使用合适的知识。

第二节　模块结构：类比迁移联成体系

数学知识是有结构的，小到每一个知识点的结构、每一节课的结构，大到每个单元的结构、每个模块每个领域的结构。数学教学也是有结构的，包括一节课的教学结构、一个单元的教学结构、一个学期的教学结构、一个年级的教学结构、一门学科的教学结构等。数学教材内容的编排是以单元结构形式呈现的。单元结构的知识往往有着内在的联系，具有共同的主题且构成一个相对独立的整体，然后由浅入深、由易到难。单元内部有结构，单元外部存在单元与单元的联系，相互联系的单元就构成模块，模块结构中往往包含多个单元的知识与结构。从综合性与相对独立性来看，过去的单元更强调知识的前后联系与纵向延伸，每一个单元是整个学科知识链条中的一个环节，综合性及相对独立性较差。而模块则具有更大的综合性和更强的独立性。从设计类型及相互关系来看，单元主要以知识的逻辑联系为纽带加以线性组织，单元之间呈现递进关系，必须前后依次展开；而模块设计则有多种类型，既有前后递进、学科逻辑较强的设计，也有立体、交叉、网络结构的组织设计形式。

模块是在若干单元基础上形成的独立知识系统。碎片化的单元结构整合而成的模块知识结构一般都具有独立性。比如"数与代数"的模块主要包括自然数的认识、分数的认识、小数的认识、自然数的四则运算、分数的四则运算、小数的四则运算、问题解决、式与方程、比与比例、量与度量等知识系统，也包括自然数与小数、分数与小数、分数、除法和比等关系系统。模块结构与单元结构不同，需要教师对整套教材进行分析和把握，从整体到部分，从模块到单元。比如"笔算乘法"的教学，小学数学教材一般都拆分为三个单元：多位数乘一位数、两位数乘两位数、三位数乘两位数，而且这三个单元也不在同一个年级。教材的编排固然有教材的初衷，但教师的教学如果不能把模块的内容进行优化整合，势必会降低教学效率。其实，对于每个模块都有一系列类似的知识点，如果教师能够基于模块的整体思维,找到相似性、分出层次性、教出类比性,自然就会提高教学效率,从而形成学生的自主关联的认知结构。首先,在学习"多位数乘一位数"时,通过特殊的、具体的实例发现一般性的算理和算法;其次,在学习"两位数乘两位数"时,启用类比的方法,启发学生自主关联"两位数乘一位数",进而完成算法和算法的转化和迁移;最后,在学习"三位数乘两位数"时,紧靠"多位数乘一位数"和"两位数乘两位数"的思路和意义,在类比中做到举一反三、触类旁通。这样结构化的学习路径,在温故中知新,在整体中思考,使数学知识在类比联系中理解生成。

一、立足"类"的建构,展现整体结构

教材在编排之时已经考虑了相关知识的"类"的集合,最基本的表现形式就是单元的编排。但在不同年级、不同学期的内容编排上为了使数学的各领域知识(数与代数、图形与几何、统计与概率、综合与实践)都有所呈现,不得不将关系密切的知识分割、分散、分布于不同位置,这样教与学时就需要立足"类"的视角,去建构相同或相近的"类"的知识结构,整理以展现知识的整体思路和全局观念。

结构,强调的是知识体系的内在联系和多重关系。模块一般包含多个单元的同类知识,散落在不同年级不同单元的知识,若能以相似或相同的"类"的视角来整合类比,知识则在结构上变得清晰顺畅。比如"分数的四则运算"(图 8.9),立足"分数运算"的范畴,基于"分数"这一"类"进行建构,可将分数的四则运算法则进行整理,以展现整体的知识结构。

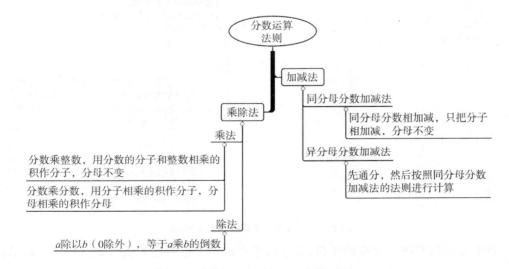

图 8.9 "分数运算法则"模块知识结构

如果将"整数、小数和分数的运算法则"都进行归纳整理(图 8.10),则展现的是更为广阔的知识结构。而且在更为广阔的结构中,不但能清晰地看到某一类数的加减乘除的

四则运算的各种情形，更能完整地看到同样的四则运算在整数、小数和分数等不同的数的实施中的区别和联系。当然，也可以按照"加、减、乘、除"的"类"来整理，每一类再分为整数、小数和分数。

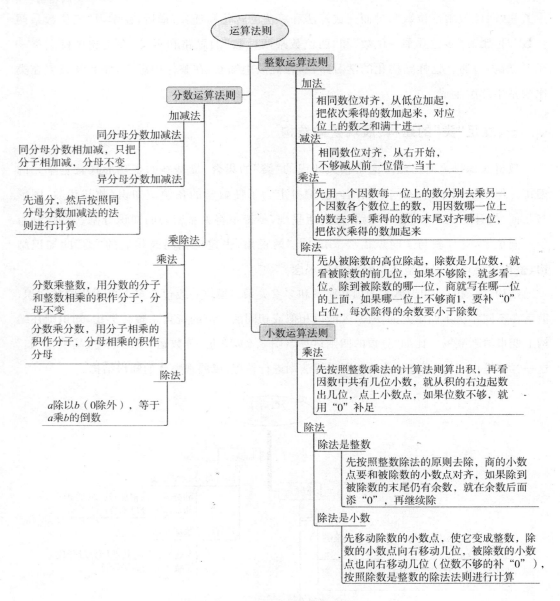

图8.10 "运算法则"模块知识结构

数学是一门系统性很强的学科，数学教学中的一个重要任务就是要引导学生对学过的知识进行系统的整理，把零散的知识以"类"的视角和思想综合成一个整体，使之"竖成线""横成片"，达到提纲挈领的目的，形成完善的知识结构，帮助学生提高整理与建构能力。如在"多边形的面积"这个模块的整理与复习中，引导学生将学过的多边形进行联系类比,使学生先在多边形的形状上感悟到它们之间的变化与联系,进而领悟到多边形的面积公式的区别和转化。针对不同图形的比较、底和高的认识,以及不同图形面积公式的分析比较,从加强知识之间联系的结构视角,可以发现并联结多边形的图形变化以及它们的面积公式的相似性和归一性(图8.11)。

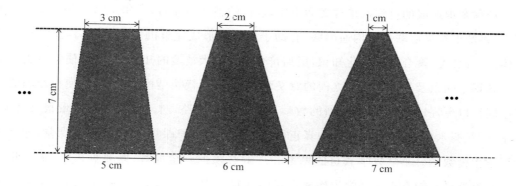

图8.11 "多边形的面积"(一)

先引导学生对图形从左往右看,梯形的上底逐渐在缩小,下底逐渐在增大;然后从右往左看,梯形的上底逐渐在增大,下底逐渐在缩小。请学生来猜想一下:如果按照这种规律继续往右、往左变化下去,会出现什么情况?学生在观察变化规律的基础上完全能够猜想到会出现的情形:继续往右会出现三角形,继续往左会出现平行四边形(图8.12)。这样,从形状上就把梯形与平行四边形和三角形联系在一起,进而就可以在这种变化规律的联系上去追寻进一步的关联性。

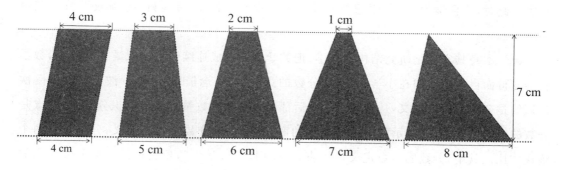

图8.12 "多边形的面积"(二)

从图形的变化规律中可以得出:梯形是联结平行四边形和三角形的中间桥梁。从左往右看,平行四边形的上底变小,就是梯形;梯形的上底为零,就是三角形。从右往左看,三角形的上顶点变成一条平行于底边的线段,就是梯形,梯形的上底等于下底时,就是平行四边形。在形状上沟通了梯形、三角形、平行四边形之间的变化关系,进而再从形到数来观察类比它们的面积公式。事实上,梯形的面积公式才是"万能公式"。在数学结构中,有数学知识体系的结构、有数学式子的结构、数学空间的结构等。这个万能面积公式,不但展现了图形形状的变化联系，而且体现了面积公式上的转化关联。

$$平行四边形 \xleftarrow{\text{上底等于下底}} 梯形 \xrightarrow{\text{上底为0}} 三角形$$

$$S_{平行四边形} = ah \xleftarrow{a=b} S_{梯形} = \frac{1}{2}(a+b)h \xrightarrow{b=0} S_{三角形} = \frac{1}{2}ah$$

迁移知识形成的过程性结构尤为重要，这样的整理与复习，并非简单的重复而没有吸引力，将知识在前后联系中沟通串联，有助于更好地形成完整的知识网络，构建完整的知识体系。以"类"聚合的模块化知识，更加符合学生的大情境的知识学习，可使学生更好地体验知识之间以及知识与生活之间的意义联系。同时，模块结构的教学，也使得教师的教学空间得以更好地拓展和创新，新的教学思维和教学思路，对于提升教学质量很有帮助。学生在"见树木更见森林"的教学中真正徜徉在数学的有趣课堂，结构联系的课堂，才真正吸引学生爱数学。小学数学教材的思考和理解必须拥有全局观，既要见树木，更要见森林。只有这样才能真正帮助学生构建良好的认知结构，引导学生逐步养成数学学习的良好思维方式，进而形成良好的数学素养。

二、观照"联"的统整，体现关联结构

结构，即关联。任何事物或知识，关联则会形成结构，失联就会变成散沙。知识的结构体系以文本或教材的方式呈现给学生时，往往依据年龄、年级、学期甚至学科对知识进行了分块排列，知识被分割甚至断裂，这样知识的整体性、关联性和发展性很多时候就被削弱。此时，综合学习、深度学习就很难实现，而结构学习，跨学科、跨领域学习就成为必然。

数学本身其实就是研究结构的科学，把数学知识变成连续性的知识结构和网络，数学就会变得面目可亲。如在小学数学中"分数的意义"的概念模块可谓"一波三折"：第一次认识的是分数的份数定义，从整体平均分后部分与整体的数量关系上认识分数；第二次是分数的商的定义，分数表示两个整数相除的商；第三次是分数的比的定义，分数表示两个整数的比。其中，分数的份数定义最为直观、应用广泛，学生印象也最深。但分数的商的定义才反映的是分数最本质的意义，因为分数是源于解决整数除法不能整除时为表示商，进行"数的扩充"而引入的，所以它与分数的份数定义有着内在的联系，即从运算的角度看，平均分就是整数相除。分数的商的定义包含了最初的份数的定义。分数的比的定义是在学习了比的概念之后，从分子、分母的关系上对分数意义的一种概括，它又包含了分数的商的意义。可见，无论哪一种定义，整数都是分数的基础，而分数则建立在整数之上。

诚然，并非所有的知识发展其前后都具有包含的关系，有些概念可能是形同而实非或者形似而实非。如在"分数乘法"模块中的"分数乘整数"虽然形式上相同，但意义却有所

不同：第一种意义是可以表示相同分数的连加，第二种意义还可以表示求一个整数的几分之几是多少。再如"分数除法"的法则是逐步形成的，经历了三个层次：分数除以整数、整数除以分数、分数除以分数，由分数除法转化成分数乘法的合理性逐步过渡到转化的必然性，最后形成分数除法法则的统摄性（图8.13）。

数学知识是有结构的，知识的相互联系首先体现为知识的整体性。教材的编排首先体现的就是"类"的集合，是一类相同或相似知识结构的组合、排列。应基于整体论，本着整体性和结构性的思想，找寻相关知识、方法和思想的连接点，以整体建构知识。如观照"联"的知识统整：一年级的连续减法和二年级表内除法中的平均分都为分数意义的学习奠定基础；三年级第一次接触分数，首先学习一个物体的几分之一、几分之几；四年级进一步学习一个整体的几分之一、几分之几；五年级学习分数的意义和基本性质；之后学习分数的乘除法、分数的四则混合运算；最后是比的认识、百分数的认识、比例的相关知识等，都是分数意义整体结构上的螺旋上升（图8.14）。

立体图形的测量是在学生学习了立体图形特征的基础上，为了更加深入把握和刻画周围客观世界中的立体图形而学习的（图8.15）。面积和体积是进一步刻画几何体的重要手段与方法，是学习图形与几何的重要内容，对培养学生的空间观念具有重要的作用。通过让学生在自主探索中解决问题，经历图形面积与表面积计算公式发现的全过程，体验问题解决方法的多样性。以图形测量公式推导为载体，让学生在操作、实践中感悟"转化""极限"等数学思想。青岛版教材中立体图形表面积编排在第二学段：五年级下册，长方体（正方体）的表面积；六年级上册，圆的面积；六年级下册，圆柱的表面积。体积与容积主要分布在第二学段：五年级下册，体积与容积、长方体（正方体）的体积；六年级下册，圆柱的面积、圆锥的体积。立体图形表面积、体积公式的探索和应用，不仅有利于学生灵活运用多种策略和方法解决实际问题，而且也有利于学生认识图形的特征和图形间的相互关系，更好地发展空间观念。在探索立体图形表面积及体积公式的实践活动过程中，学生经历猜测、观察、操作、归纳、建立数学模型等数学发现的过程，积累了数学活动经验，经过观察、操作、推理、交流，感悟体验数学思想方法，发展了解决实际问题的能力及数学思考的能力。

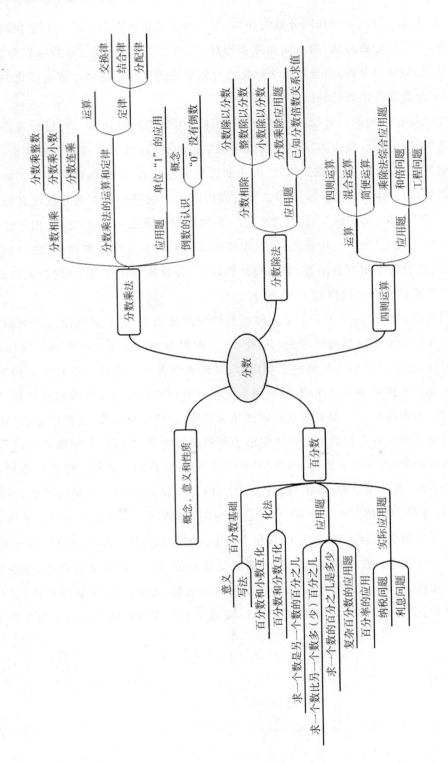

图8.13 "分数"内容模块结构图

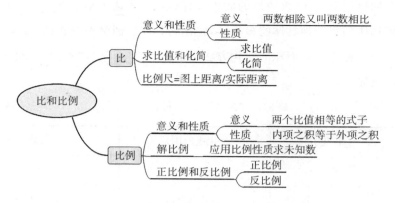

图 8.14 "比和比例"模块知识结构图

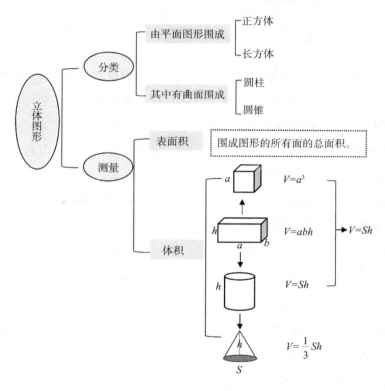

图 8.15 "立体图形"模块知识结构图

三、聚焦"变"的实施,呈现意义结构

结构为体,表征为用。不变的是知识的结构本质,变的是知识的表征形式。不同的表征可以加深对知识的理解,可以帮助学生理解知识之间的联系。以数学的本质内涵为基础,可以变换概念的表征形式。多元表征就会起到"横看成岭侧成峰,远近高低各不同"的良好效果。数学知识的结构观,不仅体现在对知识学习和掌握的整体性上,还体现在对知

识的迁移理解和运用上。在"多边形的面积"的探索中,渗透了基本的数学思想方法:割补转化法。然而具体到每一种具体的多边形,转化的具体内涵又不尽相同,在不同的割补中实现转化的目的。在多边形面积的转化方法(表 8.1)的"变"中,"不变"的是转化的目的:将未知转化成已知。

表 8.1 "多边形面积"的转化方法

图形	转化方法	转化成的图形	其他方法
平行四边形	分—合	长方形	数格子
三角形	合—分	平行四边形	沿中位线剪拼转化
梯形	合—分	平行四边形或三角形	沿中位线剪拼转化
组合图形	割或补	多个基本图形	根据关系计算(如平移、倍比等)

再如,小数的概念有两个来源:一是源于现实世界的数量表达,如商品的价格为10.75元,测量桌子的长度为 2.68 米等;二是源于数学自身的数系发展。小数可以看作按照十进制等分的结果,因为十进制,小数可与整数建立关联;因为等分,小数也可与分数建立关联。因此,小数的意义建构既可从生活切入,又可从整数切入,也可从分数切入。聚焦小数的多重意义结构,可以使思维更清晰,理解更全面、深刻。从小数的生活意义切入,是各种教材不约而同的选择,紧密联系学生生活实际,通过以商品价格、物品重量、体重身高等为例让学生对小数产生初步认识。从小数的度量意义切入,数(shù)起源于数(shǔ),整数是数(shǔ)出来的,小数也可以通过数(shǔ)来认识,可以数小正方形或计数器,按照 10 个1 是一个十,10 个 10 是一个百……,从而认识到满十进一的十进制本质,然后再倒过来,把 1 个百平均分成 10 份,每份就是 1 个十;把 1 个十平均分成 10 份,每份就是 1 个一,把1 个一平均分成 10 份,每份该如何表示呢? 从而引入一位小数,每份就是 0.1;2 份就是 2个 0.1,即 0.2;3 份就是 3 个 0.1,即 0.3……,9 份就是 9 个 0.1,即 0.9;10 份就是 10 个0.1,也就是 1。这样就建构了小数的度量意义,与整数融通了内在关联。用同样的方法可以建构两位小数、三位小数的度量意义。从小数的等分意义切入,分数的本质是把单位"1"平均分成若干份,表示这样的一份或几份的数。分母为 10,100,1 000 的特殊分数可看作十进分数,就是小数的改写形式。可借助米尺或线段图进行均分,先认识一般的分数,如$\frac{1}{2}$,$\frac{1}{3}$,$\frac{1}{5}$,$\frac{1}{10}$等,再指出$\frac{1}{10}$就是 0.1,这样就从十进分数引入小数。建构一位小数与分母是 10 的分数的——对应关系。可见,从小数的"变"中之"不变",可以更好地体会和理解小数的意义,图 8.16 是"小数的意义和性质"模块知识结构图。

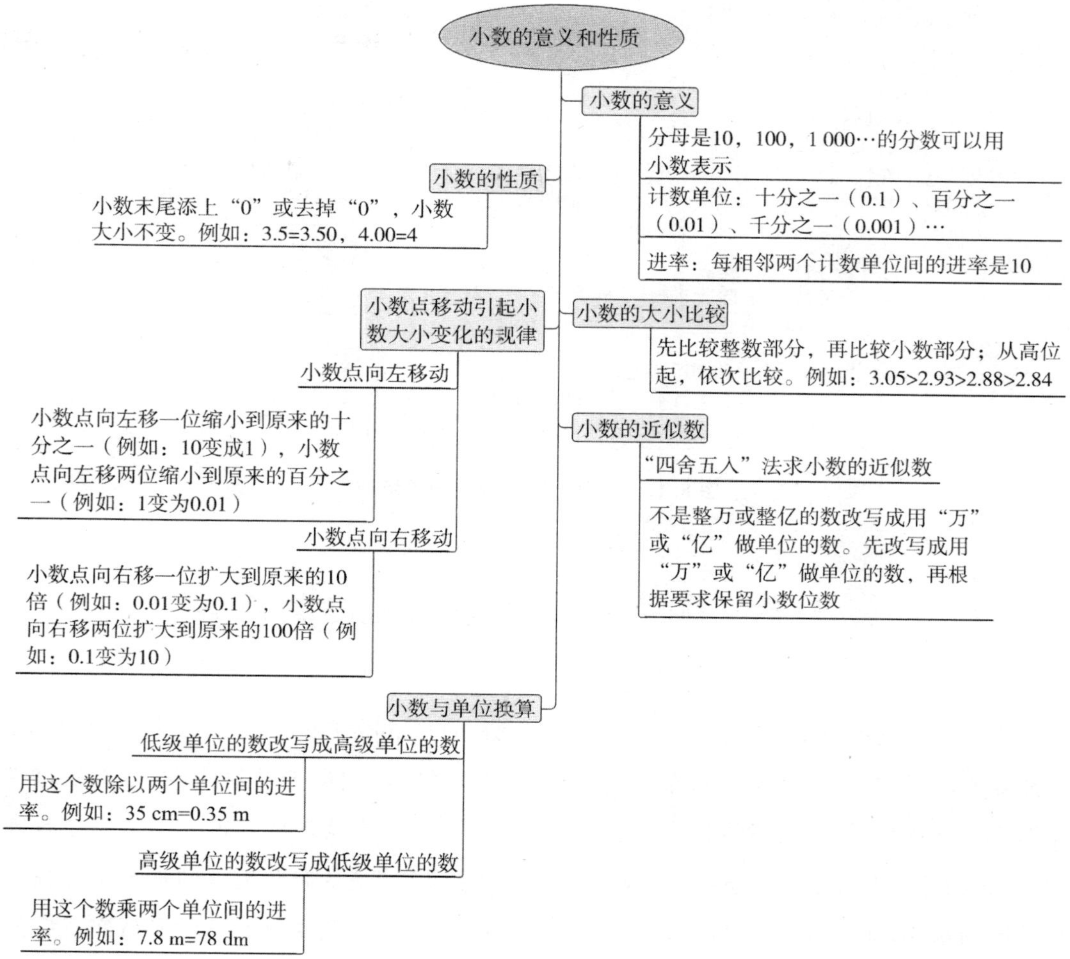

小数的意义和性质

小数的意义

分母是10，100，1 000…的分数可以用小数表示

计数单位：十分之一（0.1）、百分之一（0.01）、千分之一（0.001）…

进率：每相邻两个计数单位间的进率是10

小数的性质

小数末尾添上"0"或去掉"0"，小数大小不变。例如：3.5=3.50，4.00=4

小数点移动引起小数大小变化的规律

小数的大小比较

先比较整数部分，再比较小数部分；从高位起，依次比较。例如：3.05>2.93>2.88>2.84

小数点向左移动

小数点向左移一位缩小到原来的十分之一（例如：10变成1），小数点向左移两位缩小到原来的百分之一（例如：1变为0.01）

小数的近似数

"四舍五入"法求小数的近似数

不是整万或整亿的数改写成用"万"或"亿"做单位的数。先改写成用"万"或"亿"做单位的数，再根据要求保留小数位数

小数点向右移动

小数点向右移一位扩大到原来的10倍（例如：0.01变为0.1），小数点向右移两位扩大到原来的100倍（例如：0.1变为10）

小数与单位换算

低级单位的数改写成高级单位的数

用这个数除以两个单位间的进率。例如：35 cm=0.35 m

高级单位的数改写成低级单位的数

用这个数乘两个单位间的进率。例如：7.8 m=78 dm

图8.16 "小数的意义和性质"模块知识结构

对于加减乘除的四则运算而言(图8.17),加法是最先学习的、最基础的运算。教材对加法的编排也是篇幅比例最多、内容最详细的,这也是夯实基础的必然之举。从运算意义来看,加法表示几个数"合在一起",求合并。减法是加法的逆运算,表示从一个数中"去掉一部分",求剩余。乘法是加法的简便运算,表示相同的数的连加。除法是乘法的逆运算,表示平均分或包含除。从本质上来看,加法和乘法都具有"合"的思想,而减法和除法都具有"分"的思想。除的本意就是分,除号"÷"的中间的横线把上、下两部分分开,形象地表示了"分"。除法也可以看作连续减去相同数的减法:被除数就是被减数,除数就是相同的减数,连减的最多次数就是商。例如:$24 \div 6 = 4$,这个算式可以表示24平均分成6份,每份是4;也可以表示24中包含4个6;还可以表示从24里连续减去相同的数6,减4次刚好减完,最后结果为零,即$24 - 6 - 6 - 6 - 6 = 0$。

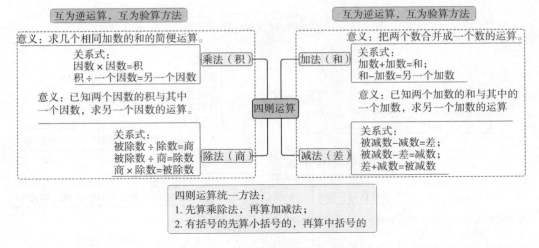

图 8.17 "四则运算"模块知识结构

第三节 领域结构：求联求通建构网络

在教育的发展史上，从克洛德·列维-斯特劳斯(Claude Levi-Strauss)的"结构主义"到皮亚杰的"认知结构理论"，从布鲁纳的"学科基本结构"到奥苏贝尔的"有意义学习理论"，无一不重视"结构"。列维-斯特劳斯认为认识一个事物就是把其置于一个连接系统中，事物的意义取决于它的系统整体联系。"结构主义"就是从杂乱无章的现象中寻找一种共同的东西，即结构，从结构中认识事物的本质。结构主义者更感兴趣的是事实背后的意义，而不是事实本身。结构主义认为，整体对于部分来说具有逻辑上优先的重要性。因为任何事物都是一个复杂的统一整体，其中任何一个组成部分的性质都不可能孤立地被理解，而只能把它放在一个整体的关系网络中，即把它与其他部分联系起来才能被理解。布鲁纳认为，知识是有结构的，教学不是教知识，而是教知识的结构[①]。

领域是在若干模块基础上形成的比较完整的知识体系。如数与代数、图形与几何、统计与概率等都可以看作大的知识领域。有时，领域与模块是相对而言的。具体地，数与代数领域主要包括数的认识、数的运算、代数等知识模块。领域知识结构大多在小学数学总复习阶段进行，通过领域结构的梳理，帮助学生建立比较完整的数学认知结构。但对于教师而言，则应该在认识和梳理教材之初就对领域知识结构深谙于心。在分析模块结构的基础上进一步关联与整合，把整数、分数、小数的认识统一到数的认识，把整数、分数、小数的计算统一到

---

① 布鲁纳(J. S. Bruner). 教育过程[M]. 邵瑞珍，译. 北京：文化教育出版社，1982：34.

数的运算,把用字母表示数与数量关系、方程、用方程解决问题、比、比例等统一到代数。同样,在图形与几何领域,包括图形的认识、图形的测量、图形与变换、图形与位置。其中,认识的图形包括:线、角、长方形、正方形、平行四边形、三角形、梯形、圆等平面图形,还有长方体、正方体、圆柱、圆锥等立体图形;图形的测量主要涉及平面图形的周长和面积、立体图形的表面积和体积;图形的变换包括平移、旋转、轴对称;图形与位置包括确定物体的相对位置、辨认方向和使用路线图(包括比例尺的应用)。统计与概率领域的内容主要包括四个模块(图8.18):整理调查数据、绘制统计图表等;处理数据,包括计算平均数、中位数、众数等;从数据中提取信息并进行简单的判断与预测;简单随机事件及其发生的概率。

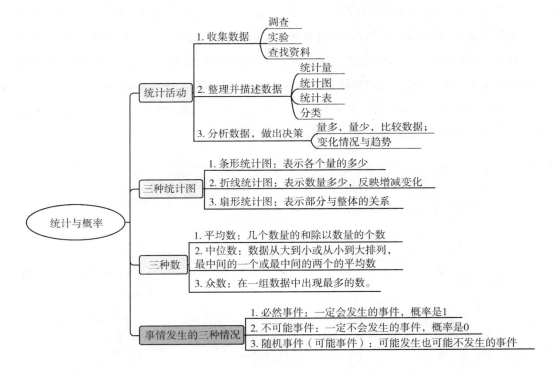

图 8.18 "统计与概率"领域知识结构

系统论强调:"整体大于部分之和",系统是相互联系的若干要素按一定的方式组成的统一整体,其规模的大小是不同的,并且是有层次的。按照知识获取和传递的难易程度不同,知识可区分为显性知识和隐性知识[①]。显性知识一般指能够系统表达、规范而正式的知识,比如呈现在教材、书本上的知识;隐性知识是指个体化的、难以固化或形式化的知识,多以个人经验、个人体会的形式存在。知识有显性与隐性之分,知识之间的联通也有显性与隐性之别。对知识结构的建构,既存在显性知识之间的显性联系,也存在探索隐性

---

① 赵士英,洪晓楠.显性知识与隐性知识的辩证关系[J].自然辩证法研究,2001(10):20-23.

知识相互的隐性关联，在求联求通中建构知识网络。任何学科的结构都包括显性的知识结构和隐性的思想方法结构。

一、显性联系：把握结构之形

小学数学知识具有很多鲜明的特性：形象性、描述性、可感性等，尽量生动、具体，减少抽象化、符号化。这样，就使得知识表面看起来较为松散，结构的联系和整理需要静心思考和精心设计。数学课程要"削枝强干、返璞归真、突出本质"，要加强小学数学课程的"干"、归于小学数学课程的"真"、突出小学数学课程的"本质"，就是需要从整体教学的视角，加强结构的教与学①。首先，就要从显性知识入手，构建知识之间的显性联系，形成有形的显性结构。从单元知识结构，到模块知识结构，再到领域知识结构，都需要对知识本身理解深刻，在此基础上对关联知识理解到位。由知识点的深度理解，到知识链的横向联系，知识结构之形自然就显露出来了，至于建构的结构形状可以是树状结构、网状结构、思维导图等。

如图 8.19 呈现的"数的认识"知识结构②，图 8.20 呈现的是"常见的量"知识结构③，使得小学数学阶段学习的数与量一目了然、清晰明确。

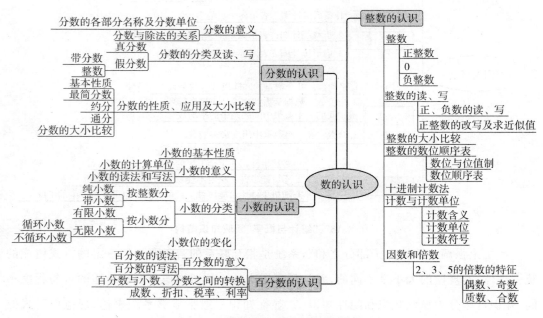

图 8.19　"数的认识"领域知识结构

①　张丹."整体把握小学数学课程"核心要素及其关系研究[J].数学教育学报，2010(4)：58-62.

②　https://www.toutiao.com/a6596796255236522510/

③　https://www.toutiao.com/a6596796255236522510/

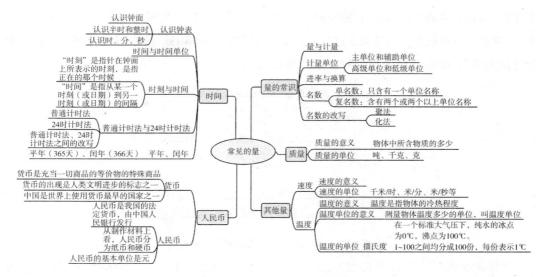

图 8.20 "常见的量"知识结构

二、隐性关联:领悟结构之神

对知识的理解,毫无疑问,大多先从显性层面进入,但如能进一步思考隐性层面的知识关联,尤其是在知识的隐性结构层面的关联,则能进行深度思考进而深度理解,这在本质上多指向数学思想方法层面。正所谓,知识是明线,是显性的;而思想是暗线,是隐性的。美国教育心理学家布鲁纳指出:"掌握基本的数学思想方法,能使数学更易于理解和更利于记忆,领会基本数学思想和方法是通向迁移大道的'光明之路'"。

比如,数的体系从"单位1"这个不证自明的基本概念出发,经过"单位1"概念的若干次抽象,推演出完整的小学数学"数的体系"。所有的数的概念都可以追溯到这个起点,而所有的数的概念都可以作为数的四则运算法则的意义解释。

"单位",在显性层面,多指向长度、面积、体积的单位计量,指的是数量的单位名称,常见的有长度单位、质量单位、面积单位、体积单位、时间单位、角的单位等。但还存在表面上看似与单位毫无关联的知识,却与单位有着千丝万缕的联系。单位,其实是散落在、隐藏在各个章节背后的一颗颗珍珠,利用单位思想就可以将颗颗珍珠串成一条线,进而织成知识网。单位的本意是计量事物的标准量的名称,如厘米、平方米、秒、千克等,单位化的思想意指将关联的不同类事物中共有的一些生成性特性,抽出其本质的通性,加以归纳整理、形成体系。在"数的认识"的模块知识中,包括整数、分数、小数以及百分数的认识,根据数的发展,小数是分数的另一种表现形式,百分数也可看作一类特殊的分数。从隐性结构关联的视角,进行整体结构的建构,可以打通同类知识之间的相似性,以更深刻地理解整体性知识。无论是整数,还是分数与小数,都是按照"计数单位"进行计量的,具体某个数都是计数单位的累加。整数是"1"的累加,广义来理解,也可以是"单位1"的累加。当把"单位1"平均分,而取出的部分不够"单位1"时,就产生了分数单位,分数单位源自对单位"1"的分解,也即整数和分数都有着共同的本质:都产生于计量的需要,都是计数单位度量的结果。这样通过单位"1"的扩展理解,就可以完全打通整数、分数、小数之间的关系,形成较为完整的数的体系(图 8.21)。

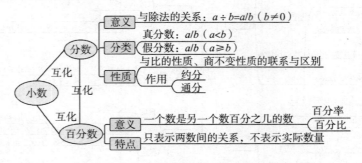

图 8.21 "小数、分数、百分数"知识结构

"数的运算"的知识(图 8.22)包括整数、分数、小数的运算,并针对估算、口算、笔算等不同方式,主要从意义、运算和应用三个方面进行了梳理。在统整中体现不同类别、不同运算之间的关联,不论是"哪一种数",都要在相同计数单位的基础上才能直接相加减。不论是整数、分数、小数的"哪一种运算",都存在着运算本质的相似相通性。

此外,课程标准强调要渗透数学思想,提高数学素养,基本思想也成为"四基"之一。但数学思想方法的"散点渗透式"的隐性常态,如若不借以数学知识内容的全局观视野的结构梳理以及数学方法的统筹考量,数学思想方法的整体脉络是很难得以舒展且根深蒂固于学生心灵深处的。小学数学自然也应该在思想方法上形成一幅多维、立体、全视域的小学数学思想方法"全息地图"。数学作为人们认识世界的基本工具,自然拥有认识世界的基本规律。宇宙全息律是客观世界的一种普遍规律,运用到数学中就是数学全息律。

小学数学知识的编排呈螺旋式上升,数学思想就是联系新旧知识的纽带。以转化思想为例,在概念教学中,整数、小数、分数在一定条件下可以相互转化,小数可以看作分母是 10,100,1 000…的分数,小数可以看作十进制计数法在反方向的拓展,小数的出现标志着十进制计数法从整数扩展到了分数,使分数与整数在形式上获得了统一。在数的运算中,从 1 加几到 9 加几,从乘法口诀到用口诀算整十、整百数乘法,从整数四则运算到小数四则运算(小数乘除运算先按整数乘除计算,再确定小数点的位置),从同分母加减到异分母加减,从分数乘法到分数除法进而到百分数运算,无不体现了转化的思想。在解决问题的过程中,通过转化条件或者转化问题,未知转化成已知,化繁为简,使得问题容易求解;平面图形面积公式的推导,把平行四边形通过切割平移转化成长方形,把两个完全相同的三角形或梯形拼补为平行四边形,把圆运用剪拼法转化成近似的长方形(或平行四边形)等。纵观小学数学,发现"转化"贯彻小学数学始终,转化思想在不同内容中的反复强化与凸显,只是具体的转化方法不尽相同。

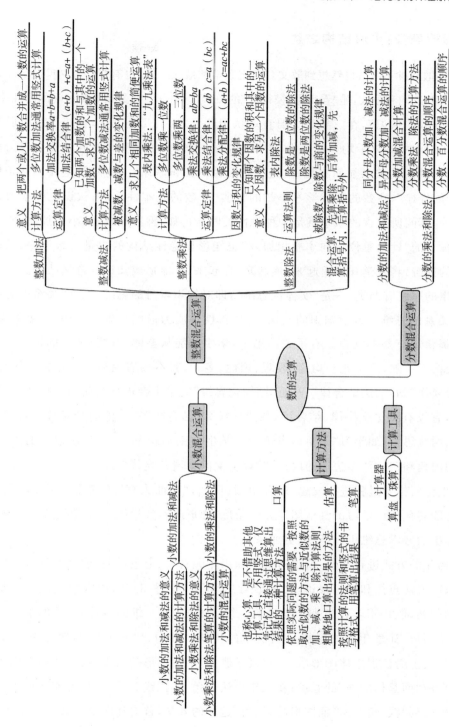

图8.22 "数的运算"知识结构图

三、形神兼备：贯通结构之意

说到"形散而神不散"，自然想到散文。其实数学和散文一样，也有"形"有"神"。数学的概念、公理、定理、法则和公式，是"看得见、摸得着"的数学之形；而"神"是数学知识间的隐性关联。

例如"分数的认识"，在三年级上册直观认识几分之一、几分之几，在三年级下册学习将一些物体组成的整体平均分成几份，认识对应的分数，而到了五年级开始建立较为抽象的分数意义，其间的关系显而易见，这是一种显性的知识联系。此外，学生在计算领域学习"商不变的规律"，在数的领域学习小数的性质、分数的基本性质，在认识比中学习比的基本性质等，其间所蕴含的联系就是一种隐性关联。再如，整数加减法、小数加减法、分数加减法所蕴含的"计数单位相同才能相加减"也能彰显隐性结构的力量。教学中，教师必须秉持大的视野，将数学知识串起来、连起来、合起来，才能形成知识的意义结构。

小学生的思维有两类：一是"实体性思维"，即对知识本身的思维；二是"关系性思维"，即对知识关系的思维。数学知识的结构性、逻辑性特质为形成学生的结构性、关系性、系统性思维提供了有益的支撑。有了关系思维，学生就能从整体、系统、全局的视野展开思考，而不会拘于一隅，思考就会均衡、客观、理性、多元，就不会眉毛胡子一把抓。例如，教学"加法交换律"和"加法结合律"，具有"结构化思维"的学生会进行联动串式思考、主动提问，"老师，有没有减法交换律、结合律，乘法交换律、结合律"等。他们会对数学知识进行块状归类、网状思维，如学习"三角形内角和"，学生会主动思考并探究"四边形的内角和""五边形的内角和"甚至"多边形的内角和"等。他们会展开立体性反思，如学习了"圆的面积"后，学生会对推导过程进行反思，展开咀嚼、反刍，"化曲为直"的圆除了可以转化成长方形外，还能转化成已学习的其他图形如三角形、梯形吗？如果能，怎么转化呢？"结构化思维"让学生的数学思维更有条理、更加深刻。

以结构化的方式进行教学，就是对数学知识左顾右盼、上下贯通、前延后续，就是要注重知识比较、方法点拨和思想渗透。"图形与几何"领域（图 8.23）内容包括图形的认识、测量、图形的运动、图形与位置四个方面等。维度方面：从一维的线，到二维的平面，再到三维的立体图形，让学生思维经历一次次质的飞跃。其中，以平面图形学习为例（图 8.24），在一年级上册认识立体图形后，一年级下册的"平面图形的认识"从立体图形引入，以便让学生形成"面是体的面"的意识；在二年级认识角、认识线时，可以从平面图形入手，以便让学生感受到"线、角"是平面图形的线、角，这样的教学，首先让图形立起来。由于有了这样的立体渗透、启蒙，在四年级下册学习"三角形的认识"时，就可以反过来，让儿童立足于边、立足于角分别对三角形、平行四边形、梯形进行研究。例如"三角形"，从角看可分为锐角三角形、直角三角形、钝角三角形，从边看可分为等腰三角形、不等边三角形，其中等腰三角形还有一种特殊的等边三角形。基于这样系统而多元的视域,学生就能对数学知识获得整体感知、整体感悟。

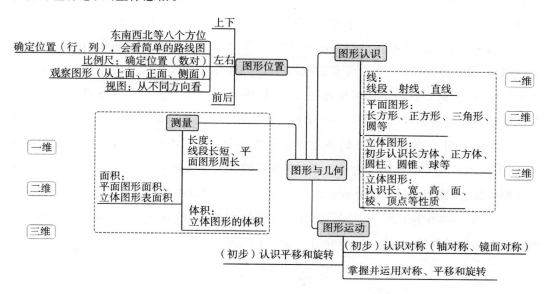

图 8.23 "图形与几何"领域知识结构图

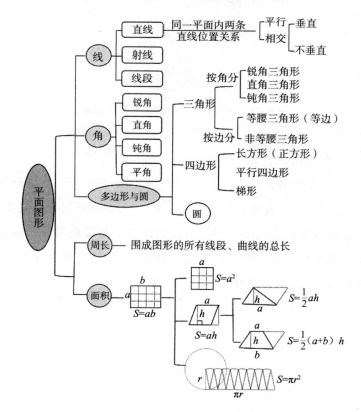

图 8.24 "平面图形"知识结构图

知识结构的学习和领会需要日积月累、循序渐进。每节课新旧知识的关联,每个单元前后知识的关联,每个模块层次知识的联系,每个领域结构知识的连接,都是数学知识结构的组成部分。学者马立平站在更高的角度,将小学数学的整个知识体系用如图 8.25 的圆柱结构来表示[①]:小学数学的核心内容是"小学算术"(大圆柱),主要由整数和分数两大部分组成,整数作为基础,分数则建立之上;边上的 4 个小圆柱由下到上的顺序依次分别表示的是:度量衡、初等几何、简易方程、统计与概率,这 4 部分之所以用虚线勾勒是因为其内容都不足以形成自成一体的一个学科。5 个圆柱的大小反映各自在小学数学内容中所占的大致比例,它们的位置反映各组成部分之间的关系。小学算术作为小学数学的主体,由下往上呈现了随着年级的升高逐步展开的数学内容的分布(见附录),浅灰底的下部代表整数部分,深灰色底的部分表示的是分数部分(也包括小数和百分数、比和比例),右侧的内容表示:度量衡(度)、初等几何(几)、简易方程(方)、统计与概率(统),分别插进其他各部分内容的教学,由此 5 个部分结合成一个整体。

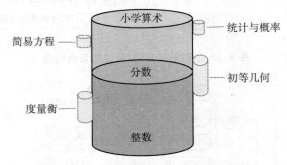

图 8.25　小学数学内容的组织结构形态

数学学科的知识结构是一个完整的、纵向和横向连接的网络结构,如此庞大深奥的知识结构,在任何一个单独的课堂、单独的年级、单独的学段都不可能给学生完整地呈现。数学课是一节一节,数学教材是一本一本,数学学习也是一年一年,在这分散化、螺旋上升的数学学习中,就如同一砖一瓦地在构建数学大厦,学习数学的过程就是要给自己的知识结构添砖加瓦。小学数学在深度学习和结构化的高度上都需要教师的引领和培育,作为小学数学教师要有数学知识关联结构化的思想和意识,使数学教学分而不碎、散而不乱,帮助学生形成结构完整、结实美观的数学知识结构。

---

①　马立平.美国小学数学内容结构之批评[J].数学教育学报,2012(8):1.

附　录

小学算术的展开和其他内容的融入①

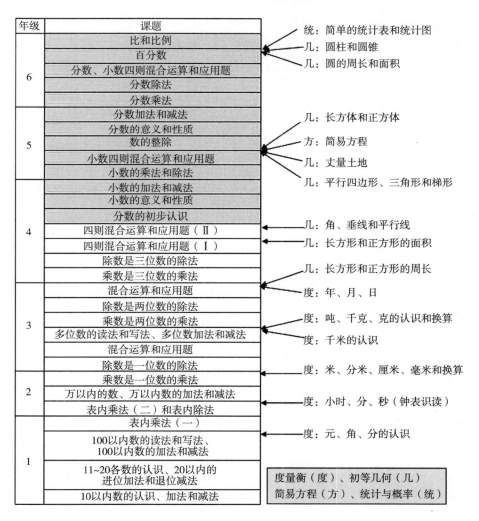

① 马立平.美国小学数学内容结构之批评[J].数学教育学报,2012(8):2.